Max Schoeller

Mitteilungen über meine Reise in der Colonia Eritrea

(Nord-Abyssenien)

Max Schoeller

Mitteilungen über meine Reise in der Colonia Eritrea
(Nord-Abyssenien)

ISBN/EAN: 9783337020910

Hergestellt in Europa, USA, Kanada, Australien, Japan

Cover: Foto ©Andreas Hilbeck / pixelio.de

Weitere Bücher finden Sie auf **www.hansebooks.com**

Mittheilungen

über

meine Reise

in der

Colonia Eritrea

(Nord-Abyssinien).

Von

Dr. Max Schoeller.

Herausgegeben im Selbstverlage des Verfassers.

Der Ertrag ist dem Ospedale Umberto I. in Massaua zugewandt.

Berlin 1895.

Druck der Norddeutschen Buchdruckerei & Verlagsanstalt.

VORREDE.

In den folgenden Mittheilungen über meine Reise innerhalb der Grenzen der italienischen Kolonie in Nord-Abyssinien beabsichtige ich nicht eine erschöpfende Beschreibung der von mir besuchten Länder, und der Natur- und Kulturverhältnisse derselben zu geben, auch will ich keine Thatsachen als wissenschaftlich unumstösslich hinstellen; zu solchem Zwecke würden meine Vorkenntnisse auf den verschiedenen berührten Gebieten nicht ausreichen. Ferner will ich nicht die Kritik der genaueren Kenner des Landes gegen mich heraufbeschwören, ich möchte überhaupt keine Kritik provoziren. Was ich beabsichtige, ist lediglich. denen, die sich für die Kolonie in besonderem Maasse interessiren, oder die eine ähnliche Expedition wie die meine. in derselben Gegend planen, möglichst das mitzutheilen, was ich gesehen und gehört habe. Veranlasst zu der Reise dorthin hat mich einestheils meine Absicht, eine jagdlichen und allgemein wissenschaftlichen Zwecken gewidmete Expedition an der Ostküste zu unternehmen, andererseits das besondere Interesse, welches ich für Abyssinien, und die italienische Kolonie in diesem Lande hegte. Ich wiederhole also nochmals, dass ich in keiner Weise beanspruche, eine streng wissenschaftliche Schrift folgen zu lassen, sondern lediglich meinen Freunden und denjenigen, die der Colonia Eritrea besondere Beachtung schenken, meine kleinen Erlebnisse zu erzählen.

Gerade in diesem Augenblicke darf ich allerdings vielleicht hoffen, auch bei einigen ferner Stehenden in dem einen oder anderen

Punkte Beachtung zu finden, da die letzten Ereignisse und Kämpfe in der Kolonie besonders geeignet waren, die Aufmerksamkeit aller kolonialfreundlichen Kreise auf dieselbe zu lenken. Die Art und Weise, wie der dortige Gouverneur, an der Spitze einer kleinen Truppe, den gewaltigen Massen der anstürmenden Feinde Schranken gesetzt, muss Hochachtung und Begeisterung erwecken.

Nach kaum zehnjährigem Bestehen, aus kleinen Anfängen sich entwickelnd, hat nach Ueberwindung fast erdrückend erscheinender Schwierigkeiten sich dort ein Bollwerk der Kultur aufgebaut, dem reiche Anerkennung von Jedem, dem es vergönnt gewesen, Zeuge jenes Werkes zu sein, zu Theil werden muss. Die dauernde Festsetzung in Kassala, der Sieg von Coatit-Senafe werden, wie man mit mir erhoffen wird, einen schützenden Wall um die Kolonie errichten, und die Möglichkeit friedlicher Weiterentwickelung im Innern verbürgen. Wer diese Entwickelung gesehen, wird mit Italien jeden Zoll Landes betrauern, der der kulturellen Beeinflussung des Mutterlandes entzogen wird. Gerade der schnelle Fortschritt zu den jetzigen geordneten Verhältnissen ist, glaube ich, sehr beachtenswerth; man hat mit Geschick Uebereilungen vermieden, durch zweckmässige Maassregeln und dadurch, dass man auf die leitenden Stellen geeignete Persönlichkeiten brachte, das Vertrauen der eingeborenen Bevölkerung gewonnen, und diese für die Aufnahme der Kultur empfänglich gemacht. Soweit mein bescheidenes Urtheil über die Kolonie geht, glaube ich derselben ein günstiges Prognostikon stellen zu können.

Es ist mir eine angenehme Pflicht, an dieser Stelle meinem Danke Ausdruck zu verleihen für die überaus liebenswürdige Aufnahme, die ich in der Eritrea überall gefunden, für die gütige Unterstützung, die Seine Excellenz, General Baratieri, als Gouverneur mir hat angedeihen lassen, und für die bereitwillige Hilfe der Kommandanten und Offiziere der Militär-Stationen, bei jeder nur möglichen Gelegenheit.

Unermüdlich thätig in unserem Interesse war das Haus Bienenfeld & Co. in Massaua, dem wir in gleicher Weise für Beseitigung der verschiedenen kleinen unvermeidlichen Aergernisse zu Dank verpflichtet sind, wie für Gewährung der weitgehendsten Gastfreundschaft.

Last not least muss ich meines hochverehrten Freundes Professor G. Schweinfurth gedenken, dessen liebenswürdiger Rath über alle Fährnisse unbekannter Verhältnisse hinweg half, und dessen Begleitung ich ausserordentlich viel verdanke, zu viel, um es in einem kurzen Dankesworte ausdrücken zu können. Allerdings, Professor Schweinfurth hatte früher schon die Kolonie besucht, und heute vermag ich die Empfindungen zu theilen, die ihn dorthin zurück gezogen.

Max Schoeller.

INHALT.

	Seite
Vorrede	3
Massaua-Keren .	7
Barka-Dembelas .	47
Arresa-Okule Kusai .	115
Kohaito . .	167
Zula-Rückreise .	193

Massaua=Keren.

Am 29. Januar 1894 landeten wir im Hafen von Massaua, nach einer verhältnissmässig recht kühlen Fahrt durch das Rothe Meer an Bord der Ortigia.

In meiner Gesellschaft befanden sich: Professor G. Schweinfurth, welcher bereits im vergangenen Sommer mir in freundlichster Weise seine Theilnahme an dem beabsichtigten Besuche der italienischen Kolonie in Nord-Abyssinien zugesagt hatte, und mein Freund E. Andersson. Ferner begleiteten uns A. Kayser, ein Züricher, der seinen Wohnsitz seit längerer Zeit am Sinai aufgeschlagen hat, und den Ruf eines ebenso tüchtigen Präparators wie gründlichen Thierkenners besitzt, und mein Jäger Reich.

Der erste Besuch an Land galt dem Gouverneur, dem General Oreste Baratieri, dem Professor Schweinfurth von seinen früheren Reisen in der Kolonie her bekannt war. Daher konnte auch wohl der Empfang von Seiten des Gouverneurs gleich ein recht freundlicher, ja herzlicher genannt werden.*) Prof. Schweinfurth

---

*) Das Bekanntsein Prof. Schweinfurth's mit den Verhältnissen und maassgebenden Persönlichkeiten in Massaua, und einigen Punkten des Innern, kam der Expedition sehr zu Statten. Ich war daher ausserordentlich glücklich, einen ebenso liebenswürdigen wie bedeutenden, und zugleich mehr oder weniger ortskundigen Gelehrten für meine Zwecke gewinnen zu können. Von den von uns berührten Punkten im Innern kannte Prof. Schw. ganz besonders Keren und Acrur, war allerdings auf anderen Wegen dorthin gelangt.

hatte unser Eintreffen vorher brieflich angekündigt, und auch von anderer Seite hatte man meine Expedition an maassgebender Stelle befürwortet. Seine Excellenz erklärte sich in liebenswürdigster Weise bereit, die Expedition in jeder Weise zu fördern, und uns mit Rath und That zur Seite zu stehen. Wir waren erfreut zu hören, dass uns nicht nur der Besuch der Quellgebiete des oberen Barka, sondern auch derjenige des Dembelas möglich sein würde, um so mehr, als der Tenente Giardino sich augenblicklich als Ordonnanz-Offizier der Person des Gouverneurs attachirt fand, der als Resident in jenen Gebieten die Regierung vertreten, und den Dembelas, wo er mehrmonatlichen Aufenthalt genommen, kennen gelernt hatte. Vorher war gerechter Grund vorhanden, über die Möglichkeit eines Besuches dieser Landstriche Zweifel zu hegen, infolge des erst im vergangenen Dezember zurückgewiesenen Einfalles der Mahdisten. Diese planten, wie man glaubte, einen erneuten Angriff gegen die Kolonie in allernächster Zeit. Das Gerücht entbehrte allerdings der Wahrscheinlichkeit, da Verstärkungen von Omdurman ausser nach der Regenperiode nur schwierig nach Kassala gelangen können, infolge eines mehrtägigen Marsches durch im Sommer wasserlose Gegenden.*)

Das auf der äussersten Ostspitze von Taulut erbaute Palais des Gouverneurs ist ein in zierlichem maurischem Styl aufgeführtes solides Gebäude. In Massaua nennt man es wegen seines Styls schlechtweg „il seraglio". Es wurde vor zwanzig Jahren von dem damaligen ägyptischen Gouverneur Arakel Bey, einem Neffen Nubar Paschas, erbaut.

Um eine kuppelgewölbte Halle gruppiren sich vier geräumige Stuben, auf der Aussenseite von einem gleichfalls solide gewölbten Bogengange umgeben, zu dem von der Landungsstelle eine stattliche marmorne Freitreppe hinaufführt. Die Halle gewährte durch ihren dekorativen Schmuck an den Wänden einen überaus malerischen, und beim Eintreten sofort das Auge fesselnden Anblick. Hunderte von

---

*) Mittlerweile ist Kassala von dem offensiv vorgehenden General Baratieri genommen worden, und rüsten die Mahdisten in grossem Maassstabe, um nun ihrerseits gegen die Kolonie wieder vorzudringen.

bunten Fahnen und Fähnchen, meist mit Koransprüchen bestickt, ferner Feldzeichen und Embleme verschiedener Art, waren über den Thüren zu grossen Trophäen vereinigt, die von den stattgehabten Siegen über die Mahdisten Kunde gaben; für den Gouvernementspalast ein stolzer Schmuck.

Ein zweiter Gang galt dem Hause Bienenfeld & Comp., das Professor Schweinfurth von seinen früheren Besuchen her ebenfalls kannte, und in welchem die dort wohnenden Herren, Deutsche und Italiener, uns einen herzlichen Empfang zu Theil werden liessen. Ich möchte nicht verfehlen, an dieser Stelle schon die Namen der Herren Guasconi und Buchs ganz besonders hervorzuheben. Wie früher schon, bei Gelegenheit der Anwesenheit von Professor Schweinfurth, erboten sich diese Herren auch jetzt wieder, den grossen Unbequemlichkeiten der Beförderung unseres umfangreichen Gepäckes sich unterziehen zu wollen. Gerne nahmen wir die gebotene Gastfreundschaft an, und thatsächlich verbrachten wir den grössten Theil des Tages in ihrem Hause, oder waren in Begleitung der genannten Herren, die sich bemühten, uns den Aufenthalt so angenehm wie möglich zu gestalten.

Massaua selbst besteht aus zwei Inseln und zwei Halbinseln, die letzteren Abd-el-kader und Gherar genannt. Die am weitesten vorgelagerte Insel, das eigentliche Massaua, an der wir landeten, und die mit Gherar den Hafen umschliesst, ist mit der zweiten — Taulut — durch einen breiten Steindamm verbunden, und jene Insel wiederum durch einen ebensolchen mit dem Festlande. Der letztere Damm dürfte eine Länge von annähernd 1 km besitzen. Die eigentliche Insel Massaua umfasst das europäische Viertel mit mehreren sehr ansehnlichen Privatgebäuden, die am gemauerten Quai gegenüber der Haltestelle der Dampfer Front machen, die Gendarmerie-Station, sowie am östlichen Ende die Hospitäler und die französische Mission; das eben genannte Haus Bienenfeld & Comp. liegt an dem nach Süden gekehrten Ufer. Taulut enthält ausser einem grossen Eingeborenendorfe den Palast des Gouverneurs, die zwei „palazzi coloniali" mit allen Administrationen, zwei selbst für europäische Begriffe ungeheure, eben erst fertig gestellte

Gebäude, ferner eine neue Kaserne der italienischen Truppen, und andere Regierungsgebäude.

Diese Inseln gewähren einen eigenartigen, fesselnden Anblick durch die Mannigfaltigkeit der auf denselben vertretenen Rassen, in denen Afrika mit dem so nahe gelegenen Asien verschmilzt. Man begegnet dort einem bunten Gemische von Küstenarabern mit mohammedanischen und christlichen Abyssiniern, Somalis, Sudanern,*) Aegyptern, und hamitischen Beduinen-Stämmen, wie Beni Amer und Habab, mit Indiern und den übrigen Asiaten verschiedenster Stämme und Religionen.

Der Abend des zweiten Tages vereinigte uns bei einem kleinen Diner des Gouverneurs mit dem Obersten Arimondi, dem Befehlshaber der italienischen Truppen bei Agordat, dem vorhin erwähnten Tenente Giardino, und zwei Massana besuchenden sizilianischen Nobili. Colonel Arimondi, der übrigens wenige Tage später seine Beförderung zum General erhielt, theilte mir in liebenswürdigster Weise recht interessante Daten über die Schlacht bei Agordat im vergangenen Dezember gegen die Mahdisten mit, welche ich nicht verfehlen will, an dieser Stelle zu wiederholen.**)

Bekanntlich waren die Derwische, 10—12 000 Mann zählend, bis Agordat vorgedrungen, und wurden hier von den Italienern auf-

---

*) Man begegnet vielfach in deutschen Zeitungen der dem Englischen entlehnten Schreibweise „Sudanesen", die sich für unseren Sprachgebrauch in keiner Weise rechtfertigen lässt; denn das arabische Wort „Sudan" ist selbst schon der Plural eines Plurals. „Sud" ist nämlich der Plural von „iswid", und als Ländername gebraucht man den Ausdruck „Sudan" nur als *pars pro toto*. Die eigentliche Bezeichnung lautet „Belled-es-Sudân", d. h. das Land der Schwarzen. Als sprachlich richtig für den deutschen Gebrauch kann also nur „Sudaner" gelten. Es hat auch eine Zeit gegeben, wo man „Japanese", „Japanesen" schrieb, doch ist man in dem Grade, als sich die deutsche Schreibweise von der Nachahmung der englischen, namentlich in der geographischen Nomenclatur, freizumachen bestrebte, davon immer mehr abgekommen.

**) Damals, als ich einen Bericht mit diesen Daten an die „Berl. N. N." sandte, der unterwegs verloren ging, waren genauere Details über die Schlacht noch nicht nach Deutschland gelangt. Mittlerweile ist dies natürlich seit langem geschehen.

gehalten und zur Schlacht gezwungen, da man durch ausgedehnten Kundschaftsdienst noch gerade rechtzeitig Nachricht von dem Einfalle erhalten hatte. Die Italiener unter dem Kommando Arimondi's zählten 2000 reguläre und 3—400 irreguläre Truppen, welche zum Theil, um nach Agordat zu gelangen, Tagesmärsche von 80 km ausgeführt hatten, eine Truppe 150 km in 48 Stunden, eine staunenswerthe Leistung. Die Schlacht selbst gestaltete sich nach sechsstündigem Kampfe günstig für die Italiener. Sie hatten ihre Truppen in lange dünne Schützenlinien entwickelt, und brachten hierdurch den Feind, der gewohnt war, gegen geschlossene Karrees der Engländer zu fechten, also seine ganze Kraft auf einen bestimmten Punkt zu konzentriren, vollkommen ausser Fassung. Zudem verloren die Derwische gleich Anfangs drei ihrer hervorragendsten Führer, was die Unsicherheit in ihren Reihen vollendete. Für einige Augenblicke erschien das Resultat der Schlacht dennoch zweifelhaft, da bereits eine Batterie der Italiener genommen war, die gute militärische Erziehung der Eingeborenen jedoch, die sich ebenso als tüchtige Schützen erwiesen, als auch Proben persönlicher Tapferkeit ablegten, gewann bald wieder die Ueberhand, sodass die verlorenen vier Kanonen zurückerobert werden konnten. Der Verlust auf Seiten der Mahdisten nach entschiedenem Kampfe war ein grosser, und betrug, abgesehen von den Anführern selbst, 3200 Mann, während die Italiener 1 Kapitän, 2 Lieutenants, 1 italienischen Unteroffizier, 120 Reguläre und 30 Irreguläre einbüssten. Ferner wurde eine grössere Zahl Mahdisten zu Gefangenen gemacht, die wir später bei Keren in Ausübung ihrer Arbeiten zu beobachten Gelegenheit hatten. Der geschlagene Feind zog sich in der Richtung nach Kassala zurück, und die Verfolgung von Seiten der Italiener wurde zwei Tage lang fortgesetzt, um ihn womöglich von jener Stadt abzuschneiden, was indessen nicht gelang. Hätte es ermöglicht werden können, so wurde Kassala mit Leichtigkeit genommen, da nur eine Besatzung von 160 Flinten zur Vertheidigung dort zurückgeblieben war. Später, als die von Agordat flüchtenden Mahdisten Kassala erreicht hatten, war ein Angriff in Anbetracht der grossen Ueberzahl für den Augenblick unmöglich. Mittlerweile ist nun jenes erste Bollwerk des Sudans ohne grosse Verluste und Geldopfer gefallen, und das am Nächsten liegende Ziel zur Sicherung der Kolonie nach der Grenze des Sudans hin erreicht. Allerdings werden hieraus neu entstehende Verwicklungen der Erytraea nicht erspart bleiben.

Ich möchte nicht unerwähnt lassen, dass ich bedaure, dass die deutsche Regierung sich die Gelegenheit hat entgehen lassen, die von den Italienern gefangen genommenen Sudaner in ihrer Kolonialarmee zu verwerthen, umsomehr, da die Sudaner als hervorragende Soldaten bekannt sind, und es augenblicklich unmöglich ist, solche auf andere Weise zu erlangen. Italien würde uns dieselben wohl bereitwilligst abgegeben haben, da die Gefangenen so nahe der Grenze ihrer Heimath nur zur Last fielen, wogegen in Ostafrika, weit vom Sudan entfernt, sie die besten Dienste geleistet hätten. Der Gouverneur erwiderte auf eine dies betreffende Aeusserung, dass es nur der Stellung eines derartigen Antrages bedurft hätte.

Nach dem Diner im Gouvernementspalaste begaben wir uns in den daneben liegenden „Cercolo ufficiali", einen hübsch angelegten Kasinogarten mit Billardsälen, einem kleinen Liebhabertheater etc., dicht am Ufer des Meeres. Dort verbringen die Offiziere der Garnison manche Abendstunden, um durch die kühlere Meerluft einigen, zwar geringen Schutz gegen die ausserordentliche Schwüle der tropischen Nächte zu finden. Wenn auch die Temperatur als solche in Massaua zur Zeit unseres Aufenthaltes keine sehr hohe (+ 27 bis + 38° C.) war, so wird doch das Gefühl einer fast unerträglichen Hitze hervorgerufen durch die konstante Windstille, und speziell den Mangel jeglichen Luftzuges bei Nacht, wodurch keinerlei Abkühlung gegen die Tagestemperatur bemerkbar wird. Manchmal ist die Hitze zur Mittagszeit weniger drückend als des Nachts, weil bei Tage gewöhnlich eine erfrischende Brise von der See her weht, die selbst den gewaltigen Sonnenbrand weniger spüren lässt. Bei Nacht fehlt, wie gesagt, jeglicher Luftzug vollkommen.

Es ist daher erklärlich, dass wir sobald als möglich Massaua entfliehen wollten, um nach dem 1 Stunde per Bahn, oder 27 Kilometer entfernten Saati überzusiedeln. Vorher unternahmen wir noch einen Jagdausflug im Boote nach der kleinen Insel Schech-Said, einem kleinen, kaum 2 km von Taulnt entfernten Eilande, das fast ganz von kleinen verkrüppelten Bäumen mit schönem, glänzendem Lorbeerlaube *(Avicennia)* bestanden ist, deren Wurzeln zum Theile vom Meereswasser bespült werden. Sowohl die Insel, wie die seichten Bänke rings herum waren bedeckt mit den mannigfaltigsten Wasser- und Sumpfvögeln, während sich in der Luft und über dem Wasser zahllose Möven von vier verschiedenen Arten tummelten. Wir unterschieden auf dem Ufer der Insel grössere Flüge von Brachvögeln, Bekassinen, Austernfischern, Regenpfeifern, Strandläufern etc. und im seichten Wasser Pelikane, Rostreiher, Seidenreiher, Zwergreiher, den grauen Fischreiher *(A. atricollis)* und den schwarzen Storch. In einigen Stunden einer recht unterhaltenden Jagd gelang es, fast die sämmtlichen Arten, zum Theil in grösserer Zahl, zu erlegen; zeitweise musste man im seichten Wasser einher waten, und so erwarteten wir jeden Augenblick ein unliebsames Rencontre mit einem der ausserordentlich zahlreichen Haifische.

Die Bahn, welche das vorhin erwähnte Saati mit Massana verbindet, nimmt ihren Anfang auf der Halbinsel Abd-el-Kader, passirt Otumlo, Monculo, letzteres mit der schwedischen Mission, vor 32 Jahren der Ausgangspunkt der Expedition des Herzogs Ernst von Coburg, und der Aufenthalt der Herzogin während der Dauer der Expedition. Ferner führt die Bahn bei der Stelle des unglücklichen Gefechtes von Dogali vorbei, wo eine kleine Schaar von 500 Italienern am 26. Januar 1887 von Ras Alula, dem Feldherrn des Negus Johannes, vollkommen vernichtet wurde, mit Ausnahme eines einzigen, des Kapitäns Michelini, der die Nachricht nach Massaua bringen konnte. Um einen Augenblick bei den Folgen dieses Gefechtes zu verweilen, so verstärkten noch in demselben Jahre die Italiener ihre Streitkräfte bis zu 20 000 Mann unter ungeheuren Kosten, und erwarteten Johannes bei Saati, der mit 50 000 Mann heranzog, um bei Saberguma Wochen lang den Italienern gegenüber zu lagern. Alsdann zog er infolge der Unmöglichkeit längerer Verproviantirung wieder ab.

Die hier erwähnte Eisenbahn ist die einzige der Kolonie,*) abgesehen von einer Schmalspurbahn der Küste entlang nach Arkiko, die jedoch in letzter Zeit ihren Betrieb eingestellt hatte. Sie ist vollständig militärisch organisirt, wie sie auch speziell zum Truppentransporte angelegt worden, steht übrigens dem Publikum nach denselben Tarifsätzen zur Verfügung, die für die Bahnen in Italien Geltung haben.

In Saati beabsichtigten wir, unser Gepäck für den Weitertransport zu ordnen, und die Reisetüchtigkeit der Zelte und Einrichtungen einer mehrtägigen Probe zu unterwerfen, wählten hierzu einen hübsch gelegenen Platz auf einer Anhöhe, vis-à-vis den beiden Forts. Bienenfeld & Comp. haben dort eine kleine Baracke als Station für ihre Speditionsgeschäfte im Innern erbaut, die den zurückbleibenden Koffern Schutz während der Dauer der Expedition gewähren sollte. Die Forts, Nord- und Südfort, liegen auf zwei entsprechenden Anhöhen, und zwischen ihnen, ebenfalls auf der Höhe, sind das Offizier-Kasino, ein kleiner Pavillon, und die Wohnungen und Büreaus der Offiziere. Im übrigen besteht Saati aus den zwei Dörfern der dort stationirten Kompagnien einheimischer Truppen, und aus dem etwas entfernteren, ziemlich unbedeutenden Eingeborenendorfe. Die beiden Kompagnien zählen je 194 „Indigeni", unterstehend dem Kommando eines Kapitäns, zweier weiterer Offiziere, und einem italienischen Feldwebel. In ihren Dörfern sind die runden, im Dache spitz zulaufenden Hütten in gerader, militärischer Linie angelegt, und zeigen eine bewundernswürdige Reinlichkeit; auf der einen Seite des breiten Mittelweges die Christen, auf der anderen Seite die Mohammedaner vereinend.

Der Kommandant der Garnison, Major Violante, empfing uns mit derselben freundlichen und offenen Liebenswürdigkeit, die uns während der ganzen Expedition von allen italienischen Offizieren entgegen gebracht wurde, und die uns den Aufenthalt in ihrem unbedingten Wirkungskreise so angenehm gestaltete. Major Violante

---

*) Augenblicklich wird eine Bahn Massaua—Kassala über Keren projektirt. Das Projekt ist jedoch noch nicht über das allererste Stadium hinaus.

besass eine Liebe zu seinen eingeborenen Soldaten, die ungemein sympathisch berührte. und er hält dieselben für ergeben, treu und anhänglich, glaubt auch, dass sie den italienischen Offizieren zugethan sind. Hierfür spricht allerdings die Thatsache, dass nicht nur die Soldaten selbst, sondern auch ihre Familienangehörigen, den Kompagnieführer als „Vater" anreden, und seinen Rath selbst bei den geringfügigsten Familienangelegenheiten einholen.

Als wir Abends mit den Offizieren der Garnison im Kasino speisten, wurde uns eine neue Ueberraschung durch das Blasen der Retraite. Auf acht Bläser der einen Kompagnie antwortete dieselbe Zahl der anderen. und alle vereinigten sich darauf zu einer gemeinsamen kurzen Sonate. Es wirkte in dortiger Umgebung ebenso unerwartet wie erhebend, und täglich erfreute uns diese Retraite. die wir in keinem anderen Garnisonorte wieder in gleich vollkommener Weise ausgeführt hörten.

Verschiedene Tage waren wir an Saati gefesselt. und da es keinerlei hervorragende Reize in landschaftlicher oder sonstiger Beziehung bot, so wurden verschiedene kleinere Jagdausflüge unternommen. Die Beute fiel recht gering aus, und bestand nur aus Aasgeiern, Gabelweihen. Falken. Nashornvögeln, Wachteln und einigen Hasen. während wir Gazellen. Buschböcke und Schakale zu Gesicht bekamen. Trotzdem bereiteten uns diese Ausflüge manchmal mehr Vergnügen wie viele spätere, von thatsächlichem Erfolge gekrönte, da sie den Reiz der Neuheit hatten, und einige buntfarbige kleinere Vogelarten zeigten, die, zum Theil noch neu, unser Interesse erregten. Die gesehenen Gazellen waren *Gazella dorcas (Lichtenstein)*, die Schakale die schwarzrückige Art, *Canis variegatus (Rüpp.)*, und die erlegten Hasen der *Lepus abyssinicus (Ehrenberg)*. Dieser kleine Hase, von der Farbe unserer Kaninchen, zeichnet sich durch ausserordentlich lange Löffel aus, die, sehr dünn und aufrecht stehend, der Sonne zugekehrt fast rosa erscheinen. Das Thier hat keineswegs die Behendigkeit der europäischen Spezies. und wie diese die ausgesprochene Absicht, dem Menschen so weit wie möglich zu entfliehen. sondern versucht stets nach ganz kurzem Laufe, sich unter einem Busche zu verbergen, und hier bewegungslos aufrecht sitzend sich dem Auge zu entziehen, dadurch dem Jäger bis auf geringe Entfernung die Annäherung gestattend.

Nach verschiedenen kleinen Ausflügen dieser Art trat in erster Linie die Nothwendigkeit an uns heran, die erforderliche Anzahl von Maulthieren für uns selbst und einen Theil der Begleitung zu beschaffen, und da wir solche in Massaua und Saati nicht finden konnten, unternahmen wir auf Anrathen des Herrn Buchs einen Ritt nach Ghinda. Dort, und in der Umgebung, wollten wir nach solchen recherchiren. An einem der nächsten Nachmittage führte ich das Projekt mit Andersson aus, und brach zeitig genug auf, um vor Abend Sabarguma, auf halbem Wege zwischen Saati und Ghinda, zu erreichen. Die erst kürzlich angelegte breite Strasse überschreitet den circa 450 m hohen Berg Dig-Digta, und steigt darauf in eine weite Ebene zwischen Ailet und Sabarguma hinab. Die Ebene geniesst einen besonderen Ruf infolge der reichen Niederjagd, und mit Leichtigkeit erbeuteten wir eine grössere Zahl von Hasen, Perlhühnern etc. Auch eine grosse Mannigfaltigkeit der Taubenarten, und ein sehr häufiges Auftreten einer Spezies von Honigsaugern, schwarz mit weissen Querbändern auf den Flügeln, war auffallend.

Von dem grossen Leopardenreichthume, durch den Sabarguma und Ghinda eine gewisse Berüchtigtheit erlangt haben, umsomehr, als gerade in jenen Tagen verschiedene Menschenleben dem Raubthiere zum Opfer fielen, bemerkten wir in Anbetracht der Kürze der Zeit nichts. Das einzige grössere Thier, welches ich sah, war ein riesenhaftes Warzenschwein, dem ich plötzlich im dichten Gebüsche gegenüber stand, auf das meine beiden Schrotschüsse aber, wenn auch aus nächster Nähe, nur eine äusserst geringe Wirkung hervorbrachten. Mein Büchsenträger hatte, da ich nur auf Perlhühner jagen wollte, mit mir nicht gleichen Schritt gehalten. Die Nacht verbrachten wir in dem durch seine Fieber sehr ungesunden Sabarguma, in einem für dortige Verhältnisse nicht üblen Wirthshause eines Griechen, eine der höchst seltenen Schlafgelegenheiten unter festem Dache ausserhalb Massana's. Der Ritt nach Ghinda am nächsten Morgen führte über den 890 m hohen Berg Dongolo, welcher eine wunderbare Vegetation entfaltet hatte. Ein dichter Wald weissblühender *Terminalia Brownei* wölbte sich über einem undurchdringlichen Dickichte grosser Blattpflanzen, darunter die himmelblaue *Clitoria*. Im Innern des Waldes überraschte uns eine grosse Heerde der graugrünen Meerkatzen, die, bei unserem Anblicke schleunigst von Ast zu Ast springend, das Weite suchten. Es gelang uns dennoch, einige der niedlichen Affen mit der Kugel von den Bäumen herabzuholen. In leeren Baumstämmen und auf Felsen hausen unzählige Klippschliefer *(Hyrax)*, wer aber würde in diesem kleinen, zierlichen Thierchen mit den weichen Gummipfoten einen Verwandten der Vielhufer, oder gar des Nashorns vermuthen?

Nach 3½ stündigem Marsche erreichten wir Ghinda, ursprünglich ein kleines Eingeborenendorf, welches durch drei Kompagnien des Bataillons von Saati, die hier garnisonirt sind, eine grössere Ausdehnung erlangt hat. Auf einem Hügel ist ein schwach befestigtes Fort, in Friedenszeiten ohne Kanonen. In Ghinda wandten wir uns an einen Agenten des Hauses Bienenfeld & Comp., der den Einkauf der Maulthiere in die Hand nahm, und auch thatsächlich 7 Maulthiere besorgte. Die Thätigkeit des dort stationirten Herrn beschränkt sich lediglich auf die Uebernahme von Militärtransporten, da ein Handelsverkehr nicht existirt.

Vor Anbruch der Nacht waren wir in Sabarguma zurück und benutzten den nächsten Tag zu einem abermaligen Jagdausfluge in der grossen vorhin erwähnten Ebene, diesmal in der Absicht, dieselbe in nördlicher Richtung bis zu dem vier Wegstunden entfernten Ailet zu durchstreifen, um von dort aus nach Saati zurückzukehren. Unsere Hoffnung auf Gazellen oder Buschböcke *(Antilope Hemprichii)* ging nicht in Erfüllung, dagegen fand ich in der Nähe eines kleinen, mitten in der Ebene gelegenen Dorfes von wenigen Hütten, eine Kolonie der verschiedensten Geier. Von den sich um die Ueberreste der geschlachteten oder gefallenen Thiere streitenden Vögeln erlegte ich einen Schopfgeier *(Vultur occipitalis)*, verschiedene Mönchsgeier *(Neophron pileatus)*, und eine grosse Zahl Schmutzgeier *(Neophron percnopterus)*, ferner auf derselben Stelle verschiedene Adler.

Ailet ist ein grosses Dorf, lediglich von muselmännischen Eingeborenen bewohnt, ohne jegliche Beimischung christlicher Abyssinier. In der Nähe sind heisse Quellen, welche früher als Thermen von Ailet eine bedeutende Rolle spielten, und denen die wunderbarsten Heilkräfte gegen die verschiedenartigsten Krankheiten zugeschrieben wurden; thatsächlich liegen diese Thermen eine Stunde von Ailet in einer wunderbar hübschen Umgebung, und haben bei ihrem Austritte aus der Erde eine Temperatur von ca. 38⁰ C. Bei unserer Ankunft sahen wir zahlreiche Eingeborene in dem warmen Wasser baden, während für Europäer und privilegirte Farbige gegen ein Entgelt von 50 Centimes ein von Bienenfeld & Comp. hergerichteter, etwas abgetrennter Raum reservirt ist. Es gehört hierzu einige hundert Schritte weiter auf einem Hügel ein kleines Wohnhaus und ein Ankleidezelt. Der Schutz und die Instandhaltung der Quelle sind einem Wächter anvertraut, und auf diese Weise ist an dem Badeorte nichts weiter auszusetzen, als dass er von keinem Menschen benutzt wird. Ailet besass früher eine französische Missionsniederlassung, welche vor 5 oder 6 Jahren verlassen wurde, infolge der drei Monate im Jahre hier wie in Sabarguma herrschenden Fieber, die den Europäern einen Aufenthalt geradezu unmöglich machen. Das Missionshaus steht verlassen und verfallen da, ist nur noch aus Ruinen erkennbar. Als wir gegen Abend nach Saati zurückkehrten, führte der Weg durch eine tiefe schmale Schlucht (die „Gola di Ailet"), zwischen üppig bewachsenen Bergketten hindurch, und durch das Thal Marphaim. Grosse Völker des Sandhuhns *(Pterocles exustus)*, und Streifen-Flughuhns *(Pterocles Lichtensteinii)* belebten die ebenen Stellen, und Erd-Eichhörnchen und Schakale kreuzten den Pfad.

In Saati erhielten wir am Nachmittage des nächsten Tages den Besuch des Gouverneurs, des Colonel Arimondi, und vieler Offiziere, die nach Ghinda und von dort über Asmara nach Keren ritten, wohin auch die beiden in Saati stehenden Kompagnien am selben Tage abmarschirten, um sich an einer grösseren Truppenkonzentration zu betheiligen. Für uns begann die Zeit des Packens, was um so mühsamer war, als ein Theil des Gepäckes in Saati zurückblieb, drei Viertel des übrigen durch Kameele nach Keren vorausgesandt werden sollten, und nur ein Viertel uns auf dem Marsche dorthin begleitete. Die Arbeit war eine äusserst langwierige, bereits waren aus allen Kisten Gegenstände herausgenommen, und nun mussten jene wieder auf das richtige Maass aufgefüllt werden, da die Trägerkisten an das ganz bestimmte Gewicht von 22½ kg gebunden sind. Am Morgen des zum Aufbruche festgesetzten Tages sind an Stelle der angenommenen Träger kaum die Hälfte erschienen, es hatte sich das Gerücht eines erneuten Einfalles der Derwische verbreitet, und Niemand wollte ins Innere. Nach langem Parlamentiren, mehrstündiger Verzögerung, und durch die nunmehr beginnende Drohung des Gebrauches des uns später ab und zu lieb gewordenen Kurbasch, hatten wir gegen Mittag glücklich 4 Kameele und 65 Träger beladen, während das Gros des Gepäckes in den Händen des Herrn Buchs zurückblieb, um alsbald nach Keren nachbefördert zu werden. Von Herzen waren wir froh, diesem Saati den Rücken kehren zu können, das durch seine tropische Temperatur, und seine geradezu unglaublichen Fliegen und sonstigen Schmarotzerthiere begonnen hatte, unsere Sympathien zu verlieren.

Die Absicht war, um nach Keren zu gelangen, jedenfalls nicht die grosse Strasse Saati - Ghinda - Asmara - Keren einzuschlagen. Sie ist von den Italienern in einer solchen Breite hergestellt, dass ein Artillerieverkehr ermöglicht wird, und dient demgemäss zur Karawanenverbindung zwischen Keren und der Küste, ist also sehr belebt. Wollten wir aussichtsvolle Jagdgelegenheit finden, so mussten wir einen nördlicheren Weg über Ailet, Az-Siuma, Ghergherret, Maldi u.s.w., suchen. Diese Route ist in der Luftlinie sogar bedeutend kürzer, wie die grosse Strasse über Asmara, welche fast in einem spitzen Winkel verläuft, ist aber dennoch bedeutend zeitraubender, da sie den hohen Rand des Gebirges bei Maldi zu übersteigen hat, und entweder ein eigentlicher Pfad noch gar nicht existirt, oder ein solcher, von den Italienern versuchsweise angelegt, sich in endlosen Windungen an den Bergabhängen hinaufzieht. Auf alle Fälle boten diese Gegenden ein grösseres Interesse als wie die allgemein bekannte Strasse, wenn überhaupt von einem weitergehenden Interesse als für uns selbst, in einer, wenigstens in der Kolonie, bekannten Region die Rede sein kann.

Bis Ailet benutzten wir am ersten Tage denselben Weg, den wir schon einmal passirt hatten, und der, wie bemerkt, fast die ganze Zeit durch eine tiefe Schlucht bis zur grossen Ebene der Az-Schuma (ein arabisirter Hamiten-Stamm) hindurchführt. Die Vegetation allein bot ein weitergehendes Interesse, umsomehr, als wir in der glücklichen Lage waren, an der Seite des erfahrensten, um nicht zu sagen besten Kenners der abyssinischen Flora zu sein, der nicht ermangelte, uns soviel wie möglich mit den Erzeugnissen der Pflanzenwelt vertraut zu machen. Zu Seiten des Weges sahen wir *Acacia glaucophylla*, die dornige *Balanites aegyptiaca* und die immergrünen Balsambäume (*Conifera abyssinica* und *C. africana*). Zwischen bereits vereinzelt auftretenden Tamarinden grünte die für die Tieflandsregionen typische *Dobera glabra*, von der genannten *Balanites* sich lediglich durch grössere Blätter unterscheidend, und ohne Dornen, während dichtes Gesträuch verschiedener Grewiaarten mit geniessbaren, süss schmeckenden Beeren den Boden bedeckte, dazwischen eine wilde Rebenart, namentlich *Cissus quadrangularis*. Unterbrochen wird die üppige Vegetation durch die monotone vorhin erwähnte Ebene, jenseits derselben wir die nach Ghinda führende Strasse verliessen, um in mehr nördlicher resp. nordwestlicher Richtung über eine niedrige Hügelkette hinüber in eine weitere Ebene hinabzusteigen, wo zwischen der Wasserstelle Mitschell und dem Dorfe der Az-Schuma das erste Nachtquartier aufgeschlagen wurde. Leider fiel es gleich recht mangelhaft aus, da die Träger erst bei vollkommenster Dunkelheit anlangten, und wir nur Zeit hatten, auf jeglichen Komfort verzichtend, unsere Betten unter freiem Himmel herzurichten. Ein am Abende unternommener Jagdstreifzug zeigte lediglich grosse Mengen des Dickfusses (*Oedicnemus affinis*), von den Arabern Karawân genannt, und bei einbrechender Dunkelheit am Wasser einfallende, nach Tausenden zählende Schwärme des Sandhuhns und Streiten-Flughuhns. Die

Fallen ergaben ein gut gefärbtes Exemplar des schwarzrückigen Schakals *(Canis variegatus)*. Durch die Rückkehr der Kamele nach Saati am nächsten Morgen, infolge der weiteren Unpassirbarkeit der Wege für diese Thiere, sahen wir uns veranlasst, zunächst nach Az-Schuma zu reiten, um daselbst Maulthiere und neue Träger zu rekrutiren.

Az-Schuma ist ein kleines Nomadendorf, mit kreisförmig aneinander gereihten Hütten, in der Mitte ein freier Platz, der dem Vieh als Aufenthaltsort für die Nacht dient, und durch die umliegenden Hütten Schutz gegen die Räubereien der Hyänen und Leoparden bieten soll.

Durch die Verzögerung blieb für den Marsch nur noch kurze Zeit, und so kamen wir nur bis Ghergherret. Wir folgten dem von Westen nach Osten fliessenden Wasser Aqua Ghergherret, bis zu dem Punkte, wo es aus dem Felsen herausquillt, aber jedenfalls bis dorthin schon unterirdisch fliesst. Hier mussten wir lagern, und verbrachten, da in diesen seewärts gekehrten Gebirgsabfällen die Winterregenzeit bereits begonnen hatte, eine Nacht in strömendem Regen.

Der nächste Tag sollte uns nach Filfil führen, auf eben dem vorher erwähnten, kürzlich von den Italienern als Vorarbeit der grossen Strassenanlage gezogenen Versuchspfade. Jener ist 1 bis 1½ m breit, und zieht sich in Zickzacklinien an den Bergabhängen hin, einstweilen nur für ein Maulthier eben passirbar, einem entgegenkommenden ein Ausweichen jedoch kaum gestattend. Es ist der Weg einstweilen lediglich ein Versuchsobjekt, und wird mit der Zeit wohl wie die Strasse über Asmara entsprechend verbreitert werden; wir haben später Gelegenheit, beim Sattel (Sella) von Ambelacò auf jene Wegearbeiten zurückzukommen. In der Höhenlage von Ghergherret beginnt die durch ihre Doppelstacheln lästige *Acacia melifera* aufzutreten, in Tigre „quaddat" genannt. Nach dreistündigem Marsche über den Ausläufer des Debra-mar hinüber, erreichten wir die Ebene von Salamona, einer wegen seiner prächtigen Vegetation, und seiner hohen Bäume sehr anziehenden Oertlichkeit. Die kleine Thalebene da-

selbst wird von einem in dieser Zeit natürlich noch wenig Wasser
führenden Bache von Norden nach Süden durchschnitten, und ist
sich in derselben Richtung wie jener erstreckend, von geringer
Breite. Zu Seiten des Flüsschens wachsen riesenhafte Sykomoren
(*Ficus sycomorus*) mit viele Meter im Umfange messenden Stämmen,
die sich zu einer erstaunlichen Höhe erheben, und in ihren Aesten
zahlreichen Meerkatzenfamilien, Nashornvögeln, und unzähligen
kleinen Vogelarten Obdach gewähren; neben ihnen *Trichilia emetica*,
ebenfalls ein prächtiger Baum mit grossen, nussbaumartigen Blättern.
Gerade bei unserer Annäherung passirte einer der nach Millionen
zählenden Heuschrekenschwärme einen niederen grasbewachsenen
Hügel, und es war ein für den Jäger anmuthiges Bild, die Luft
und die Bäume angefüllt zu sehen mit Tausenden von Rötelfalken,
grösseren Falken und Habichten der verschiedensten Arten, Gabelweihen etc. im Vereine mit blaugrün schimmernden Amseln und
kleinen Singvögeln, alle viel zu eifrig mit der Vertilgung der
grossen Insekten beschäftigt, um die gegenseitige Feindschaft zu
beachten.

Jenseits der Ebene von Salamona führt der Pfad, in
Schlangenwindungen, über den Monte Osit in einer Höhe von
800 m, an hübschen grünen, buschbestandenen Thälern vorbei,
manchmal eine prächtige Aussicht gewährend. Zuweilen ist auch
für dortige Verhältnisse dichter Wald zu Seiten des Weges, mit
reicher Blumenflora, vielen kleinen weissblühenden Orchideen
(*Habenaria*), und den rankenden, zuerst von Professor Schweinfurth vor 2 Jahren entdeckten *Thunbergia Erythraea*, mit grossen,
prächtig gelben Blüthen. Auf dem Hochplateau des Osit liegt das
Thal Ain mit einem Bache gleichen Namens in seinem Grunde,
in dieser Jahreszeit mit nur wenig fliessendem Wasser. Dort
stehen eine Anzahl Strohhütten, die vor etlichen Monaten den
Wegearbeitern als Obdach gedient, und die wir nach aber-
maligem dreistündigen Marsche, von Salamona aus gerechnet, erreichten. Ausser vielen Meerkatzen sahen wir etliche Buschböcke,
und vereinzelt *Antilope saltatrix*, von den Eingeborenen „Sassa"
genannt, auch am Boden zahlreiche Stacheln des hier ein-

heimischen Stachelschweines. Dieser Punkt, der für die nächsten Tage als Aufenthaltsort dienen sollte, wird von den Eingeborenen Filfil genannt, ein Name, der übrigens auf den Karten nicht figurirt, und liegt infolge seiner Höhe von circa 750 m an der östlichen Abdachung des nord-abyssinischen Hochlandes, mitten in der Winterregenperiode, die lediglich in jenen Strichen mit grosser Intensität aufzutreten pflegt, und uns recht fühlbar wurde. Nachdem es bereits während des Marsches zeitweilig heftig geregnet, dauerten die Niederschläge den ganzen Nachmittag, die Nacht u. s. w. ununterbrochen fort, um unser Zeltlager herum in kürzester Frist einen Sumpf bildend. Da auch die beiden nächsten Tage keine Besserung zeigten, so konnten wir nur ahnen, wie wunderbar schön die Gegend mit ihrer üppigen Vegetation und reichen Fauna, speziell was die Vogelwelt anbelangt, bei klarem Wetter sein muss. Aber jede Aussicht war verdeckt. Ueberdies machte die überhand nehmende Feuchtigkeit unserer sämmtlichen Ausrüstungsgegenstände, speziell der Kleider und Schuhe, den Aufenthalt zu einem ziemlich ungemüthlichen, umsomehr, als sich auch die Einwirkung der Nässe auf den Gesundheitszustand der Europäer, und selbst der Eingeborenen bald bemerklich machte. Jagdausflüge in die prachtvollen Wälder blieben begreiflicher Weise resultatlos, und ein Gang durch den Urwald bei strömendem Regen konnte kaum als etwas Angenehmes gelten. Die Glätte im Verein mit den Schlingpflanzen und dem dichten Gebüsche machen bei dem Pürschen ohne Weg und Steg dieses beschwerlich und ermüdend, da ausserdem die meterhohen, manchmal mannshohen Gestrüppe, Gräser und Farren für ein vollkommenes Durchnässtwerden Sorge tragen.

Von der interessanten, wie gesagt, selten mannigfaltigen Vogelwelt, über die wir nur einen geringen Ueberblick gewinnen konnten, fiel vor Allem der prächtige Helmvogel (*Corythaix leucotis, Rüpp.*) auf, ebenso eigenartig durch sein dem Auerhahn oder Birkhahn ähnelndes Gebahren auf den Aesten, und seine hierbei hervorgebrachten gurgelnden Laute, als durch seinen prächtigen Anblick im Fluge, dunkelrothe Schwingen bei schwarzgrünem Gefieder, die Augen fesselnd. Sein Nest sahen wir in dichtem Strauchwerke, wenig hoch über dem Boden, kunstlos zwischen Aesten hergerichtet, und die vielleicht 14 Tage alten Jungen zeigten vollkommen schwarze Federansätze. Ausserdem bemerkten wir eine Glanzelster mit rostgelben Schwingen (*Lamprotornis tenuirostris, Rüpp.*), die weissschwänzige und die schwarzschwänzige Wittwe, sowie verschiedene Amselarten (*Ptilonorhynchus albirostris, Rüpp.*). Glanzstaar (*Lamprocolius chalybaeus, Ehrenberg, Brehm R. n. H.*), *Lamprotornis ruficentris, Rüpp.*. Goldamsel (*Oriolus moloxita, Buffon*) und Schildamsel (*Prionops cristatus, Rüpp.*). Von Vierfüsslern viele Meerkatzen der vorher erkannten Art (*Cercopithecus griseoviridis, Desmar*), einige Antilopen, deren Spezies ich nicht unterscheiden konnte, das bunte Hörnchen (*Sciurus multicolor, Rüpp.*), und das Erdeichhörnchen (*Xerus rutilus*), welches ich zuweilen auf dicken Aesten überhängender Bäume fand, entgegen der Ansicht Brehms (Reise nach Habesch), wonach dasselbe niemals Bäume besteige. Das Hörnchen liess sich allerdings bei herannahender Gefahr sofort auf den Boden herabfallen. Recht interessant ist das hiesige Vorkommen wilder Limonen, die identisch mit der in Aegypten kultivirten kleinfruchtigen Art sind, und viel zu häufig auftreten, um in früherer Zeit durch Menschenhand angepflanzt zu sein. Die Früchte haben die Grösse eines Taubeneies, und ist hier wohl die einzige Gegend in der Erytraea, wo Limonen wild wachsen. Höher hinauf im Südwesten, auf dem Monte Savour, finden sich ausserdem wilde Pommeranzen in solcher Zahl, dass Tenente Ferero zu Kultivirungszwecken 200 junge Stämme auspflanzen lassen konnte. Dort kann wohl ebensowenig von einer Einführung durch Menschen die Rede sein. Die Berge in südlicher Richtung nach Az-Teklesan hin, sollen gleichfalls viele wilde Pommeranzenbäume beherbergen. Es könnte trotzdem zweifelhaft erscheinen, ob man es nicht mit verwilderten Kulturpflanzungen zu thun habe, aber abgesehen davon, dass es kaum anzunehmen wäre, dass verwilderte Pflanzen in so reichem Maasse vorkommen, wie es hier der Fall, spricht auch für eine ursprüngliche Wildheit das Vorkommen in ganz bestimmten Höhenlagen: der Limone von 700—1000 m. der Pommeranze von 1600—1900 m. Schliesslich glaube ich nicht, dass in diesen Gegenden jemals eine höhere Kultur bestanden hat, wenigstens dürfte es schwer fallen, hierfür irgend ein Anzeichen zu bemerken.

Bei Filfil ist der Anfang der eigentlichen Bergvegetation. Ausser Sykomoren und Trichilia als Uferbäumen, sahen wir die mit reichen weissen Blüthen geschmückte *Nuxia dentata* aus dem Thale von Ghinda wieder, die nur in der Nähe des Wassers zu gedeihen scheint. Die Gebüsche bestehen hauptsächlich aus *Carissa edulis*, überladen von schwarzen Beeren, und der Pfeilgiftpflanze der Somalistämme *(Acokanthera)*, mit schönem dauerblätterigem Lorbeerlaube. Schliesslich fanden wir dort zuerst den wilden Oelbaum *(Olea chrysophylla)*.

Am 12. Februar reisten wir gegen Maldi weiter, zunächst nach Sella Ambellaccò, das wir nach siebenstündigem Marsche, stets in strömendem Regen, erreichten. Trotz der verhältnissmässig geringen Entfernung in der Luftlinie, braucht man diese lange Zeit, da Sella Ambellaccò in einer Höhe von 1977 m liegt, wir demnach 1100 m zu steigen hatten. Dementsprechend zieht sich der italienische Versuchsweg in zahllosen Windungen zunächst den Monte Savour hinauf, dann über den Monte Amefin nach Sella Ambellaccò, während der frühere, allerdings äusserst steile Fusspfad fast senkrecht aufstieg. Stellenweise waren wir gezwungen, jenen alten Pfad zu benutzen, da der neue, in Folge des Regens an mehreren Punkten eingestürzt, nicht mehr passirbar war. Leider hinderte auch auf diesem Marsche der Regen an dem Genusse der üppigen Vegetation. Der alte Pfad besonders führte durch meterhohe Stauden, weissblühende Balsaminen *(Impatiens tinctoria)*, *Lantana viburnoides* mit blauen Blüthen, die sehr häufige Königskerze *(Verbascum ternacha)* und viele Cassia. Erwähnen möchte ich, dass der Samen der Königskerze den Eingeborenen zum Fischfange dient, da derselbe, ins Wasser geworfen, die Fische, die davon fressen, betäubt, die dann an die Oberfläche getrieben, eingesammelt werden; zu dem gleichen Zwecke dient der Samen der dort ebenfalls vorkommenden *Tephrosia Vogelii*.

In Sella Ambellaccò blieben wir, da Maldi, an dem gleichnamigen Berge in einer Thalmulde gelegen, ein nur zur Regenzeit fest bestehender Ort ist, Ambellaccò hingegen das seit Kurzem fest bestehendes Hauptquartier der dortigen Wegebauarbeiterkolonie repräsentirt. Unter Leitung des Tenente Ferero vom Geniekorps, zählt jene augenblicklich, in Folge der eingeschränkten finanziellen Zuschüsse Italiens, nur 300 an Stelle der früheren 500 Mann, und besteht aus Eingeborenen unter italienischen Unteroffizieren. Die Thätigkeit der Truppe richtet sich auf die Verbreiterung des Versuchsweges zu einer Heeresstrasse, ein Werk, das mit den grössten Schwierigkeiten zu kämpfen hat. Bei unserer Ankunft wurde in der Richtung nach Saati hin mit äusserster Anstrengung gearbeitet und gesprengt. Dieser schwierigste Theil der Strasse, war zur Zeit unseres Besuchs in der Richtung nach Saati wie nach Keren zu, auf eine Strecke von je 3 km völlig fertig gestellt. Wenn die Arbeiterzahl nicht bedeutend vergrössert wird, werden noch Jahre vergehen, ehe das jetzige Projekt seiner Vollendung entgegensieht. Interessant ist, wie die einheimische Bevölkerung zu den Wegearbeiten herangezogen wird. Früher mussten die Italiener die sämmtlichen Arbeiten in der Kolonie, wie Eisenbahnbau, Quai- und Strassen-Anlagen etc. durch italienische Arbeiter anfertigen lassen, natürlich unter erheblichen Kosten, jetzt hat sich herausgestellt, hat der Versuch bewiesen, dass Einheimische, von wenigen italienischen Werkmeistern ausgewählt und angelernt, dasselbe, vielleicht in diesem Klima mehr leisten, wie weisse Arbeiter, dem Staate auf solche Weise bedeutende Kosten ersparend. Die Anlage der Strasse stösst, wie erwähnt, durch die Steigung von 1200 m bei 20 km Länge, auf nicht geringe Schwierigkeiten, und wir überzeugten uns, wie Felssprengungen, und recht schwierige Ueberbrückungsarbeiten in hervorragender Weise von dem so organisirten Arbeiterkorps bewältigt wurden.

Das Klima von Sella Ambellaccò wies schon einen bedeutenden Fortschritt auf, da der Vormittag meist frei von Niederschlägen war, und man in dieser Zeit eine prächtige Aussicht von der Höhe herab auf die nieder gelegenen Thalregionen genoss. Gegen Mittag allerdings trat wieder Nebel ein, und verdichtete sich im Laufe des Nachmittags und der Nacht zu feinem Sprühregen. Wir waren demnach an der Grenze der Winterregenperiode, und wenige Stunden weiter westlich finden Niederschläge in dieser Jahreszeit nicht mehr statt. Dieselben Bergtheile haben dort entgegengesetzte Jahreszeiten, je nach der Exposition zum Meere oder zum Binnenlande hin, wodurch eine zweimalige Kultur der Felder auf der einen, sodann auf der anderen Seite ermöglicht wird, und die Nomadenstämme folgen mit ihren Heerden den jeweilig vom Regen befruchteten Landstrecken.

Auf der Höhe von fast 2000 m ist vollkommene Hochlandsvegetation: *Olea*, *Protea abyssinica*, mit grossen weissen Blüthen, ähnlich denjenigen der *Paeonia*, *Erica arborea*, strauchartig wie in Süd-Europa, und *Enclea Kellau*. *Dodonaea viscosa* füllt die Masse der Gebüsche aus, im ganzen Jahre, selbst bei der grössten Trockenheit, kleine grüne Blättchen zeigend. Einzelne wilde Dattelpalmen, und viele der prächtig blühenden Kandelaberenphorbien verleihen der Gegend einen eigenartigen, reizvollen Charakter.

Tenente Ferero empfing uns liebenswürdig, und bezeugte uns die grösste Gastfreundschaft, die mir um so willkommener und nothwendiger war, als ich wahrscheinlich in Folge der grossen Nässe der letzten Tage, durch einen ziemlich heftigen Fieberanfall für kurze Zeit ans Lager gefesselt war. Später machten wir dann einige kleinere Jagdausflüge, und trafen verschiedentlich auf den prächtigen, unseren Rothhirsch an Grösse übertreffenden *Strepsiceros* oder *Antilope Kudu*, von den Eingeborenen „Agasen" genannt, häufiger auf die *Antilope saltatrix* (Tigre „sassa"). Unserer Gemse vergleichbar, hat sie an den schroffsten Steinabhängen ihren Standort, und macht flüchtend auf jedem vorspringenden Felsblock in zierlichster Stellung Halt, um nach dem Jäger zurückzuschauen. Schliesslich sahen wir den zierlichen Buschbock *(Antilope Hemprichii)*, einen der kleinsten Vertreter der Antilopenwelt in Afrika, und es gelang die Erlegung der *Antilope decula* (Henglin, Reise nach Abyssinien. Rüppell, Neue Wirbelthiere), mit eigenthümlicher, strichartiger Zeichnung auf dem Rücken, ähnlich wie bei der *Antilope scripta*, und kurzem, schraubenartig gewundenem Gehörn, eine Spezies, die ich allein von allen Antilopen später nie wieder angetroffen habe, deren Verbreitungskreis in dortiger Gegend mithin ein begrenzter ist. Vielleicht trafen wir auch im weiteren Verlaufe der Expedition nicht mehr auf eine ähnliche Vegetation in entsprechender Höhenlage, also nicht mehr auf die gleichen Existenzbedingungen. Erwähnen möchte ich noch, oder vielmehr frühere Angaben bestätigen, dass die Weibchen der erwähnten vier Antilopenarten keine Hörner tragen. Von Raubthieren war kein einziges häufig, am Tage unserer Ankunft schoss Tenente Ferero einen Serval, dessen Vorkommen in der Gebirgsgegend mich erstaunte, da er auch in der Sprache der Eingeborenen als „Leopard der Ebene" bezeichnet wird; der Leopard und der Gepard sollen selten auftreten, die Hyäne gar nicht. Die Vogelwelt wurde charakterisirt durch zahlreiche kolibriartige Formen (*Nectarinia*), wie wir sie nicht wieder in ähnlicher Anzahl erblickten, und welche die blühenden Stauden belebten. Nach Aussage des Herrn Ferero sind hier circa 10 verschiedene Arten vertreten.

Am 18. Februar nahmen wir Abschied von unserem liebenswürdigen Wirthe, und folgten dem erwähnten Pfade in der Richtung nach Keren. 3 km weit ist der Weg ausgebaut, und führt dann noch einige Zeit durch das Thal hindurch, ist auch weiter gut passirbar, bis er, zur „Conca di Maldi" sich erhebend, schmal, kaum 60 cm breit zu werden beginnt. In nordwestlichem Bogen nach Süden um den Monte Maldi herum, erreicht er jenseits des Monte Graf-helas die „Sella Magasas" genannte Passhöhe. Der Versuchspfad musste dort verlassen werden, und wir ritten in südlicher Richtung nach dem Dorfe Cara, einige Kilometer von der Strasse entfernt, um auf Wasser für die Nacht zu stossen. Stellenweise hatte die Höhe eine prachtvolle Aussicht auf das tiefer liegende Thal gewährt, und man erblickte von verschiedenen Punkten aus, die allmähliche stufenförmige Abflachung der Gebirge nach der Küste zu. Der Regenzone waren wir entronnen, und der Himmel zeigte sich wieder wolkenlos. Zugleich war allerdings die prächtige Vegetation entschwunden, sowohl

durch den Austritt aus der Regenzone, als durch die grosse
Höhenlage. Nur mit äusserst lichtem Gehölze und kleinen Bäumen
waren die Plateaus bestanden, selbst die Quolqual-Euphorbie, die
noch kurz vorher förmliche Wälder gebildet hatte, und uns
durch ihre rothen und gelben Blüthen entzückte, trat zurück.
Dort gedeihen nur drei Baumarten: *Olea chrysophylla*, *Acacia etbaica*
und *Barbeya oleoides*, vollkommen fehlte das durch seine furcht-
baren Stacheln überaus lästige *Pterolobium lacerans*. Zahlreiche
Sassaantilopen waren bei unserem Anblicke die Berge hinauf
geflüchtet, und auf den Blüthen der Euphorbien sassen zierliche
grüne, am Kopfe roth gezeichnete Papageien; möglicher Weise
Taranta.

Cara, in einer Höhe von 2267 m auf dem Hochplateau liegend,
das ganz bedeckt ist von gelbem verbrannten Grase, hat eine
ausschliesslich christliche Einwohnerschaft, und besteht aus zwei
getrennten Dörfern, einem grösseren und einem kleineren,
500 Schritte von einander entfernt. Das grössere macht einen
wohlhabenden Eindruck, und wir nahmen eine genaue Besichtigung
desselben vor, von dem „Schum" oder Scheich, wenn man ihn
so nennen darf, geführt. Die Hütten sind auffallend gross, und
fest aus Holz und Stroh erbaut, meistens bestehen die Wohnungen
aus einem Hofe, und in diesem rechts und links aus je einer
geräumigen Hütte, eine für den Hausherrn, die andere für die
Frauen bestimmt. Bei dem Eintritte in das Innere gelangt man zunächst in einen grösseren Raum, und dann in einen zweiten, nicht
weiter abgetrennten, in dem das Feuer brennt, und an der Seite die
Lagerstätte des oder der Bewohner etwas erhöht erbaut ist.
Licht erhalten die Räume, wie alle ähnlichen, lediglich durch das
Feuer, und eventuell in geringem Maasse durch die nicht verschliessbare Thüre. Der Hof dient dem Vieh als Aufenthaltsort während
der Nacht. Am späten Abende kamen die Einwohner des Dorfes,
Männer, Weiber und Kinder, um uns eine Fantasia zu bereiten.
Zwei Männer machten die erforderliche Musik auf zwei grossen,
trommelähnlichen Gefässen, und die übrigen, einen Kreis bildend,
klatschten den Takt hierzu. In diesem Kreise tanzten nach dem

Rhythmus der Trommeln, einige Männer mit langsamen, gesetzten Bewegungen, zuweilen kurze Verrenkungen des Oberkörpers ausführend. Frauen wechselten mit ihnen ab, und im Allgemeinen besteht der Tanz aus einem gemessenen Herumgehen im Kreise, mit graziösen Körperbewegungen.

Mit einigen Thalern fürstlich belohnt, zogen die Leute befriedigt ab, und wir waren froh, in die Zelte zurückkehren zu können, da die Nacht empfindlich kalt war, trotz der hohen Tagestemperatur. Der Scheich des Dorfes, dessen Gunst wir durch den Bakschisch eines Maria Theresia Thalers gewonnen hatten, verliess sein Reich, um uns einige Tage als Führer zu begleiten, und war schliesslich schwer zu bewegen, uns freiwillig wieder zu verlassen.

Die letzte Station vor Keren, Halibaret, die nur noch in einer Höhe von 1530 m, also bedeutend tiefer liegt wie Cara, wurde am nächsten Tage erreicht. Wir wählten den Weg am Monte Zahalo vorbei, und gelangten so auf die breite Strasse, die, wie schon erwähnt, von Saati über Asmara und Az-Teclesan nach Keren führt, und die vollkommen ausgebaut, die besuchte Heeresstrasse bildet. Der Marsch dauerte 6 Stunden, die Entfernung mag daher ca. 25 km betragen, da man für Träger nicht mehr als 4 km in der Stunde in Gebirgsregionen annehmen darf. Halibaret, an einem kleinen fliessenden Bache gelegen, ist lediglich Station der Heeresstrasse, aus einer von einem Griechen gehaltenen Kantine, und wenigen Eingeborenenhütten bestehend. Das kleine Gewässer des Baloathales, das den Ort halbkreisförmig umfliesst, und Wasser von vorzüglicher Qualität enthält, ist ein Zufluss des Anseba, der ca. 2 km in West von Halibaret nach Norden strömt, um sich mit dem Barka zu vereinigen. Der Anseba führt im Winter nur stellenweise ein wenig Wasser, besitzt im Uebrigen äusserst romantische Uferpartien, mit Felsen von grosser Wildheit und Schroffheit, er entwickelt an seinen Ufern eine üppige Vegetation, riesengrosse Sycomoren und *Kigelia africana* mit an langen Schnüren herunterhängenden dunklen, purpurgefärbten Blüthen, und meterlangen, ganz harten, wurstförmigen Früchten. Die Hügel im Umkreise des Anseba,

sowohl hier wie bei Keren, tragen das afrikanische Ebenholz
(Dalbergia melanoxylon), jetzt entlaubt und dornig, die Stämme
selten von grosser Dicke und Höhe. Jagdlich scheint die Gegend
ergiebig zu sein, da wir ausserordentliche Mengen von Perlhühnern, Frankolinen und Klippschliefern vorfanden, die die von
Felspartien unterbrochenen Plateaus bevölkern. Ferner erlegten
wir verschiedene Buschböcke, und bemerkten den Pisangfresser
(Schirorhis zonurus, Rüpp.), einen Verwandten des Helmvogels,
verschiedenfarbige Glanzdrosseln und Glanzelstern, die abyssinische
Mandelkrähe, den prachtvollen stolzen Hornraben *(Bucorax abyssinicus)*, von den Eingeborenen Abagumba genannt, und die Zebramanguste *(Herpestes fasciatus)*. Unsere Fallen ergaben einen Schakal
und die Falbkatze *(Felis maniculata)*.

Leoparden scheinen in dortiger Gegend, vielleicht infolge
der reichen Nahrung an Klippschliefern, häufig zu sein, wenigstens
berichteten mir bei der Rückkehr von einem Jagdausfluge die
Eingeborenen von einem Leoparden, welcher auf einem nahen
Felsen sich sonne; leider verschwand er bei meinem Herannahen.
In der Nacht wurden wir von furchtbarem Geschrei der Eingeborenen
geweckt, die zu dem Zeltlager den Hügel hinabgestürzt kamen, um
uns zu bitten, sie gegen einen Leoparden zu schützen, der soeben
eine Ziege geraubt habe. Natürlicherweise war unser Einschreiten
gänzlich fruchtlos, da der Leopard in stockfinsterer Nacht längst
mit seiner Beute das Weite gesucht hatte.

Nach zweitägigem Aufenthalte in Halibaret erreichten wir am
21. Februar unser erstes Hauptziel Keren, von wo die eigentliche
Expedition ihren Anfang nehmen sollte. Zum Marsche konnten wir die
Strasse von Asmara benutzen, und passirten circa 13 km vor Keren den
Anseba. Lange schon, ehe man Keren erreicht, erblickt man die
hochgelegene Zitadelle, und von der Anhöhe herab eröffnet sich die
Aussicht auf die in einem weiten Thalkessel liegende Stadt. Man
geniesst lange diesen hübschen Ausblick auf Keren und Umgebung.
Der Marsch bot in Folge des grossen Verkehres auf der Strasse
an Jagdbeute wenig Interessantes. Wir sahen eine grosse Schaar
Mantelpaviane *(Cynocephalus Hamadryas)*, die laut bellend flüchtete.

und erlegten verschiedene Exemplare einer uns neuen grüngelben
Papageienart *(Psittacus Meyeri, Rüpp., Zool. Atlas Tab. 11)* sowie
eine prachtvolle Spezies der Schweifkrähen *(Coracias abyssinica,
Bodd); Coracias pilosa (Lath)* hatte ich bei Ginda erlegt.

In Keren schlugen wir das Lager im Centrum der weit
ausgedehnten Ebene auf, in der die einzelnen Stadttheile zerstreut liegen, dicht neben der alten Hausruine des verstorbenen Constant, die als Maulthierstall, Küche und Vorrathskammer dienen sollte, allerdings zuvor einer recht gründlichen
Reinigung bedurfte, ferner dicht neben einem Hause, welches
ein Agent von Bienenfeld & Comp. bewohnt. Das Zeltlager
umfasste wie überall 4 Zelte, eines als Wohnung des Professor
Schweinfurth und Speiseraum, ein zweites als Schlafzelt für
Andersson und mich, ein drittes für Jäger und Präparator, und
das vierte als Küchenzelt. Sie waren von einer Seriba, einem
Schutzwalle von Dornen, umgeben, der Nachts geschlossen wurde,
um Hyänen und sonstige unbefugte Eindringlinge abzuhalten. Rings
um die Seriba herum lagerten die Träger. Uns als Mittelpunkt
gedacht, hatten wir rings im Kreise in näherem oder weiterem
Abstande den Gendarmerieposten mit dem privilegirten Brunnen,
das griechische Viertel mit der Kirche und dem anschliessenden
Eingeborenendorfe, also auch dem Marktplatze, Tantarua, ferner
die Zitadelle mit Kasernen, Kasino, und den Gebänden für die
Offiziere, schliesslich die Zeltlager der einen oder anderen nur
vorübergehend stationirten Kompagnie. Die französische Mission,
augenblicklich mit 42 Zöglingen, und dem anschliessenden Dorfe
für verheirathete erwachsene katholische Christen, liegt etwas
entfernter.

Die Stadt liegt in einem Thalkessel, 1350 m über dem
Meeresspiegel, von hohen und schroffen Bergen umschlossen,
und auf einem von der Sonne braun gebrannten Boden, ohne
Vegetation, in glühender Atmosphäre, Stets wolkenloser Himmel,
kein Schatten, und so suchten wir gerne Schutz vor den
heissen Sonnenstrahlen in den leidlich gehaltenen griechischen
Kantinen. Buntes Leben herrschte in Keren, gerade hatte

der Gouverneur fast alle eingeborenen Truppen der Erytraea und fast alle Offiziere dort versammelt, um ein dreiwöchentliches Manöver abzuhalten. Sofort machten wir dem General Baratieri unseren Besuch, der uns ebenso wie der General Arimondi freundlich empfing, dann suchten wir die französische Mission auf; leider war der Bischof Mgr. Crouzet, der kurze Zeit dort geweilt, wieder abgereist, und alle Patres hatten ihm das Geleit gegeben, wir trafen also Niemand zu Hause. Die Mission macht einen freundlichen Eindruck, und anheimelnd war das Gefühl, nach so langer Zeit unter dem Einflusse des Islams, am Abende die Glocken der Missionskapelle läuten zu hören. Ich möchte gleich hier bemerken, dass die Mission auch an hiesiger Stelle einen günstigen Einfluss auf die Eingeborenen auszuüben scheint, wie sie überhaupt wohl zu Anfang der Besetzung der Erytraea durch die Italiener, diesen mit ihrem Rathe zur Seite gestanden hat, ferner dass die Zahl der katholischen Eingeborenen in der Kolonie bereits 6993 Seelen beträgt, wenigstens im März dieses Jahres betrug. Der Rath der Missionare wird den italienischen Offizieren im Anfange von grossem Werthe gewesen sein, da die Patres das Land zum Theil schon seit Jahrzehnten bewohnt, und sich in die Bevölkerung eingelebt hatten. Was die italienischen Offiziere anbelangt, so erscheint wahrscheinlich, dass nicht stets dieselbe grosse Mässigung geherrscht hat, wie augenblicklich. es ist wohl undenkbar, wenn europäische Offiziere plötzlich zu einem schwarzen Volke hin versetzt werden, welches sie beherrschen sollen, über das sie die weitgehendste Macht besitzen. Jetzt jedenfalls, und das möchte ich ganz besonders betonen, begegnet man einer Mässigung, einem liebevollen Eingehen auf die Eigenthümlichkeiten des Volkes, welche ungemein sympathisch berührt. Es ist der Fall von dem in jeder Beziehung hervorragenden Gouverneur herab, bis zu den jungen Offizieren der Truppe, die mit grosser Energie und Tapferkeit, wie die letzten Ereignisse bewiesen haben, wahre Liebe zu dem ihnen anvertrauten Lande verbinden, und aufrichtig bestrebt sind, dasselbe in seiner Eigenart und seinem Bedürfnisse verstehen zu lernen.

Von dem Entgegenkommen der Mission gerne Gebrauch machend, erfreuten wir uns an den vorzüglichen Gemüsen und Früchten des Missionsgartens, speziell an den Melonen ähnlichen Papaya, die aus Mauritius hierher importirt, vorzüglich zu gedeihen scheinen. Kartoffeln und andere Gemüse bilden einen Artikel auf dem reichhaltigen Markte Keren's, der fast alle Produkte des Landes umfasst. Es ist der einzige grössere Punkt im Innern der Kolonie, und zugleich die Hauptstadt des kleinen, nach dem letzten Zensus 15320 Einwohner zählenden Ländchens der Bogos. Die letzteren sprechen eine eigene hamitische Sprache, das s. g. „bilin".

Vielleicht ist es von Interesse, an dieser Stelle die Statistik der jüngsten Volkszählung mitzutheilen, um hierdurch einen leichteren Einblick in die Verhältnisse der Kolonie zu ermöglichen.

Popolazione dell' Eritrea, divisa per razze, per religione e per lingua:

Razze (nach Stämmen und Rasse):

		Habab	21012
(Küstenland)		Samhar .	14818
(Inseln)		Dahlac	2238
		Saho .	8672
		Minifera .	1516
(Danakil)		Dancala .	13703
		Somala . .	250
(Tigriner)		Tigrina .	69257
		Mensa	2960
		Bogos . .	15320
		Beni-Amer .	20943
(Stämme am oberen Barka)		Barca .	9330
(Sudaner)		Sudan .	1618
(übrige)		Altra .	9488

Religione:

(Mohamedaner)	Muselmana .	114900
(Koptisch monophysitische)	Cofta .	68627
(R. Katholische)	Catolica .	6993
(übrige)	Altra . . .	607

Nach Sprache (Lingua):

(Arabisch)	Arabe .	5 167
(Tigré)	Tigre .	77 776
(Tigrai)	Tigrigna .	65 400
(Amharisch)	Amarica .	1 557
(übrige)	Altra . . .	41 227
	Totale della popolazione	191 127

Diese Einwohnerzahl der Kolonie ist eine augenblicklich geringe, da das Land durch Kriege, verschiedene Choleraepidemien, Hungersnoth in folge der sich wiederholenden Viehseuchen, Wassermangel, Heuschreckenplage etc. dezimirt worden. Es ist jedoch anzunehmen, dass unter den geordneten Verhältnissen, welche jetzt überall Platz gegriffen haben, mit dem grösseren Wohlstande auch die Einwohnerzahl sich im Laufe der Jahre stark vermehren wird, stets vorausgesetzt, dass das begonnene Zivilisationswerk nicht eines Tages durch die in allzu grossen Massen hereinbrechenden Mahdisten wieder vernichtet wird.

In Keren beschlossen wir einige Zeit zu verweilen, und an einem der ersten Tage holte uns der Gouverneur mit seinem Adjutanten Tenente Giardino, und einer kleinen Eskorte zu einem Spazierritte nach dem Anseba, und dem dort von ihm erbauten Fort ab. Jenes liegt auf einer Berghöhe, circa 7 km von Keren entfernt, dicht an dem genannten Flusse, ist vor 4 Jahren errichtet, und dient zum Schutze der an der Strasse gelegenen permanenten Wasserstelle des Anseba. Das neue Fort erhebt sich am linken Ufer des Thales, das der angreifende Feind, eben des Wassers wegen, nicht zu umgehen vermag. Es vertheidigt somit den Zugang gegen den Westen, also gegen die Mahdisten. Auf der gegenüberliegenden rechten Seite des Anseba hatten die Aegypter seiner Zeit ebenfalls ein Fort errichtet, das gegen den Zugang von Süden her, also gegen die Abyssinier, Front macht. Da gegenwärtig das Land in dieser Richtung in den Händen der Italiener ist, wurde die ägyptische Anlage zwecklos, und musste das neue Fort erbaut werden. Die Gegend bis zum Anseba hin war in dieser Jahreszeit vollkommen öde, vertrocknet, zeigte ausser entlaubtem Gesträuch und dürrem Graswuchs keine Spur von

Vegetation, umsomehr, als das letzte Jahr aussergewöhnlich trocken und regenarm gewesen. Die nun laublosen Bäume, und das durch die Sonne wie Heu gebleichte Gras lassen errathen, wie üppig und wunderbar reich die Vegetation zur Regenzeit sein muss, wo das Gras mehr wie meterhoch steht. Keren hat nur eine Regenperiode im Spätsommer und Herbst, während im April zuweilen einzelne seltene Niederschläge (die sogenannte kleine Regenzeit) stattfinden. Während der Anseba auf einer kurzen Strecke nur wenig Wasser zeigte, war der bei Keren entspringende Nebenfluss Dari etwas wasserreicher, und an diesem Bache entlang sind erstaunlich wohlgepflegte und fruchtbare Gärten, die alles das erzeugen, was man selbst in Europa nur erwarten darf, wenn auch erst in geringer Menge: Kartoffeln, Artischocken, verschiedene Kohlarten, Spinat, Salat und vieles Andere. Dort liegen auch die Gärten der französischen Mission und der Garnison, in denen soeben Versuche gemacht werden, Wein, Orangen und Zitronen zu kultiviren. Es ist ein Beweis, dass das Land noch viel produktiver gestaltet werden könnte, als es augenblicklich der Fall ist, sowie die nöthige Zahl der Bebauer vorhanden. Bevor eine solche Thätigkeit jedoch begonnen resp. vermehrt werden kann, müssen zunächst die Strassen vorhanden sein, die die Möglichkeit des Absatzes, z. B. nach Massaua, sichern, da der Handel im Lande, resp. am Orte selbst, nicht genügen würde. Die Italiener bezwecken daher zunächst den Strassenbau, und sodann systematisch die Besiedelung und erhöhte Produktion.

Wie erwähnt, fand augenblicklich ein Manöver der konzentrirten eingeborenen Truppen statt, zu dem ebenfalls der Degatsch von Okule Kusai, Bata Hagos[*]), mit 600 Irregulären, „Bande" genannt, erschienen war. Der thatsächliche Leiter der Truppe ist allerdings der dortige, das Protektorat ausübende italienische Resident, Tenente Sanguinetti. Bata Hagos, der als Mörder seines Bruders, der Anhänger von Ras Alula zu werden beabsichtigt hatte, in Abyssinien geächtet war, wurde von den Italienern in der

---

[*]) Es ist derselbe, der sich kürzlich empörte, und bei Halai geschlagen und getödtet wurde.

Beherrschung von Okule Kusai belassen, da sie seiner Treue
sicher zu sein glaubten. Im Lande ist er sehr angesehen, und
man bringt ihm unbedingten Gehorsam entgegen. Von grossem
Gefolge begleitet, machte er uns seinen Besuch, leider waren
wir gerade abwesend, und als wir diesen Akt der Höflichkeit erwiderten, empfing er uns, von seinen sämmtlichen Unterbefehls-
habern umgeben, auf einem teppichbedeckten Angareb in freundlicher Weise. Er ist ein schon bejahrter Mann mit angenehmen,
aber energischen Zügen, und von auffallender Grösse. Später, als
wir sein Land, Okule Kusai, und den Hauptort desselben, Saganaiti,
besuchten, hatten wir Gelegenheit, ihn näher kennen zu lernen.
Seine Truppe bot ein buntes Bild, sämmtliche Anführer in weiss
und roth gestreifte Schama gehüllt, mit langen, stark gebogenen
Schwertern von eigenthümlicher Form, in rothem Lederfutterale, und
mit Repetirflinten bewaffnet. Hierzu haben diese das Recht, einen
silberbeschlagenen, runden, ziemlich kleinen Schild vor sich hertragen
zu lassen, ein alter Kriegerschmuck, dessen Nothwendigkeit im
Vereine mit den Gewehren man nicht sofort einsieht. Die Truppe
wurde durch junge, 16- bis 17jährige Burschen gebildet, ebenfalls
mit dem beschriebenen Schwerte und Repetirflinte, zum Theil auch
mit Schild bewaffnet, seltener mit Lanzen. Die letzteren, mit ziemlich
breiter, flacher Eisenspitze, zeichnen sich durch ein beschwertes
Fussende mit spiralförmig angeschmiedetem Eisenstreifen aus.
Die Schilde sind durchgängig aus Flusspferd- oder Nashornhaut, der
Rand ringsum zu einem Wulste umgebogen. Eine solche Bewaffnung
ist den sämmtlichen von uns besuchten abyssinischen Stämmen
eigen, während die hamitischen Nomadenvölker, wie Beni Amer,
bei ähnlicher Lanzenform die geraden langen sudanischen
Schwerter mit breiter Klinge führen. Pfeil und Bogen habe ich
niemals zu Gesicht bekommen, auch niemals von deren Gebrauch
dort gehört. Zur Kompletirung der Bewaffnung mag noch ein
Patronengürtel aus zum Theil dort angefertigtem, zuweilen ge-
sticktem Stoffe erwähnt werden, sowie ein kurzes Messer von derselben eigenthümlich geschweiften, beim Schwerte schon erwähnten Form.

Die gesammte Truppe, besonders die Indigeni, waren nach allen Erfordernissen der europäischen Taktik geschult, und wir hatten Gelegenheit, eines Morgens das Manöver von der Zitadelle aus zu beobachten, als gegen einen markirten Feind, der am Berge Lalamba Aufstellung genommen, mit Kanonen und Infanterie scharf geschossen wurde. Die Trefferzahl soll eine verhältnissmässig hohe gewesen sein.

In die Truppe sind 80 der bei Agordat gefangenen Sudaner, welche sich hierzu freiwillig gemeldet haben, und sich brauchbar erwiesen, eingereiht worden, sie sollen sich auch bisher bewährt haben. Fast täglich passirten wohl 100 der übrigen gefangenen Mahdisten unter starker militärischer Bedeckung unser Lager, muskulös gebaute Gestalten, die zu Arbeiten wie Holztragen etc. Verwendung finden. Gerade in den letzten Tagen waren einige Gefangene trotz der Beaufsichtigung entflohen, recht erstaunlich, wenn man bedenkt, dass sie trotz der anstrengenden Arbeit jedenfalls ein besseres Leben, und eine grössere Sicherheit für dasselbe in der Gefangenschaft geniessen, wie in ihrem eigenen Reiche.

Die Mahdisten hatten bei diesem, ihrem letzten Einfalle ein anderes Prinzip verfolgt, wie bisher; während sie sonst in den Ländern, die sie passirten, zu verwüsten, zu verbrennen, und zu morden pflegten, haben sie dieses Mal, wahrscheinlich durch den Einfluss gefangener ägyptischer Offiziere, Land und Leute geschont. Dadurch haben sie das Recht eines ungefährdeten Rückzuges erworben, und thatsächlich liessen diejenigen Stämme, die bis zur Rückkehr nach Kassala passirt werden mussten, den Feind unbehindert abziehen. Dem Umstande mögen auch die Gefangenen das Gelingen ihrer Flucht zuzuschreiben haben. Die Uebrigen zogen wahrscheinlich ihr jetziges Loos der Freiheit vor, so traf ich z. B. bei einem Ausfluge nach Schaloté, nach einem nächtlichen Ritte, am Morgen bei Sonnenaufgang zwei Abtheilungen Sudaner, von einem schwarzen Offizier und wenigen Mann geleitet, die sich soeben zum Aufbruche rüsteten. Sie hatten Durrah dorthin gebracht, und kehrten unbeladen zurück; mit Stöcken bewaffnet, und in der zehnfachen Ueberzahl, würde ihnen ein Entkommen leicht gewesen sein, sie sahen jedoch recht zufrieden und friedlich aus, und dachten, vielleicht mit Ausnahme von einzelnen, nicht an Flucht oder einen Gewaltstreich. Wohl werden sie lange Zeit gebraucht haben, sich davon zu überzeugen, dass es möglich ist, einen gefangenen Feind am Leben zu lassen, um ihn menschlich zu behandeln, und ich glaube, dass diese Milde von Seiten der Italiener von Wirkung für die Zukunft sein kann. Während ein strenges Vorgehen, beispielsweise ein Erschiessen der Gefangenen, die Abneigung der sudanischen Bevölkerung gegen einen Krieg mit den Italienern kaum vermehren konnte, da sie nur gezwungen für den Khalifa Abdulahi in den Kampf geht, so kann die Milde andererseits, oder das Bewusstsein einer Garantie für das Leben, den Feind zu einer Desertion, einem Uebergehen in grösserem Maasse, veranlassen. Die Mahdisten hatten, wie es scheint, keine so menschlichen Absichten mit ihren Gefangenen, da zwei jetzt im „Cercolo ufficiali" in Keren aufbewahrte, bei Agordat erbeutete Halsfesseln, Eisenstreifen um den Hals mit langen Ketten, dazu dienen sollten, gefangene italienische Offiziere nach Khartum zu bringen. Bei den 3 gefallenen mahdistischen Führern fand man 3 Diplome, die dieselben zu Gouverneuren von Keren, Massaua und Suakin ernannten.

Hübsch war ein Ausflug, den wir gemeinsam mit Professor Schweinfurth nach dem Monte Lalamba unternahmen. Dieser Berg erreicht mit der höchsten seiner drei Spitzen 2048 m. und liegt nordwestlich von Keren, bei Weitem die höchste Bergmasse der ganzen Umgebung, und daher von allen Seiten weithin sichtbar, sodass er Tagemärsche lang die Richtung von Keren anzugeben vermag. Er besteht aus den drei erwähnten Spitzen, und zwischen diesen, vielleicht 150 m unter der höchsten, ist auf einem kleinen Hochplateau ein kleines, stehendes Wasserbecken, aus dem eine kleine Quelle entspringt. Der Aufstieg dauert ziemlich 1½ Stunde.

Auf dem Plateau herrscht zum Unterschiede von Keren, und der ganzen Umgebung weit und breit, eine prachtvolle, üppige Vegetation, eben durch diese kleinen Quellchen bedingt; *Acacia Senegal*, jedoch ohne Gummi-Absonderung, *Diospyros mespiliformis*,

Maba abyssinica mit lorbeerartigem Dauerlaube, und *Entada abyssinica* mit merkwürdigen, grossen, papierdünnen Hülsen, die in einzelne Glieder zerfallen. Ueppig wucherte *Caparis persicifolia*, ein schlingender Dornbusch, der an allen Bäumen hoch emporklettert, und sie mit seinem Laube überdeckt. Von den Kameelen genossen, führt er unfehlbar den Tod herbei, weshalb der Weidegang der Kamele in solchen Höhen eine beständige Aufsicht durch die Besitzer erheischt. In der Tiefe gedeiht die Pflanze glücklicherweise nicht. Sehr häufig sahen wir auch Myrrhenbäume (*Conifera africana*), die aber nicht ausgebeutet werden. Einschnitte in den Baum liefern das Myrrhenharz, das zu Zahntinkturen benutzt wird, und im Alterthume neben Balsam zu den kostbarsten Produkten Arabiens gehörte.

Die felsigen Abhänge, die von der kleinen Hochebene des Brunnens zu den Spitzen hinaufführen, sind bevölkert von Paaren der Sassa-Antilope und von grossen Pavianheerden, die täglich zu der Quelle zur Tränke hinabsteigen. Eine Jagd auf Paviane ist ausserordentlich unterhaltend, und ich hatte hierzu verschiedentlich Gelegenheit, da die steilen Berge in der Umgebung von Keren von zahlreichen Pavianen bewohnt werden. Die Nähe einer solchen Affenheerde ist zunächst unverkennbar, da die ganze Gesellschaft beim Anblicke eines etwas fremdartig aussehenden Menschen ein fürchterliches Bellen und Heulen erhebt, an dem Alle, Alt und Jung, Theil nehmen. Beim Fallen des ersten Schusses wird der Lärm noch grösser, und ist erst ein Mitglied der Heerde verwundet, so kennt die Wuth keine Grenzen mehr. Stets in einer Entfernung von 1—200 Schritt vor dem Jäger sich zurückziehend, machen die in ihrem weiss-grauen langhaarigen Mantel prächtig aussehenden alten Männchen immer wieder Front, wüthend das riesige Gebiss zeigend, um sich nur höchst widerstrebend weiter zurückzuziehen, wenn er die Flinte erhebt, oder gar einen von ihnen vom Felsen herunterschiesst. Die Weibchen, die Jungen auf dem Rücken, und die schon selbstständigen halberwachsenen, werden auf der Flucht anfangs von den zwei bis drei alten Leitaffen gedeckt, bald jedoch merken sie, dass die Absicht des Schützen nur den alten Männchen gilt, und werden nun geradezu dreist, bleiben ruhig bis auf 50 Schritte vor dem Menschen sitzen, und bellen ihn höchst possirlich an, während die Gefährdeten sich etwas weiter zurückziehen. Macht der Jäger Miene, die Jagd aufzugeben, oder seinerseits den Rückzug anzutreten, so macht sofort die ganze Heerde Kehrt, und verfolgt nun ihrerseits den Schützen, um bis auf ganz geringe Entfernung, quasi angreifend, heranzukommen. Es ist hierbei nicht rathsam, an einem Bergabhange unterhalb der Affen sich aufzustellen, da, wenn ich auch nicht zugeben möchte, dass die Paviane grössere Felsstücke auf den Verfolger herunterwälzen oder mit Steinen nach ihm werfen, sie doch jedenfalls nicht unabsichtlich Steine herabrollen lassen. Eine direkte Gefahr für den Jäger ist überhaupt bei der Pavianjagd mit der Büchse nicht vorhanden, da die Affen diese zu sehr fürchten, für die Eingeborenen ohne Waffen hingegen mag ein Rencontre mit ausgewachsenen Pavianen, deren Gebiss fast grösser und stärker ist als dasjenige eines Leoparden, unter Umständen unliebsam ausfallen. Die früheren Mittheilungen, dass die verwundeten Affen von den übrigen hinweggetragen werden, um sie nicht in die Hände des Jägers gerathen zu lassen, kann ich bestätigen, und aus diesem Grunde ist es schwer, solche thatsächlich zu erbeuten. Sofort im Feuer Verendete werden meist liegen gelassen, jedoch harrt man bei ihnen so lange als irgend möglich aus. Es ist dann leicht die Stelle des getödteten Exemplars ausfindig zu machen, da ein unverkennbar penetranter Geruch dasselbe von Weitem verräth. Angeschossene Thiere zeigen manchmal eine grosse Menschenähnlichkeit, ich bemerkte solche, die, in den Vorderarm geschossen, ihn wie ein Mensch gegen die Brust anlehnten, und sah einmal ein besonders grosses Exemplar, das mit einem Schusse in den Hinterschenkel sich mit beiden Vorderarmen auf je ein junges Aeffchen stützte, und sich von diesen fortführen liess, dabei jene erbarmungslos ohrfeigend, sowie sie nicht ganz genau nach seinen Intentionen die Flucht bewerkstelligten. Ueberhaupt führen die Leitaffen ein strenges Regiment in ihrer Heerde, und verschaffen sich durch regelrechte Schläge unbedingten Gehorsam, ebenso wie die Mütter ihre Jungen auf dieselbe Weise erziehen, sodass man von Weitem schon das

Heulen der bestraften Aeffchen vernehmen kann. Ich möchte noch bemerken, dass anderweitig gefundenen Angaben zuwider, die Pavianmütter ihre Jungen lediglich auf dem Rücken tragen, während die Meerkatzen dies an der Brust thun. Bäume besteigen die Paviane ungern, nur um Ausschau zu halten, bewegen sich sonst stets auf Felsen. Allerdings erklettern sie Bäume, die ihnen essbare Früchte liefern, wie z. B. den Zizyphus. Junge Paviane werden leicht zahm, und gewöhnen sich vollkommen an den Menschen. Ich verschaffte mir in Keren einen noch ganz jungen weiblichen Pavian, der bald so zahm wurde, dass er mich stets und überall hin begleitete; auf dem Marsche folgte er meinem Reitesel, dann und wann einen am Wege stehenden Baum besteigend, um einige Früchte abzupflücken, sogleich aber mit allen Anzeichen grosser Angst, mich zu verlieren, mir wieder nacheilte, und auch auf der Jagd häufig an meiner Seite blieb. Es war erstaunlich, wie das kaum einige Monate alte Thier selbst im Trabe meinem Maulthiere folgen konnte, und wie es manchmal eine stundenlange Pürsche, ohne ein einziges Mal zurückzubleiben, aushielt. Die Angehörigkeit zum Affengeschlechte vergass „Sitta" vollkommen, da sie selbst bei der Jagd auf ihre Verwandten jene vollständig vernachlässigte, und nicht das geringste Interesse für erlegte Paviane zeigte. Auf meinen Ruf kam sie stets herbei, und liess sich zu keiner Freundschaft mit meinen Reisebegleitern bewegen, im Gegentheil, sie liess nie eine Gelegenheit vorübergehen, wo sie meinen schwarzen Diener in die Waden beissen konnte. Die Anhänglichkeit war so gross, dass sie bei einem späteren Ausfluge von Massana aus, in einer grösseren Segelbarke, sich zweimal von dieser ins Meer stürzte, um unserem Ruderboote schwimmend zu folgen, eine erstaunliche Thatsache, wenn man die fast unbesiegbare Abneigung der Paviane gegen das Wasser berücksichtigt. Während ich das scharfe Gesicht der Paviane nirgendwo hervorgehoben gefunden habe, möchte ich erwähnen, dass die zahme Aeffin, wenn sie angebunden im Lager zurückblieb, und ich von der Pürsche heimkehrte, mich bereits in einer Entfernung erkannte, wo dies den Menschen noch ganz unmöglich war (gegen 1 bis 2 Kilometer!). Bei dem Herannahen der übrigen Europäer blieb sie vollkommen ruhig, während sie in dem Momente, wo ich am Horizonte auftauchte, unfehlbar in ein lautes Geschrei ausbrach. Ich möchte das scharfe Auge der Paviane ganz besonders hervorheben.

In der Nähe von Keren vorkommende Antilopen sind *Strepsiceros Kudu*, *Antilope saltatrix*, sowie die kleine *A. Hemprichiana*. grössere Raubthiere der Leopard, Servalkatze, und die gefleckte Hyäne. Keren ist das denkbar geeignetste Terrain für Hyänen und Aasgeier, die letzteren finden sich in der Stadt und Umgebung auf Schritt und Tritt, sich um jeden am Boden liegenden Abfall streitend, und gleich nach Einbruch der Nacht vernimmt man das widerliche Gehenl der Hyänen, die von den Bergen hinabsteigen, und bis in das Innere der Stadt und selbst der Gehöfte eindringen. Manches Mal hörten wir sie kaum einige Schritte von den Zelten, und sprangen auf, um sie zu verscheuchen. Als eines Tages ein Esel als Aas ausgelegt wurde, gewährte er wenige Stunden darauf schon ein recht anziehendes Schauspiel. Er war bedeckt mit allen möglichen Geiern; Gänsegeier, die langen nackten Hälse schlangenartig vorstreckend, schlugen, laut kreischend mit den Flügeln um sich, während in respektvoller Entfernung ganze Schaaren von Schmutzgeiern und Raben abwarteten, bis die Ueberreste des Mahles ihnen zufallen würden. Einige riesige Ohrengeier, im Bewusstsein ihrer überlegenen Kraft, sassen still daneben und schauten zu, bis sie Lust zum Selbsteingreifen verspüren würden. Ein Schuss genügte, mehrere der grossen Thiere zu erlegen. Den prachtvollen Lämmergeier bemerkte ich hier nicht. Von Adlern erbeuteten wir verschiedene Arten, unter anderem den Schopf-Adler, den ich dort zum ersten Male bemerkte, und der sein Standquartier am Anseba zu haben scheint, wenigstens dort häufig war.

Ehe wir Keren verliessen, führte uns ein dreitägiger Jagdausflug nach Schaloté, einem kleinen Beduinendorfe in südwestlicher Richtung, etwas von der grossen Strasse nach Agordat seitabwärts gen Nord gelegen. Den Anlass hierzu gaben einige Eingeborene des benannten Ortes, welche einen Leoparden in einer Falle zu haben vorgaben, und uns aufforderten, sie zu begleiten, in der

Hoffnung auf weitere ebensolche Jagdbeute. Der Weg war ziemlich weit, und unser Ritt dauerte annähernd 8 Stunden, zunächst auf der Strasse nach Agordat, durch die Felsschlucht des Dongolobas zum Bognthale hinunter. Bei Hagad fanden wir einen Brunnen mit einem häufig besuchten Lagerplatze, und 1 km entfernt ein Dorf von wenigen Hütten. Weiterhin muss man durch eine grosse sandige, mit niederem Gestrüpp spärlich bewachsene Ebene, nach den zwei kleinen Hüttenkomplexen von Schaloté. Die Einwohner dokumentiren auf den ersten Blick einen von den übrigen Beduinen abweichenden Typus, und stammen thatsächlich aus der Gegend von Kassala, von wo aus sie vor noch nicht langer Zeit hierher geflüchtet waren. Die Männer waren eifrig bestrebt, die Beni Amer in ihrer eigenartigen Haartracht zu imitiren, es gelang ihnen jedoch infolge des kurzen wolligen Haares nur sehr unvollkommen, sie blieben als Sudaner unverkennbar. Verschiedene tiefe, gutes Wasser führende Brunnen liegen 1 km entfernt, und dienen dem zahlreichen Kleinvieh als Tränke. Dort sollte auch die fragliche Falle stehen, natürlich war sie leer.

Für den zurückgelegten weiten Weg entschädigte uns die in jeder Beziehung an jagdbarem Wilde reiche Ebene, und abgesehen von einem besonders starken Bocke der prächtigen, fast weissen *Antilope Sömmeringii*, abyssinisch „Aráb", in Bedani „óra" genannt, und einigen *Gazella Laevipes (Sund)*, abyssinisch „Sóka", in Bedani „gennâjeh", die wir erlegten, ergaben die Fallen am Wasser einen Leoparden, eine gefleckte und eine gestreifte Hyäne. Merkwürdig ist das Zusammenleben der beiden Hyänenarten an demselben Orte, da dort, wo die gefleckte Art auftritt, sie die etwas kleinere gestreifte zu verdrängen pflegt. Der Norden Afrikas ist lediglich das Gebiet der gestreiften Hyäne, die tropischen Theile dasjenige der gefleckten, und in Abyssinien vereinigen sich stellenweise beide, wenn auch die gefleckte in der Eritraea weit überwiegt.

Die mitgeführten Fallen, die sich ausserordentlich gut bewährten, waren Tellereisen in stärkster Ausführung, hinter die junge Ziegen in einem Dornenverschlage angebunden wurden.

sodass das Raubthier eine schmale Oeffnung über die Fallen hinweg passiren musste. Die Eingeborenen bedienen sich dreier verschiedener Methoden zum Leopardenfange. Die erste ist ein einfacher quadratischer Verschlag aus dicken Stämmen mit einer Hängethüre, welche hinunter fällt, wenn der Leopard eine inwendig angebundene Ziege ergreift; die zweite besteht aus einem langen engen Gange, der durch schwere Steinstücke hergestellt wird. Am Ende des Ganges innerhalb, befindet sich wiederum eine Ziege. Der Leopard kriecht in die enge Oeffnung hinein, berührt einen Strick, der einen schweren Stein gehalten hat, und ist gänzlich unverletzt fest eingeschlossen. Bei der dritten Fangweise wird die Ziege auf dem Aste eines Baumes befestigt. Das Raubthier muss, um zu derselben zu gelangen, durch eine Schlinge hindurch, die sich um seinen Körper legt, und beim Herabspringen des Leoparden von selbst sich zuzieht.

Die Gegend von Schaloté besteht aus phantastisch gestalteten, schroffen Granitkuppen, die sich vereinzelt aus der grossen Sandebene erheben.

Bei unserer Rückkehr nach Keren hatte der Gouverneur mit den übrigen Offizieren das Manövergebiet bereits verlassen, und war nach Massaua zurückgekehrt. Hierdurch war das mehr oder weniger intensiv aufgetretene Gerücht, dass General Baratieri schon jetzt einen Vorstoss gegen den Sudan projektire, um, einem Einfalle der Mahdisten zuvorkommend, sich in den Besitz von Kassala zu setzen, endgültig dementirt.

Es stand nunmehr der Fortsetzung der Reise, resp. dem eigentlichen Beginne der Expedition nach thatsächlich noch wenig besuchten Gegenden, nichts mehr im Wege. Die Absicht, Agordat mit seinem noch frischen Schlachtfelde (20. Dez. 1893) zu berühren, mussten wir leider aufgeben, da eine heftige Seuche daselbst ausgebrochen war, welcher die meisten Pferde und Maulthiere der dortigen Gegend bereits zum Opfer gefallen waren. Der Gefahr, unsere Reitthiere zu verlieren, durften wir uns nicht aussetzen, da wir keine Aussicht gehabt haben würden, dieselben ersetzen zu können.

Daher wurde beschlossen, anstatt nach Westen bis Agordat, und alsdann südlich nach dem Dembelas uns zu wenden, sogleich in süd- resp. südwestlicher gerader Richtung einen Weg nach Mai Mafales zu suchen. Ueber die Möglichkeit eines solchen Marsches, wenigstens mit Kameelen, konnten wir einigermaassen Sicheres weder in Keren, noch von den eingeborenen Kameeltreibern in Erfahrung bringen. Man glaubte jedoch, dass wir einige Tagemärsche weit Kameele würden benutzen können, um alsdann durch Träger das Expeditionsgepäck auf die Höhe des Gebirges hinaufbringen zu lassen. Wie sich in der Folge herausstellte, wäre auf eine derartige Aussicht wenig Verlass gewesen, da wir in Mai Mafales Träger in genügender Zahl schwerlich hätten auftreiben können. Die Kameele, deren uns die an solchen ausserordentlich reichen Beni Amer 37 verschafften, waren von ganz besonderer Vorzüglichkeit, und so verliessen wir am 5. März mit 37 Lastthieren, 14 Trägern und 8 eingeborenen Dienern Keren, während mittlerweile die Sonnengluth in diesem heissen Striche fast unerträglich geworden war.

Barka-Dembelas.

Wie damals, bei dem Ausfluge nach Schaloté, stiegen wir in der romantischen Dongolobasschlucht zum Boguthale hinab, auf dem von General Baratieri angelegten, verhältnissmässig gut unterhaltenen Wege, und wiederum folgten wir dem letztgenannten Thale bis kurz vor Hagat. Hier, 15 km von Keren entfernt, verliessen wir die genannte Strasse, die west-südwestlich weiter führt, in einem spitzen Winkel nach Süden hin, umkreisten den Schalakůberg, und passirten die sich demselben im Westen anreihende Hügelkette auf dem Hamamit genannten Passe, 976 m über dem Meeresspiegel. Jenseits des Sattels zieht sich das 500 m breite Thal des Eschra hin, und wir kreuzten es in südlicher Richtung, um ihm sodann nach SSW. zu folgen. Zu Seiten des jetzt trockenen Rinnsals Eschra ist verhältnissmässig viel Kultur, grössere Strecken sind während der Regenzeit im August mit Durrah und Duchn angebaut. Die Gegend erwies sich als wildreich, und zeigte ganze Rudel der *Ant. Laeripes* und einige Sömmeringsantilopen. Weiterhin verbreitert sich die Thalebene mehr und mehr, und im Osten sieht man den hohen, schroffen, von allen Seiten unverkennbar gezeichneten Zad-Amba mit seinem schier unerreichbaren Kloster anftauchen. Das Rinnsal, und das schon breite Thal nimmt den Namen Barbaru an, und man erblickt im Nordwesten die Granitkegel der vorher besuchten Berge von Schaloté. Während nach rechts, also nach Westen, ein viel betretener Weg abgeht nach Dega, der Residenz des Digal (Ober-Schechs) der Beni

Amer. liegen links in SO. und OSO. die Dörfer des Mohamed Arai und des Ali Bechit. Bald darauf vereinigt sich der Eschra mit dem Schetel, und dort ist ein allabendlich von Hunderten von Kameelen besuchter Brunnen, an dem wir das Lager aufschlugen. Die Entfernung von Keren mag ziemlich 30 km betragen.

Der Schetel, der auf den östlich gelegenen Bergen entspringt, hat seine Hauptrichtung von Ost nach West, und vereinigt sich weiter westlich mit dem von SO. nach NW. fliessenden Mansura, auf den ich später zurückkommen werde. Er ist nach dieser Vereinigung einer der hauptsächlichsten Zuflüsse des oberen Barka, fast als einer der Quellflüsse zu bezeichnen. Zu beiden Seiten des trockenen Flussbettes stehen schlanke Dompalmen, deren zahlreiche Früchte von den Eingeborenen in reifem Zustande unter Umständen gern genossen werden, ja zur Noth als einzige Nahrung dienen können. Es ist aber nicht der Kern, welcher Verwendung findet, sondern lediglich die faserige Hülle, die, wenn sie roth und reif ist, einen eigenthümlich süssen, dem Lebkuchen ähnlichen Geschmack besitzt. Im Uebrigen war die Vegetation nicht sehr mannigfaltig: viele Zizyphus, immergrüne *Boscia Senegalensis* und Salvadoragebüsche, deren Holz als „Zahnbürste des Propheten" im ganzen Orient hoch geschätzt wird.

Der nächste Tag führte an dem Chor Schetel entlang zu der Stelle, wo er eine rein westliche Richtung annimmt; wir bogen alsdann nach Südwesten ab. Die Gegend ist fast ganz flach, mit niederem lichtem Buschwerke bestanden, und die Kulturen verschwinden mehr und mehr, trotzdem wir ein fettes, vorzügliches, und sehr thonhaltiges Erdreich vorfanden, das sich ganz besonders zum Anbau eignen würde. Auch bezeugen die von der letzten Vegetationsperiode noch übrig gebliebenen dürren Grasbestände den Werth des Landes für Viehzucht. Es begegneten uns grosse Rinderherden der Beni Amer, deren Aussehen, ungeachtet der so dürftig erscheinenden Weiden, nichts zu wünschen übrig liess. Ein kleines Hüttenlager der Beni Amer, zu Dega gehörig, ebenso der betretene Weg von Gerger und Addai nach Dega bleiben hinter uns, und während im Süden die Berge Debr Nehceb und Gurgoh auftauchen, zwischen denen der Mansura hindurchfliesst, erreichten wir das 40 m breite, von Felsen eng eingeschlossene Rinnsal des Kakera, eines kleinen Zuflusses des Mansura, und bald auch diesen selbst. Die Entfernung dieses unseres zweiten Lagerplatzes von dem vorhergehenden, betrug ungefähr 15 km. Das Trockenbett des Mansura ist an dieser Stelle wohl 100 m breit, und zu beiden Seiten mit hohen Dompalmen dicht bestanden, das Wasser stand damals 0.5 m unter der Oberfläche des Gerölles. Die Stelle des Lagers wurde durch die folgenden Berge bezeichnet: im O. Debr Neheeb, SO. Gurgoh, NO. Zad-Amba, NNO. Schalaku, N. Schaloté. Auch diese Gegend ist flach, und mit spärlichem Gestrüppe bewachsen. Von höherem Wilde zeigte sich nur die *Antilope Laevipes*, dagegen erschienen viele Riesentrappen.

Der dritte Marschtag führte südwestlich, nach dem 7 km entfernten grossen Chor Schegolgol, und zu dem Sitze des Schechs der Salendoa, eines Zweiges der Beni Amer. Jener Nomadenstamm wird von den Tigré sprechenden Nachbarn Az-Sála genannt, d. h. Ad-Uod-Ssála, im Bedani, das die Salendoa selbst sprechen, Ssaleh-Hendoa, d. h. Kinder des Ssaleh. Auf Bilin, der Sprache der Bogos, heissen sie Hedáreb, ein Wort, das in diesem Idiom eigentlich „Bodenhebauer" bedeutet. Wie die Salendoa sich nur selten des Tigré bedienen, so entsprechen sie auch hinsichtlich ihrer Sitten mehr den Hadendoa und den anderen echten Hamiten. Sie haben dieselben mit Matten bedeckten Hüttenzelte wie jene. In der Nähe des jenseitigen Ufers des 100 m breiten Thalrinnsals Schegolgol liegt das Dorf des Schechs der Salendoa, des Idris Omar, von dem wir Auskunft über den einzuschlagenden Weg erbitten wollten. Er kam zu unserer Raststelle am Ufer geritten, und empfing uns freundlich. Von ihm erfuhren wir, dass in der That ein für Kameele zugänglicher Aufstieg zum Dembelas vorhanden sei. Der Weg führe, so hiess es, zum Ferfer, folge diesem jedoch nicht, sondern beschreibe einen weiten Bogen nach Westen den Mai Athal hinauf nach Mai Mafales. So konnten wir bis zu dem genannten Hauptorte von Dembelas mit Kameelen reisen, waren also der höchst unangenehmen Kalamität überhoben, in Ferfer die Lastthiere verabschieden zu müssen, und von Mai Mafales her Träger zu besorgen, was eine immerhin sehr zweifelhafte und jedenfalls langwierige Operation gewesen wäre. Der direkte Weg, so wurde noch hinzugefügt, sei äusserst steil, und selbst für Maulthiere schwer passirbar. Schech Idris Omar gab uns 2 Führer mit, den Mohamed Oknd und Lebab Idris, zwei schöne Typen des Salendoastammes, wahre Prachtexemplare des langhaarigen hamitischen Beduinenthums. Zunächst geleiteten uns die Führer zu einer 8 km oberhalb gelegenen Stelle des grossen Chores, welche den Namen Mantai führt. Dort strömte zur Zeit unseres Besuchs (Mitte März) das Wasser eine kurze Strecke, zwar nur spärlich, oberirdisch und sichtbar, ein Umstand, der die Oertlichkeit zu einem Sammelplatz unzähliger Vogelschaaren gestaltete. Zwerg-, Lach- und Erdtauben, Sand- und Streifen-Flughühner, sowie Perlhühner erfüllten in endlosen Schaaren die ganze Umgebung. Der Leser wird sich von der unglaublichen Menge der Abends beim Wasser einfallenden Vögel kaum einen Begriff machen können; das Wasser selbst, sowie die Ufer waren vollkommen bedeckt mit ihnen, ebenso die Bäume zu Seiten des Chores. Es mag vielleicht die Vorstellung erleichtern, wenn ich erwähne, dass auf acht Schüsse aus gedeckter Stellung, bei bereits einbrechender Dunkelheit, nicht weniger als 40 Stück fielen, und dass am Morgen unseres Aufbruches von Mantai, lediglich während des Beladens der Kameele, Andersson und ich eine ganze Kameellast Perlhühner als Mundvorrath für die Leute zusammenbrachten. Ausserdem wurden von grösseren Vierfüsslern theils erlegt, theils gesehen: Leopard, gefleckte Hyäne, Warzenschwein, Stachelschwein, schwarzrückiger Schakal, Kudu-, Laevipes- und Sömmering-Antilope, Buschbock und Hase, von Vögeln ausser den erwähnten Hühnerarten: Gaukler, Schopfadler, verschiedene andere Adler, Mönch- und Schmutzgeier, ferner Habichte und Falken, weissbrüstiger Rabe, Silberreiher, Riesen- und Zwergtrappe.

Während zu Seiten des Flussbettes in gewissen Abständen meterhohes dürres Steppengras und ziemlich lichtes Buschwerk den Boden bedeckte, erschienen die unmittelbaren Ufer mit Dompalmen, Sykomoren, Adansonien und mit undurchdringlichem, ungemein dichtem Schilfgras, sowie wildem Zuckerrohr bewachsen.

Der Schegolgol ist als der eigentliche Oberlauf des Barka zu betrachten. Die beiden Quellbäche, Damaussengi und Leito, haben im östlichen Dembelas und in Nordost-Arresa ihren Ursprung, und heissen nach ihrer Vereinigung Ferfer. Der letztere nimmt den von SW. nach NO. fliessenden Kazetai an einer „Mahaber", d. h. Zusammenfluss, genannten Stelle von Westen auf, und führt dann den Namen Schegolgol. Bei der Wasserstelle, wo wir lagerten, bei Mantai, fliesst der Chor von SO. nach NW., derselbe vereinigt sich mit dem vorher erwähnten Mansura, schliesslich noch mit dem Bogu, und ist dann der Barka. Auf diese Weise glauben wir in die hydrographischen Verhältnisse des oberen Barka einigermaassen Licht gebracht zu haben, da bisher hierüber definitiv Feststehendes kaum zu finden war, die vorhandenen Karten aber bedeutende Lücken und Widersprüche aufweisen. Allerdings dürfte auch jetzt noch Manches einer weiteren Erforschung überlassen sein, da es uns aus Mangel an Zeit nicht vergönnt war, für die südlichen Zuflüsse des Barka Genaueres als das oben Skizzirte festzustellen. Auf den Oberlauf des Kazetai werde ich noch zurückkommen. Die Verwirrung, die in diesen hydrographischen Fragen obwaltet, wird überdies durch die Vielfältigkeit der Namengebung vermehrt. Die einzelnen Wasserläufe oder Trockenbetten entbehren der allgemein giltigen Kollektivbezeichnung, sie haben stets nur Lokalnamen aufzuweisen, die sich auf bestimmte Oertlichkeiten beschränken, und oft nur eine Ausdehnung von wenigen Kilometern umfassen.

In Mantai verweilten wir zwei Tage im Zeltlager. Wie erwähnt, floss damals der Chor in dieser Jahreszeit kaum 100 m weit oberirdisch. Das Flussbett ist schmal, erbreitert sich aber weiter oberhalb und lässt eine flache Insel mit Ueberresten von Duchnkulturenfrei. Parallel, in einem Abstande von einigen Kilometern, zieht sich eine vielleicht 200 m hohe Hügelkette hin, die von den Führern mit dem Namen Uehbûb bezeichnet wurde.

Auf dem Weitermarsche folgten wir der Richtung des Chors, die Gurgohkette zur Linken, und die spärlich bewachsenen Uehbûbhügel vor uns und zur Rechten habend. Zunächst ging

es auf die isolirte Au-Ara, auch Tschegarit genannte Kuppe in
SSW. zu. Am Fusse des Hügels betraten wir bei einer Wasserstelle gleichen Namens wieder den Chor, und stiessen dort auf
verschiedene Giraffenspuren, hauptsächlich aber auf Fährten und
Losung von Elephanten, die noch von der Zeit kurz nach dem
letzten Regenfall herstammen mussten. Da sich indess das
Datum des letzteren nicht feststellen liess, so war auch nicht
genau ersichtlich, wann die Elephanten die Gegend passirt hatten.
Jedenfalls scheint ein häufig begangener Wechsel zu bestehen.
Weiter oberhalb erbreitert sich abermals der durch die Hügel
eingeengte Chor, und lässt eine grössere Insel im Trockenbett
frei, dann erreicht man wenige Kilometer südlich die Stelle des
erwähnten Zusammenflusses (Mahabar)*) des Kazetai und Ferfer,
also des Punktes, wo der Chor den Namen Schegolgol annimmt.
Das Wasser fliesst an jener Stelle so dicht unter der Oberfläche,
dass es mit den Händen aus dem Sande hervorzugraben ist. Im
Kazetai selbst ist ein kleiner Wasserpfuhl, dicht vor der Mündung
desselben, wo wir im Sande einige Spuren (Fusseindrücke) von
Krokodilen bemerkten. Diese pflegen sich an solchen Stellen, wo
das Wasser sich am längsten erhält, in den Boden einzugraben,
um in einer Art von Winterschlaf die trockene Jahreszeit zu überdauern. Verbindung mit der Oberwelt, und die erforderliche Luft
wird ihnen durch eine kurze Röhre ermöglicht. Obgleich der direkte
Weg, d. h. die für die Kameele bequemste Strasse, in dem trockenen
Bette des Kazetai aufwärts geführt haben würde, folgten wir doch
zunächst auf eine kurze Strecke dem Ferfer, da dieser oberhalb der
Vereinigung einige Kilometer weit fliessendes Wasser darbot. Der
Chor, der an beiden Uferböschungen mit fast undurchdringlichem
Schilfe und wildem Zuckerrohr eingefasst erscheint, ist sehr schmal,
und stellte einen thatsächlich fliessenden Bach dar, der in jener
Jahreszeit Menschen und Thieren gleich willkommen sein musste, da
meilenweit im Umkreise kein Tropfen Wassers aufzutreiben war. Die

---

*) Mahabar heisst in Tigrinja überhaupt Vereinigung, mit diesem
Worte werden auch die Volksversammlungen der Erwachsenen bezeichnet.

Wasserstelle Ferfer ist früher geradezu berühmt gewesen wegen ihres Giraffen- und Elephanten-Reichthums, aber hier wie überall, haben während der letzten Jahre, die unter den Eingeborenen immer mehr in Gebrauch kommenden Feuerwaffen das hohe Wild verscheucht. Noch vor 2 Jahren sind wiederholt Giraffen erlegt worden, wir dagegen fanden nicht einmal ihre Spuren vor, und das hätte doch unbedingt der Fall sein müssen, auch wenn die Thiere die Gegend nur während der Regenzeit besuchten. Die zeitweilige Anwesenheit der Elephanten liess sich aus älteren Fährten überall nachweisen. Diese Thiere legen allerdings bei ihren Wanderungen ausserordentlich grosse Strecken zurück, und berühren daher die verschiedensten Punkte, während die Giraffe wenigstens einige Monate hindurch als Standwild aufzutreten pflegt. Unser Führer Mohamed Okud, der Neffe des Schechs Idris Omar, hat vor ungefähr Jahresfrist hier eine junge Giraffe gefangen, die er an den Thierhändler Frankoli in Keren verkaufte, ein Grieche, dem das Monopol auf wilde lebende Thiere für das Gebiet der Kolonie auf eine Reihe von Jahren zuerkannt worden ist. Das in der Gefangenschaft vollkommen zahm gewordene Thier ging leider zur Zeit unserer Anwesenheit in Keren ein. Derselbe Frankoli besass damals noch einen zahmen jungen Elephanten und 2 Straussse, welche ebenfalls kürzlich in dem angrenzenden Landstriche des Dembelas gefangen worden.

Sogar das edelste der Raubthiere, der Löwe, scheint die Gegend, die durch sein häufiges Auftreten so zu sagen sprüchwörtlich geworden, verlassen zu haben, auch von ihm fanden wir keine Anzeichen mehr. Leoparden und die gefleckte Hyäne waren natürlich nicht selten, so musste uns der erstere für das Fehlen seines edleren Gefährten entschädigen. Glücklicherweise war die Ebene reich an den verschiedensten Antilopen, sowohl der Kudu und die Laevipes, als auch die dort zuerst, wenn auch nur vereinzelt, auftretende *Antilope Montana* fanden sich vor. Im Flussbette verrieth sich die Anwesenheit von Krokodilen, es war ausserdem belebt von Fischreihern, Seidenreihern, und dem zum ersten Male, und zwar häufig auftretenden Schattenvogel *(Scopus umbretta)*. Der

Abends am Wasser einfallenden zahllosen Pterocles-Schwärme, und der unendlichen Menge von Tauben, Frankolinen, Perlhühnern, auch Adlern und Gejern der verschiedensten Art habe ich bereits Erwähnung gethan. Der Schmutzgeier tritt allmählich mehr in den Hintergrund, und wird durch den Mönchsgeier ersetzt, der im ganzen zentralen Afrika die Rolle des ersteren übernimmt.

Reichhaltig wie die Thierwelt von Ferfer erwies sich auch die Flora. Die Dompalmen, die wir in den tiefer gelegenen Regionen hinter uns liessen, werden verdrängt durch grosse schöne Tamarinden mit zur Zeit reifen Früchten. Jetzt ausgetrocknete, meterhohe Kompositen deuten auf eine üppige Staudenvegetation in der Regenzeit, ebenso wie die jetzt stellenweise durch die Menschen niedergebrannten Andropogon- und Beckeropsis-Gräser, die an bevorzugten Stellen eine Höhe von nahezu 5 m erreichen können. Ungefähr 3 Stunden von dem Lager am Ferfer entfernt, stiess ich auf einige stagnirende Wasserpfützen, die einem Chor namens Schenschelajé angehören, dessen Zugehörigkeit, sei es zum oberen Ferfer, oder zum Kazetai, mir unklar geblieben ist. Man gelangt dorthin in südwestlicher Richtung, anfangs durch ebenes Terrain, dann über eine niedrige Hügelkette, die wahrscheinlich mit der isolirten Bergmasse, die uns mit dem Namen Es gēh ssoló Morrór bezeichnet wurde, zusammenhängt, und mit dieser vielleicht die Wasserscheide zwischen Ferfer und Messiam bildet. Der Messiam, der am Nordabfall des Dembelas unter Adi Liban entspringt, und von SO. nach NW. fliesst, soll in den Kazetai kurz vor dessen Vereinigung mit dem Ferfer münden, und wird daher die erwähnte Wasserstelle Schenschelajé wahrscheinlich dem Chor des Messiam angehören. Eine genaue geographische Klarlegung der Wasserverhältnisse in jenem Theile der unbewohnten Grenzwildniss zwischen Ferfer, Mai-Athal und dem Nordabfall des Dembelas, sei späterer Forschung vorbehalten. Der direkte, nur für Träger und allenfalls für leicht beladene Maulthiere gangbare Pfad führt in rein südlicher Richtung, kreuzt den Messiam, und steigt am Abfall des Dembelas an einem genau in Nord von Mai Mafales gelegenen Punkte empor.

Er kann von Ferfer aus in einem Tage zurückgelegt werden, während wir einen ziemlich weiten Bogen nach Westen zu beschreiben hatten, um eine sanftere Abdachung des Plateauabfalles benutzen zu können.

Mein ursprüngliches Projekt, mit einem Theile der Leute einen längeren Aufenthalt in Ferfer zu nehmen, und später das Gros der Karawane auf dem kürzeren Wege in Mai Mafales wieder zu erreichen, gab ich in Folge des nicht allzu verlockenden Wildreichthumes auf, und enthob hierdurch unsere schwarzen Leibtrabanten einer grossen Sorge, da sie eine ganz besondere Furcht vor räuberischen Ueberfällen hatten. In Mansura wurde nämlich kurz vor unserem Eintreffen ein Knabe sammt des ihm anvertrauten Viehes von einer umherschweifenden Bande geraubt, und Hüter und Heerde blieben spurlos verschwunden. Ebenso drangen während unserer Anwesenheit in Ferfer Räuber in das früher von uns besuchte Barbara ein, und tödteten bei dem sich entspinnenden Kampfe drei Einwohner. Ein Aufgebot von 200 Mann Beni Amer übernahm die Verfolgung, wir hörten nichts weiter von dem Resultate der Unternehmung. Man nahm damals an, dass diese Ueberfälle von Baria oder gar von Bazen verübt werden, trotzdem die Italiener die Oberhäupter der ersteren sich verpflichtet haben, denen es aber schwer fallen dürfte, von ihren alten Gewohnheiten abzulassen. Ich werde später noch auf diese Baria und Bazen, die sich selbst Kunawa nennen, zurückzukommen haben.

In den nächsten Tagen passirten wir die unbewohnte Grenzwildniss nach dem Dembelas hin ohne andere Waffen, als die allerdings ziemlich zahlreichen Jagdgewehre, und ohne militärische Bedeckung, während unsere Kameeltreiber streckenweise ganz sich selbst überlassen blieben, nicht ein einziges Gewehr zu ihrer Verfügung hatten. Nach Ansicht der Eingeborenen würde ein Durchzug durch diese Gegenden noch vor wenigen Jahren ganz unausführbar gewesen sein, eben mit Rücksicht auf die Ueberfälle jener Baria. Hieraus ist ersichtlich, dass selbst die entfernteren, nicht mit italienischen Militärposten versehenen Landstriche durch die Okkupation wesentlich an Sicherheit der Verhältnisse gewonnen haben. Uebrigens wurde uns in Keren, da wir selbst davon schwiegen, in keiner Weise die Erforderlichkeit einer militärischen Bedeckung seitens der Lokalbehörden nahe gelegt. Man hielt das offenbar für etwas ganz Ueberflüssiges.

Der Marsch durch den unbewohnten Grenzstrich war keineswegs bequem, fast stets ritten wir durch dichtes Dorngebüsch, über durch Nässe und Hitze geborstenes und zerrissenes Erdreich, und durchweg ohne einen deutlich vorgezeichneten Pfad. Zunächst zum Kazetai zurückgekehrt, folgten wir im Durchschnitte der Richtung des Flussbettes von NO. nach SW., dann rein südlich, und schliesslich südöstlich. Der Chor ist ein breites Rinnsal voller grosser Kiesel und Blöcke von Granit oder Glimmerschiefer. Ausser dem Kazetai, den wir viermal kreuzten, und der seinen Namen von Kazeh-Tamarinde her hat, infolge der vielen grossen Bäume dieser Art, die seine Ufer beschatten, passirten wir den ziemlich breiten und tiefen Chor Bember, dann einen Heduan genannten, sowie verschiedene kleinere, wohl alles Zuflüsse. die der Kazetai von seiner rechten Seite aufnimmt.

Die Gegend hat ein sonderbares Gepräge. Sie ist nicht eigentlich bergig, aber noch viel weniger eben zu nennen; soweit das Auge reicht, erblickt man diesseits des Abfalles am Fusse der Hochebene eine unregelmässige Hügelformation, in welcher langgezogene Wellenlinien mit vereinzelten Kuppen abwechseln. Der Boden besteht in den Niederungen zum grossen Theile aus einem tief schwarzbraunen Erdreiche, einzelne Stellen zeigen grosse Strecken zu Tage tretenden knolligen Rotheisensteins. Entsprechend dem fruchtbaren Grunde zeigt sich üppige Vegetation, dichtes meterhohes gelbes Gras erfüllt die offenen Stellen des Buschwaldes von *Acacia Mellifera,* von *Zizyphus, Grewia, Dichrostachys* etc.

Für den Fusswanderer, und nicht minder für den Reiter, ist diese Art sperrigen, und zum grossen Theile mit scharfen Dornen bewehrten Buschwerks ein beständiges Hinderniss zum Fortkommen. Ohne Kenntniss des Pfades, dessen Merkmale dem Auge des Europäers stets unverständlich bleiben, wäre es durchaus unmöglich, sich zurecht zu finden, und nur streckenweise würden sich bahnbrechende Elephantenwechsel darbieten, die er als Weg benutzen könnte.

Nach sechsstündigem Marsche, bei einer 30 km von Ferfer entfernten Wasserstelle, die von den Beni Amer „Otal", von den Dembelasern „Trungua" genannt wird, wurde gelagert. Jetzt befanden wir uns in einer Meereshöhe von ungefähr 1300 m, und unmittelbar am Fusse der untersten Abfallslinie des Hochlandes von Dembelas. Einige tief eingeschnittene, mit dichten Gebüschen, zum Theil hohem Baumwuchse erfüllten Schluchten brechen sich Bahn zur Niederung des oberen Kazetai, und enthalten zwischen hohen Felswänden und grossen Blöcken eine Anzahl der vortrefflichsten Wasseransammlungen, über die Menschen und Thiere, die auf dem beschwerlichen Marsch bei grosser Hitze ausserordentlich gelitten hatten, begierig herfielen. Einigen besonders erschöpften Trägern, die weit zurückgeblieben waren, musste Wasser in Schläuchen gesandt werden.

Jagdbares Wild bekamen wir auf dem Marsche wenig zu Gesichte, ausser *Antilope Laevipes* oder *Montana* nur die Riesentrappe.

Die obere Barka-Region ist nach Professor Schweinfurth, dessen Bemerkungen[*] über den Gegenstand ich an dieser Stelle wörtlich anführe, durch ein Gewächs ausgezeichnet, das in pflanzengeographischer Hinsicht ein grosses Interesse beansprucht. Es ist eine Art wilder Baumwollenstaude, die bisher als die einzige in wirklich wildem Zustande auftretende Art Baumwolle galt, sich aber neuerdings als der Gattung Fugosia zugehörig herausgestellt hat.

Die 1 bis 1½ m hohe Stande erinnert im allgemeinen Habitus an die Kulturbaumwolle der alten Welt *(G. herbaceum, L.)*, die in verwildertem Zustande sich sowohl in Vorderindien, als auch in Zentralafrika vorfindet, aber stets die Nähe bewohnter Plätze sucht. An den Samen ist hier die Wolle wenig entwickelt, und hellbraun. Die Blüthe ist weiss, am Grunde purpurn. Vielleicht ist die Art vom oberen Barka, die merkwürdigerweise ausserdem im Sennaar und am entgegengesetzten Ende von Afrika in Angola

---

[*] Vergl. auch Zeitschr. für Erdkunde, Berlin 1894.

und Benguela aufgefunden wurde, im tropischen Afrika noch
viel weiter verbreitet. Als ursprüngliche Stammpflanze der bereits
den alten Aegyptern (laut Gräberfunden) bekannt gewesenen Nutz-
pflanze sie aufzufassen, wäre etwas sehr Gewagtes, so lange die
Gattungen Fugosia und Gossypium im System auseinander zu
halten sind. Im entgegengesetzten Falle würde sich diese wilde
Baumwolle der Zahl derjenigen Pflanzenarten anreihen, die im
frühesten Alterthum, wahrscheinlich durch den von den alten Süd-
arabern, zugleich den Urhebern der Schifffahrt auf dem indischen
Ozean, im östlichen Afrika ausgeübten Einfluss, der indischen Welt
zugeführt, und dort zu Kulturpflanzen umgestaltet wurden. Die
hervorragendsten Gewächse dieser Kategorie sind Reis, Sesam und
vielleicht auch Zuckerrohr und Sorghum. Es giebt aber ausserdem
noch heutiges Tages Gewächse, die im tropischen Afrika nur wild,
in Ostindien aber nur kultivirt, und in beiden Regionen in völlig
identischer Form angetroffen werden, z. B. die Heckenpflanze
Euphorbia Tirucalli, L., das essbare Knollengewächs *Pachyrrhizus,
Merendera*, der Salbei der Indier u. A. Der Colocasia *(C. antiquorum,
Schott.)*, dieser alten Kulturpflanze Indiens und der Tropenländer
überhaupt, sei an dieser Stelle eigens gedacht, da wir von derselben
an der Quelle zu Otal ungeheure Massen antrafen, und zwar in den
riesigsten Blattexemplaren, wie ich deren nie so grosse auf den
Feldern von Aegypten zu sehen bekommen, und nur in Garten-
anlagen als Zierpflanzen wahrgenommen habe. Die Colocasia wächst
vollkommen wild in den unteren Höhenlagen des Gebiets
bis 1000 m; in derselben Weise tritt sie auch im glücklichen
Arabien auf. —

Hinter Otal begann der eigentliche Aufstieg, der nicht mehr
wie vielleicht 200 m beträgt, und kaum nennbare Terrain-
schwierigkeiten selbst für Lastkameele darbietet, also jedenfalls
bedeutend weniger direkte Steigung zu überwinden hat, wie der von
Ferfer über den Messiam direkt nach Mai Mafales hinaufführende
Pfad. Von der Höhe geniesst man einen weiten Ausblick in NO.
bis auf den Zad Amba und die Berge bei Keren, das breite Kies-
bett des Mai Athal mit seinen zahlreichen Nebenarmen zieht sich in

einem Bogen nach W. und N. hin, während zur Linken langgestreckte Höhenabfälle, die ungefähr von O. nach W. streichen, den Linien der höchsten, zum Dembelas emporsteigenden Terrainanschwellungen zu entsprechen scheinen. In SO. zeigen sich die Höhen und Kuppen von Mai Mafales. Weiterhin führt der Pfad in südöstlicher Richtung zu einer spärlich mit Gras bewachsenen Fläche hinab, an einer zweiten Anhöhe wieder hinauf, wo beginnende Anpflanzungen, abgeerntete Durrahfelder, und Ueberbleibsel von Baumwollkulturen die Nähe menschlicher Ansiedlungen verrathen. Die ersten Einwohner, die, des Weges einherziehend, uns begegneten, stutzten beim Anblick der unerwarteten Karawane, und machten Miene, davon zu laufen. Unsere Ankunft war nämlich vorher noch nicht angezeigt worden, und die Dembelaser lebten bis vor Kurzem in beständiger Angst vor Ueberfällen und Raubzügen seitens ihrer unversöhnlichen Feinde im N. und NW. Nur mit den zunächst anwohnenden Salendoa scheinen sie in einem einigermaassen erträglichen Einverständnisse gelebt zu haben; aber deren Gebiet war von den Baria leicht zu umgehen, und noch leichter von den Bazen, während die Mahdisten, wenn sie kommen wollten, sich wenig um die Salendoa oder Beni Amer gekümmert haben würden.

Nach Ueberschreitung einer zweiten Thalsenkung hatten wir immer noch in Ostsüdostrichtung zu den eigentlichen Höhen von Mai Mafales hinaufzusteigen, und sandten, ehe wir den Ort betraten, den abyssinischen Dolmetscher Stefano voraus, worauf wir in dem Norddorfe, der Residenz des Oberhauptes des Dembelas, von Aita Haijelom empfangen wurden. Er kam uns eine kurze Strecke entgegen, begleitet von einigen Unterchefs, Schildträgern, einem halben Dutzend Gewehrträger, und Priestern. In die runde dunkle Empfangshütte geleitet, wurden wir unter dem unvermeidlichen Lulu-Geschrei der ganzen weiblichen Bevölkerung mit Tetsch bewirthet, und tauschten die erforderliche Zahl von Komplimenten mit Hilfe des Dolmetschers aus. Den freundlichen Empfang verdankten wir dem eingehenden, dringend gehaltenen Empfehlungsbriefe des Tenente Giardino, den wir in Massaua beim Gouverneur kennen gelernt hatten. Tenente Giardino hatte in seiner Eigenschaft als

Resident des Dembelas, als erster und einziger Vertreter der
italienischen Regierung, einige Monate des vergangenen Jahres im
Lande zugebracht, er hatte auch als Erster eine Karte und eine
Beschreibung dieses Gebiets zusammengestellt, die in der „Rivista
Militare" des verflossenen Jahres zum Abdruck gelangten.*) Ihm
sei an dieser Stelle nochmals mein Dank für die so bereitwillige
Förderung unserer Pläne ausgesprochen.

Eine Einladung zum Aufenthalte im Gehöfte des Aita**)
nahmen wir natürlich nicht an, ebensowenig die für unsere Aufnahme freistehenden Hütten der ehemaligen italienischen Residentur,
sondern wählten für unser Zeltlager eine zwischen den drei Dörfern,
aus denen Mai Mafales besteht, gelegene Thalsenkung. So hatten
wir um uns herum auf je einer Bergkuppe: im Norden die Residenz
Lela-Gesa, im Westen Adi-Soga, und im Süden Adi-Golgol, die
beiden letzteren durch einen Bergrücken verbunden, schliesslich
in SO. einen niedrigen Hügel, mit dem auf seinem Kamme befindlichen Kirchenhaine, der Kirche, und dem Begräbnissplatze der Ortschaft. Während Lela Gesa die höchste Einwohnerzahl aufweist,
macht Adi Golgol durch seine langgestreckte Lage den grössten
Eindruck, zusammen mögen die Dörfer weit über 1000 Seelen, vielleicht deren 2000, beherbergen. Die Bergkuppen, die eine Meereshöhe von annähernd 1800 m haben, sind vollkommen nackt, ohne
Bäume, Sträucher, ja zur Zeit unseres Besuchs selbst jeglichen Graswuchses entkleidet.

Die Anlage der Dörfer auf dominirenden, und eine unbeschränkte Fernschau gestattenden Höhen entspricht offenbar den
strategischen Erfordernissen. Bei den in Abyssinien überall gebräuchlichen Razzias findet man diese Verödung des Terrains rings um die

---

*) Inzwischen hat Cap. Perini in der „Rivista Militare" 1894 eine das
Gebiet von Asmasa behandelnde, statistisch-historische Skizze publizirt,
in welcher sich sehr ausführliche Daten über die Provinz Dembelas vorfinden. S. 95—107.

**) Aita bedeutet in der tigrinischen Mundart „der Hohe", „S. Hoheit",
es ist dasselbe Wort, welches im südlichen Abyssinien gleichfalls als
Titel angewandt, „Hato" lautet. Cap. Perini übersetzt den Titel mit
„signore".

Ortschaften fast allgemein, ebenso wie diese fast stets auf Hügeln mit möglichst beschwerlichem Aufstiege angelegt sind, um einen freien Ueberblick auf den event. herannahenden Feind zu ermöglichen, und ihm die Annäherung zu erschweren. Befestigungen irgend welcher Art finden sich daher nirgendwo. Einen weiteren Faktor in dieser Beziehung bilden die spärlichen Wasserstellen, welche eben gerade in knapp ausreichendem Zustande unterhalten werden, um den Bedürfnissen der Einwohner zu genügen, einem die betreffende Anhöhe umzingelnden zahlreichen Feinde aber kaum auch nur für die kürzeste Zeit ausreichendes Wasser zu bieten im Stande wären.

Die einzige Abwechslung in dem eintönigen Grau von Mai Mafales gewährte der kleine grüne Hain, in dessen Mitte die Kirche liegt. Dort fanden sich ausserdem Bäume der verschiedensten Art, welche, der wilden Flora des Landes angehörig, von den Priestern absichtlich zur Beschattung der Gräber geschont, und als ein unantastbarer geheiligter Besitz der Kirche betrachtet wurden. Prof. Schweinfurth, der hier einige Exemplare für sein Herbarium einlegen wollte, war so höflich, bei den anwesenden Priestern deshalb eigens um Erlaubniss einzukommen. Die Einwohnerschaft ist der grossen Mehrzahl nach christlich, aber Mai Mafales beherbergt, wie viele der grösseren Ortschaften des Dembelas, zahlreiche vom Handwerk ehrlich lebende abyssinische Mohamedaner. Fremde Sklaven, Sudaner, oder überhaupt echte Neger schienen gar nicht vorhanden zu sein.

Sofort, nachdem das Lager, das durch Anlegung von Wegen, Kochstellen und dergl. für einen längeren Aufenthalt hergerichtet wurde, aufgeschlagen war, machte uns Aita Haijelom mit grossem Gefolge seiner militärischen Trabanten, der verschiedenen Dorfältesten, und einer Menge Volks seinen Besuch. Es wurden Eier, Holz, Ziegen und 100 Brode als Geschenke dargebracht, die er natürlich seinem Dorfe als Kontribution auferlegt hatte.

„Aita", Hoheit, ist also kein Titel im eigentlichen Sinne des Wortes, vielmehr eine Bezeichnung, welche viele Chefs der Gegend für sich in Anspruch nehmen. Durch die Italiener zum obersten

Chef von Dembelas erhoben, haben sie dem Aita Haijelom noch nicht den seiner Stellung gebührenden Titel Kantiba gegeben, es wird dies wohl noch geschehen, falls er sich bewährt. Der Vater Haijeloms, Aita Ar-Adom, war lediglich, wenn man so sagen darf, Lokalchef seines Heimathsdorfes gewesen. Haijelom ist ein Mann in mittleren Jahren, von hoher imponirender Gestalt, und angenehmen Gesichtszügen, bekleidet, wie alle, mit einer weiss und roth gestreiften Schamma, auch mit sehr vielen Amuletten behangen, eine Tracht, die ihn in keiner Weise von den Untergebenen unterscheidet. Er sowohl, wie auch diese kamen ihren, in dem Briefe des Gouvernements auferlegten Pflichten der Gastfreundschaft bis zum letzten Augenblicke mit der grössten Bereitwilligkeit nach, und hier, wie überall, genossen wir die Früchte der richtigen Taktik der Italiener, den Europäer beliebt zu machen. In Dembelas scheint aber die mit persönlicher Liebenswürdigkeit und Gerechtigkeit Hand in Hand gehende Energie des Tenente Giardino, diesem Regierungsvertreter, die Sympathien ganz besonders gewonnen zu haben, man gedachte seiner mit der wärmsten Anhänglichkeit.

Unter der Begleitung des Aita zeichnete sich ein Mann durch ein langes rosafarbenes Tuch aus, das er in Form eines Turbans um den Kopf geschlungen. Es bezeichnet das eine auf Lebenszeit gewonnene Ehrentracht wegen Erlegung eines Elephanten oder Löwen, sie wird hier auch auf Giraffen und Rhinozerosse ausgedehnt. Der also ausgezeichnete, als besonders kühn betrachtete Mann hatte einige Tage vorher eine Giraffe erbeutet, deren Schweif mir der Aita als Fliegenwedel zum Geschenk machte.

Uebrigens scheint Mai Mafales über eine grössere Zahl von Flinten zu verfügen, und jedenfalls die 15 von den Italienern dem Chef zuerkannten weit zu übersteigen. Vielleicht stammen die Waffen noch aus früheren Zeiten. Uns schienen sie nach Gattung und Kaliber aus der ägyptischen Epoche herzurühren. Als Gegengeschenk für seine Gaben überreichten wir dem Aita einen schwarzen, roth gefütterten und gesäumten Mantel, mit ebensolcher Kapuze, ein Kleidungsstück, welches bei den abyssinischen

Grossen seit einiger Zeit allgemein in Aufnahme gekommen ist, unter Umständen denselben sogar vom Negus bewilligt werden muss. Einige Tage darauf erhielt er noch ein vernickeltes Präsentirbrett, einen Spiegel, ein Stück rothen Sammet, welche Gegenstände sämmtlich sein Wohlgefallen in hohem Maasse erregten. Bei seinen recht häufigen Besuchen wurde ihm reichlich von den zu diesem Zwecke mitgeführten Spirituosen vorgesetzt, da diese jedoch, auch in den grössten Dosen verabreicht, keine Wirkung hervorbrachten, musste allmählich dazu übergegangen werden, eine Art Schnaps, *extra dry*, aus reinem Spiritus, Nelken und gebranntem Zucker herzustellen. Dieses Getränk erlangte nun seinen vollsten Beifall, und nachdem er jedesmal eine ganze Flasche davon getrunken, fand er den Schnaps von Tag zu Tag vorzüglicher. Die Abyssinier scheinen gegen die Schärfe der Speisen und Getränke vollkommen abgestumpfte Nerven zu haben. Bekanntlich nehmen sie z. B. den rothen Cayennepfeffer in grossen Mengen zu sich, er darf bei keinem ihrer Gerichte fehlen. Als seiner Zeit der Negus Johannes u. A. das Kauen des Tabaks verbot, benutzten sie so lange Gewürznelken, bis die Meisten durch die an ihren Schleimhäuten angerichtete Zerstörung sich die unangenehmsten Folgen zuzogen.

Die Bewohner des Dembelas erfreuen sich einer gewissen Wohlhabenheit, ihre Häuser sind aus Stein errichtet, zum Theil rund erbaut, und mit spitzem Strohdache versehen. Die Unterschechs der einzelnen Dörfer besitzen ausserdem grössere steinerne, und theilweise sogar mit Steinen gedeckte Wohnungen. In diese gelangt man durch einen Hof, aus welchem drei Eingänge in drei verschiedene, vollkommen getrennte Räume führen, einer für den Aufenthalt des Besitzers, der zweite als Schlafgemach, und der dritte für die Frauen. Licht erhalten die auch im Innern vollkommen aus Stein erbauten Wohnungen lediglich durch die Thüre, in Folge dessen überall ziemliche Dunkelheit herrscht, die nur durch Talglichter etwas gemildert wird. Bei ganz besonders Wohlhabenden führt aus einem jeden Gemache dieser Häuser eine Thüre nach hinten in je einen Keller, bezw. in die unterirdische Fortsetzung des an den Berg angelehnten Bauwerks, und dort stehen in zwei Reihen

grosse krugartige Gefässe. mannshoch, und einen Quadratmeter
im Durchmesser haltend. Aus einem Geflecht von Stroh und
Thonerde geformt, waren sie meist mit Durrah gefüllt. Die Besitzer solcher Reichthümer waren sympathisch und würdig aussehende Greise, deren gesammte Nachkommenschaft sich um ihre
Hütten gruppirt hatte. Im Allgemeinen habe ich die Wahrnehmung
gemacht, dass die männlichen Angehörigen dieses Stammes um so
ansprechender und den Europäern ähnlicher werden, je älter sie
sind, wozu auch die alsdann einfacher gestaltete, oder sich selbst
überlassene Haartracht beiträgt. Das Haar ist weder kraus, noch
gelockt, noch mit besonderer Kunstfertigkeit geordnet, sondern
wird einfach und kurz zugeschnitten getragen; stutzerhafte Männer,
aber auch hervorragende Personen, und stets die Frauen, legen das
Haar in unzählige kleine Flechten, die auf dem Kopfe fest ankleben,
und unterhalb des Hinterhauptes zusammengebunden sind, um
sodann nur noch wenige Centimeter herab zu fallen. Bei festlichen
Aufzügen, wenn Frauen in vollem Staat und in grösserer Zahl zu
sehen sind, erregt die Mannigfaltigkeit dieser Haarfrisuren, sowie
die auf dieselbe verwandte Sorgfalt wirklich Staunen. Die unverheiratheten Mädchen tragen den Hinterkopf glatt geschoren, während
ringförmig um diesen die Haare in gleicher Weise geordnet sind,
wie bei den verheiratheten Frauen. Die vorher so häufig erwähnten
Beni Amer legen von allen beobachteten Stämmen den grössten
Werth auf ihren Haarputz, der geschmackvoll und nicht unschön
genannt werden muss. Er entspricht übrigens dem bei den meisten
hamitischen Völkern an den westlichen Ufern des Rothen Meeres
auftretenden Typus. Auf der Scheitelhöhe des Kopfes als kompakte, aber lockenwellige Masse in die Höhe stehend, ist das
Haar den Seiten entlang rundum gescheitelt, und hängt von dort
entweder künstlich gewellt in langen Flocken, oder zu dünnen
Zöpfen zusammengeflochten, lang herunter. Hindurch gesteckt tragen
sie eine lange dünne, etwas geschweifte Haarnadel aus hartem Holze.
Um eine solche Frisur herzustellen, bedarf es natürlich jedesmal
längerer Zeit, stets hat die Arbeit, wie übrigens auch bei den vorher
erwähnten abyssinischen Frauen, von Dienern oder von Bekannten

zu geschehen. Nachts schlafen sie, um die Frisur nicht zu schädigen, auf Halskrücken, die nach unseren Begriffen natürlich das denkbar Höchste an Unbequemlichkeit leisten, durch Gewöhnung aber unentbehrlich werden. Mir erscheint es allerdings fraglich, ob die Leute dies wohl allnächtlich thun, oder nur dann, wenn sie ihrem Haarputze eine ganz besondere Schonung angedeihen lassen wollen. Die Hauptsache ist jedenfalls, dass das Haar stets genügend eingefettet ist. Der Grad der Einfettung aber richtet sich nach der Wohlhabenheit. Man kann sich daher vorstellen, welche Mengen von Fett, Oel oder Butter von den Vornehmen als Kopfpomade vergendet werden. Butter wird sehr häufig dem Hammelfett vorgezogen. Schliesslich hat sich dies Fettquantum auch noch nach der Höhe der Festtage zu richten, wobei zu bemerken ist, dass diese bei den Abyssiniern etwas häufiger sind, als bei uns; man behauptet sogar, der Monat habe bei ihnen nur sechs eigentliche Arbeitstage, alles Uebrige seien Festtage — oder doch wenigstens Fastentage.

Was nun die Beschäftigungen der Bewohner von Mai Mafales betrifft, so leben dieselben grösstentheils vom Ertrage des Ackerbaues; indess liegen die Felder weit von den Ortschaften entfernt in den Thälern. Zur Beaufsichtigung der Felder müssen während der Kulturperiode zum Theil provisorische Hüttenlager bezogen werden. Gegenstand des Feldbaus ist hauptsächlich Durrah (Sorghum) und Baumwolle, daneben in geringem Maasse Gerste. Tokusso und Tef. Hülsenfrüchte, sowie rother Pfeffer werden im Gegensatze zum übrigen Abyssinien nicht gezogen, da diese Kulturarten mehr andauernde Feuchtigkeit erheischen. Baumwollbau, sowie die weitere Verarbeitung der Rohbaumwolle wird in ausgedehntem Maasse betrieben, wohl besonders aus dem Grunde, weil hier grosse Nachfrage aus den benachbarten Gegenden von Abyssinien herrscht. Da man die Stauden nicht künstlich zu bewässern vermag, so erreichen dieselben nur eine sehr geringe Höhe, und wenn sie auch eine grosse Zahl von Früchten aufweisen, so geschieht das doch nur auf Kosten der Grösse und der Länge der Baumwollfaser, was natürlich die Qualität bedeutend herabmindert. Trotzdem wurde dadurch der Wohlstand der Gegend gehoben, denn es findet ein nicht unbedeutender Handel mit den inneren Theilen von Abyssinien statt.

Die Viehzucht scheint wenig ausgedehnt zu sein, wir sahen bei Mai Mafales nur vereinzelte Ziegenheerden; die Rinder weideten wegen des grossen Wassermangels in dieser Jahreszeit in entfernten Thälern, auf Gründen, die von mehreren Ortschaften zugleich zu diesem Zwecke in Anspruch genommen wurden. Die Gewerbthätigkeit in Mai Mafales beschränkt sich auf den eigenen Bedarf, auf die Herstellung der Hütten und Steinbauten, auf vermittelst Beile hergestellte Halskrücken, auf die hier „Alga" genannten Angarebs oder Bettstellen, auf riemenüberzogene kleine Sessel, und korbartig geflochtene ovale oder runde Tische. Die vorher erwähnten grossen krugförmigen Kornbehälter stellt man aus ungebranntem Thon her, die grösseren werden innen durch Flechtwerk zusammengehalten. Andere Thongefässe, wie Krüge, Schalen und dergl. sind so gut wie gar nicht vorhanden. Zum Ersatze dienen lediglich Ziegenschläuche, ebenso Flaschenkürbisse, die reichlich wild wachsen. Da auch Körbe und Säcke fehlen, muss Alles, selbst Baumwolle, Butter etc. in Schläuche verpackt werden. Ebenso fehlen in den Häusern die Matten, die man durch Häute ersetzt, Lederriemen treten an die Stelle der Schnüre, die aus dem Baste der Adansonia gedreht werden. Dem Lande entgeht auf diese Art ein lukrativer Handel mit den nun nutzlos verschwendeten Häuten, der, wie die Ausfuhrlisten von Massana und Abyssinien beweisen, bis auf den heutigen Tag sehr unbedeutend geblieben ist. Pflugschaaren, aus dem Holze des *Combretum trichantum* verfertigt, bestehen aus einer einfachen Spitze mit eisernem Sporn. Während 2 Ochsen ziehen, regiert ein Mann den Pflug vermittelst einer steuerruderähnlichen Handhabe. Die erforderliche Schmiedearbeit wird an Ort und Stelle hergestellt, gleichfalls durch mohamedanische Gewerksleute. Die wenigen hier bekannten eisernen Geräthschaften sind Beil, Sichel, Pflug und Hacke. Die Anfertigung des mannigfaltigen Silberschmuckes der Frauen hatten wir verschiedentlich Gelegenheit, zu beobachten. Jene Kunst wird von wandernden Silberschmieden meist mohamedanischer Konfession ausgeübt. Erwähnung verdienen noch die hier zu Lande bei Frauen, und namentlich bei Priestern, im Gebrauch befindlichen Sonnenschirme, die aus einer aufs Zierlichste aus Stroh geflochtenen Scheibe an langem Stile bestehen. Verzierungen mit rothem und schwarzem Garne verleihen ihnen ein hübsches Aussehen. Die Baumwollweberei, die einzige etwas ausgedehntere Hausindustrie, ist vollkommen in den Händen von Mohamedanern, die vor den Häusern an primitiven Webstühlen sitzend, ein grobes aber weiches und geschmeidiges, naturfarbiges Gewebe hervorbringen. Einzelne erreichen ein feineres Produkt, welches zu der mit breiter rother Borte gezierten „Schamma" der Vornehmen Verwendung findet. Grosse Aufmerksamkeit wird schliesslich der Herstellung des „Tetsch" genannten Honigweins gewidmet, den die Bewohner aus wildem Honig durch Gährung hervorbringen, und der überall in Mengen getrunken wird. Das Getränk ist sehr ungleich in seiner Güte, je nachdem mehr oder minder dem Gaumen des Europäers zusagend, aber in seiner äusseren Erscheinung fast immer trübe und unappetitlich.

Bei dieser Gelegenheit möchte ich einen kurzen Blick auf die gegenwärtige Bewaffnung der Abyssinier werfen, die durch das Ueberhandnehmen der Feuerwaffen zum grössten Theile auf dem Aussterbeetat zu stehen scheint, und vielleicht bereits nach wenigen Jahren verschwunden sein wird. Ein wesentlicher Bestandtheil sind die aus Büffel- oder Rhinozeroshaut hergestellten, stets kreisrunden Schilde mit zentralem Buckel. Eingepresste Verzierungen, meist in konzentrischer Form gezeichnet, bedecken die Aussenfläche, die ausserdem häufig mit verschieden geformten Silberplatten und Knöpfen beschlagen ist. Der Rand ist wulstig umgebogen und dadurch verdickt. In der Tiefe des Buckels steckt die Handhabe. Die silberbeschlagenen Schilde sind meist ein Prunkstück der Chefs, werden ihnen als Zeichen ihrer Würde von eigenen Knappen nachgetragen, prangen auch im Empfangsraume gewöhnlich an der Wand. Als Wehrwaffe haben sie keine Bedeutung mehr, es sei denn im Säbelkampfe gelegentlich eines Reiterangriffes. Die Säbel haben eine eigenthümlich geschweifte Form mit plötzlich umgebogener Spitze, und stecken in rothen Lederfutteralen zum Umgürten. Die Hauptwaffe nächst dem Gewehr aber ist die Lanze, deren Schaft am

Ende mit Eisenstreifen umwickelt, und solchergestalt ins Gleichgewicht gebracht ist. Die Lanzenklinge hat lanzettförmige Gestalt, und ist stets mit erhöhter Mittelrippe versehen. Eines Dolchmessers bedienen sich die Abyssinier weniger als die Araber an der Küste oder die Nomadenvölker, die stets ein solches von kurzer eigenartiger Form, und mit stark gebogener Klinge am Arm oder im Gürtel tragen. Die Beni Amer wie alle anderen hamitischen Nomadenstämme, sowie alle ursprünglich nicht rein abyssinischen Völkerschaften, führen die ganz geraden langen Ritterschwerter des Sudan, die noch heutigen Tags so angefertigt werden, wie zur Zeit der Kreuzzüge. Die abyssinischen Grossen haben die Schilde ganz besonders reich mit Silber verziert. Auf der Mittelplatte ist meist ein Kreuz angebracht, die Schwerter sind am Griffe häufig ebenfalls mit Silber ausgelegt, und hier bemerkte ich auf dem Knopfe neben anderen Ornamenten, einige Male das Kreuz. Bei einem vielgenannten Jäger in Mai Mafales war die Säbelscheide mit Silberringen geziert, die alle mit Kreuzen versehen waren, und jeder dieser Ringe sollte einem Stück der getödteten grossen wilden Thiere entsprechen. Die meisten Scheiden tragen am unteren Ende einen im rechten Winkel emporragenden Ansatz, der in ein silbernes Rädchen ausläuft. Es scheint mir dies ein besonders charakteristisches Merkmal für den abyssinischen Säbel zu sein. Das aufwärts strebende, wie knickartig abgebrochene Säbelende verleiht dem abyssinischen Krieger, wenn er also gegürtet einherschreitet, ein durchaus eigenartiges Aussehen. Im Allgemeinen wird man die schönsten Prunkwaffen nur bei dem ersten offiziellen Empfange zu Gesicht bekommen, später kommen dieselben meist nicht mehr zum Vorschein.

Ihr Trinkwasser erhalten die Dörfer von Mai Mafales von verschiedenen Punkten in der Tiefe. Das nächste ist in der Schlucht tief unter dem Dorfe Adi Soga gelegen, und bietet nur kärglichen Ertrag. eine reichlichere Menge enthält der Mai Uale genannte Bach, den wir auf dem Marsche nach Mai Mafales, vor Ersteigung der Höhe, zu überschreiten hatten; weiter entlegenes ist im Miskil, eine Stunde im Süden, schliesslich noch in dem gegen 2 Stunden entfernten Metemmet.

Ueber dem Dorfe des Aita erhebt sich eine Anhöhe, an deren Südabhang der Weg nach Adi-Finne vorbeiführt. Hier befinden sich Ruinen eines früheren Dorfes Gesait-es-Sekki, und man geniesst daselbst eine grossartige Fernsicht, die sich über die gesammte obere Barkaregion erstreckt. Man erblickt im Norden den Ferfer, den Schegolgol, Mantai, die Felsmassen von Schaloté und den Zad Amba, ferner den nach dem Lande der Bazen zu im Westen sich allmählich abflachenden Bergrücken, der die Wasserscheide zwischen Barka und Mareb, also zwischen dem Rothen und Mittelländischen Meere bildet, und der mit den Höhen von Mai Mafales in Verbindung steht. Schliesslich sieht man im Süden die Ebenen des Ambessa und Mareb, und die dahinter liegenden gewaltigen Bergpartien, die nach Abyssinien hinüberführen.

Die Landschaft Dembelas oder Deka-Tesfa (Familie des Tesfa), mit einem Flächenraum von annähernd 3000 Quadratkilometern, zergliedert sich in fünf Provinzen oder Landschaften: Dembelas-tahtai, Kuno-Redda, Zaid-Akolom, Arrasa und Deka-Taës. Nimmt man Dembelas-tahtai, das untere Dembelas, welches den nordwestlichen Theil bildet, als Ausgangspunkt, so liegt Kuno-Redda im Osten, Arrasa und Deka-Taës hiervon im Süden, bis zum Obel, und der Grenze von Saraë. Zaid-Akolom, der weitaus grösste, aber zugleich am wenigsten bevölkerte Distrikt, füllt den Süden des Dembelas aus, zwischen dem Unterlaufe des Obel, dem Ambessa und dem Mareb, bildet demnach die Grenze nach der abyssinischen Provinz Adi-Abo, und dem Gebiete der Bazen. Dembelas-tahtai und Kuno-Redda sind zusammen Aita Haijeloms Gebiet. Die gesammte Bevölkerung aller Distrikte bewohnt über 100 Dörfer (nach Perini 122), ist, wie es scheint, rein abyssinischen Ursprungs, und spricht lediglich Tigrinja (oder Tigrai).[*]) Vor der italienischen Okkupation ist das Land mehr oder weniger

---

[*]) Cap. Perini schätzt die Bevölkerung des Dembelas auf 500 bis 600 Familien, was nach ihm höchstens 4000 Seelen ausmachen würde. Nach ihm wäre die Hauptursache der Entvölkerung der bis zur Ankunft der Italiener beständige Zustand der inneren Anarchie, und dann die letzte Ausplünderung und Verwüstung des Gebiets durch Ras Alula 1887. Ich persönlich halte die Einwohnerzahl für höher.

selbstständig gewesen, wenn auch zu Abyssinien gehörig, hat es
dem äthiopischen Kaiser keine Steuern gezahlt.*) Mit den Baria
und Bazen im Westen, jenseits des Unterlaufes des Ambessa vor
seiner Einmündung in den Mareb, leben die Dembelaser in bitterster
Feindschaft, da sie sich wohl im Bunde mit den Abyssiniern, an
den früher häufigen Razzias gegen diese Stämme betheiligt haben
werden. Die Rache ist nicht ausgeblieben, und noch bis in die neueste
Zeit hinein tödten diese mohamedanischen oder heidnischen Stämme
jeden Bewohner vom Stamme der Deka-Tesfa, dessen sie habhaft
werden können. Von der anderen Seite darf in Folge des
Verbots der Italiener nichts mehr geschehen, was zu irgend welchen
Streitigkeiten Veranlassung geben könnte. Dembelas mag diesen
europäischen Einfluss wohlthuend empfinden, da es früher in der
denkbar exponirtesten Lage, abgesehen von dem seitens der eigenen
abyssinischen Stammesgenossen ausgeübten Druck, den Einfällen
der Sudaner (in späterer Zeit der Mahdisten) von der einen, und der
Baria und Bazen von der anderen Seits stets ausgesetzt war. Die
beiden letzteren sind nicht als identisch zu betrachten, es wohnen
die Baria im Nordwesten der Bazen. Letztere bilden nur einzelne
Gemeinden nach Art vieler Negervölker, also lose Verbände, die
durch die Landesvertheidigung zusammengehalten werden, während
die ca. 5000 Seelen zählenden Baria verschiedenen Chefs, deren Sitze
Mogelo und Kuffit sind, unterstehen. Der hauptsächlichste Ort der
Bazen ist Mai-Daro, der vom Mareb in zwei Dörfer gespalten wird:
die Bewohner des Dorfes der Südseite, wie überhaupt die Bazen
jenseits des Mareb, zahlen, um ihre Sicherheit zu erkanfen, und von
Razzias der Abyssinier befreit zu bleiben, Tribut an die Provinz
Adi-Abo, einen Distrikt von Schire. Die Baria sind bestimmt Mohamedaner. Von den Bazen glaubte man, dass sie noch Heiden mit
ganz eigenthümlichen Gebräuchen seien, meine später erwähnten Begleiter, die Beni Amer, gaben mir aber die Versicherung, dass auch

---

*) Nach Cap. Perini zahlte die Provinz Dembelas einem Erlasse
des Kaisers Hasu II. (1729—1753) gemäss im Ganzen an Tribut 4200 Maria
Theresia-Thaler, an deren Statt auch einheimische Baumwollenzeuge (1 Fergi
zu 2 Thaler gerechnet) in Zahlung gegeben werden konnten.

die Bazen Mohamedaner wären, aber mit den Mahdisten ebensowenig gemeinsame Sache machen wollten, wie sie selbst. Es ist erstaunlich, dass über ein so kleines Völkchen so wenig Thatsächliches bekannt geworden ist, aber die Bazen scheinen ein ganz eigenes Talent zu besitzen, auch nicht einen einzigen Freund zu haben, und allen fremden Eindringlingen ihr Land nach Möglichkeit zu verschliessen, wenigstens wenn er ohne überlegene bewaffnete Macht kommt; hierzu wird sich aber in Anbetracht des armen Landes kein angrenzender Stamm unter den jetzigen Verhältnissen bewogen fühlen.

In Folge der Fehden zwischen einzelnen kleineren Völkerschaften bleiben grosse Strecken Landes der Ansiedelung und Bebauung vorenthalten, da die Verhältnisse es mit sich bringen, dass Terrainstreifen zwischen je zwei solchen Stämmen als Grenzwildniss belassen werden, die keiner von beiden Theilen zu betreten wagt. Ein Beispiel hierfür ist die gänzlich öde Gegend zwischen dem Lande der Salendoa und dem Dembelas auf der einen, zwischen Dembelas und den Bazen auf der anderen Seite. Jene Gewohnheit ist so tief eingewurzelt, dass selbst unter den jetzigen absolut gesicherten Verhältnissen diese Strecken immer noch nicht bebant, sogar gemieden werden, doch ist zu hoffen, dass wenn das Gefühl der Sicherheit im Laufe der Jahre ein allgemeines wird, die Grenzen von beiden Seiten immer mehr erweitert werden, und dass so die Fläche des bebauten Landes zunehmen wird. Der Grund, weshalb über den Dembelas bis zur Zeit der italienischen Okkupation, eigentlich bis zum Tenente Giardino, nicht ganz ein Jahr vor unserem Besuche, so gut wie gar nichts bekannt geworden, liegt wohl darin, dass es fälschlicher Weise als ein undurchdringliches Sumpfterrain verschrieen war. So ist auf der, auf Grundlage aller bis dato zugänglichen Kartenangaben zusammengestellten Uebersichtskarte der Erythraeischen Kolonie, der „Carta dimostrativa della regione compresa fra Massaua, Keren, Aksum e Adigrat", das Gebiet von Dembelas mit der Bezeichnung versehen: „regione poco conosciuta", und daneben steht: „Zona paludosa ove ha origine il F. Baraka, secondo le investigazioni di S. v. Müller". Wahrscheinlich haben die Berichterstatter dieses Reisenden die Gegend zur Regenzeit zu passiren

versucht, und das muss allerdings eine höchst schwierige, ja fast
unmögliche Aufgabe gewesen sein. Nördlich vom Mareb ist dann
noch eine Marschroute von Plowden verzeichnet, mit einer etwas
verworrenen Darstellung des Oberlaufs des Barka, und Munzinger
liess 1856 das Dembelas im Süden.

Am 14. März waren wir in Mai Mafales eingetroffen. Alsbald
begannen wir uns im Lande genauer umzusehen, und unternahmen
zunächst einen eintägigen Ausflug zum Ambessa. Von der Höhe
des Dorfes Adi-Golgol unterscheidet man beim Ausblick nach Süden
drei Thäler, zwei derselben bieten sich in annähernd gleicher Entfernung in SSW. und SW. den Blicken dar. Das dritte zieht sich
in weiter Ferne gen WSW. hin, und erreicht eine weit grössere Ausdehnung. Das erste Ziel war die südlich gelegene Ebene Safa
Gausai. Dort waren in letzter Zeit verschiedentlich Strausse bemerkt
worden, und unter Führung des alten ortskundigen Jägers Bascha
Hailo-Michael begaben wir uns auf diese höhere Vogeljagd. Nach
einer Stunde des Abstieges gelangt man an den Bach Mai-Miskil,
einen Nebenfluss des Ambessa, der, umgeben von dichtem Buschwerk
und grossen Bäumen, klares und frisches Wasser führte. Jenseits
ist die Bergkette Fekia-Keremo, und dahinter die Ebene gelegen, in
der allerdings reichlich frische Straussenspuren sichtbar waren.
Leider blieben die Thiere selbst, denen nachzuspüren wir nicht
genügende Zeit hatten, unsichtbar. Die Thalebene ist 7 bis 8 km
lang, wenige Kilometer breit, und wird auf der anderen Seite
begrenzt durch die niedere Sababkette, über welche die hohen
Dubaneberge, die die Wasserscheide zwischen Ambessa und Mareb
bilden, hervorragen; im Westen schliesslich erstrecken sich die Höhen
von Gehan-Haret. (Zu bemerken ist, dass alle diese Namen wie
auch die folgenden, der Tigrinjasprache angehören.) Wasser führte
der Ambessa in dieser Jahreszeit innerhalb der Thalebene an zwei
Punkten, ziemlich in der Mitte, und an der westlichen Austrittsstelle.

Von Antilopen sahen wir *Antilope Kudu, Laevipes* und *Montana*,
ferner fand ich ein Skelett mit Gehörn der Pferdeantilope *(Hippo-
tragus Bakeri)*, im Sudan als Abu-Maaref bekannt, es mochte schon
manche Jahre von der Sonne gebleicht worden sein. In den von uns

besuchten Gegenden, in deren Nachbarschaft ja Samuel Baker selbst
sie zuerst entdeckt hatte, fand ich keine Anzeichen des jetzigen
Vorkommens dieser Art. Vielleicht erscheinen die Thiere nur zur
Regenzeit, vielleicht sind sie ganz zurückgewichen; häufig wird diese
Antilope, wie es scheint, nirgends sein.

An verschiedenen Stellen ist die Ebene von ziemlich tiefen,
scharf eingeschnittenen Rinnsalen durchquert. Sie ist dicht mit
Akazien, Zizyphus und anderem Dorngesträuch bewachsen, so dass
ein regelrechter Pürschgang auf ziemliche Schwierigkeiten stiess.
Man macht sich leicht anfänglich von der hiesigen Jagd einen etwas
zu leichten Begriff, indem man sich der Täuschung hingiebt, dass
man nur kurze Strecken zu gehen brauche, um stets in kleinen
Zwischenräumen auf hohes Wild zu stossen, und dieses dann, weil
unbekannt mit dem Schiessgewehre, mit Leichtigkeit erlegen zu
können. In Nordabyssinien, in der Colonia Eritrea, ist dies leider
durchaus nicht der Fall, man muss weite Entfernungen zurücklegen,
um je nach der Beschaffenheit des Terrains, bald häufiger, bald
seltener, überhaupt nur eines Wildes irgend welcher Art ansichtig
zu werden, und dieses wird dann ebenso schnell flüchtig, wie in
Europa. Dem Pürschgange zur Verfolgung stellen sich die lächer-
lichsten Schwierigkeiten entgegen, jeder Strauch, jeder Baum hat
Dornen, und selbst die Gräser bohren ihre Spitzen in die Haut,
oder haften als beständig kitzelnde Kletten in den Kleidern. Im
entscheidenden Moment, vor dem Schusse, bleibt wohl gar noch Hut
oder Rock in den Dornen hängen, und in Folge der heftigen
Bewegung zur Befreiung aus dieser dornenvollen Umarmung flieht
das Wild. Bei dem stechenden Sonnenbrande, dem stets wolken-
losen Himmel, umschwärmen in nicht zu ahnenden Mengen die
Fliegen den Jäger, und setzen sich mit sich nie verleugnender
Sicherheit in Auge, Nase oder Ohren fest. Solche Fliegen
können, glaube ich, selbst den ruhigsten Menschen zur Verzweiflung
bringen, so harmloser Natur sie auch sonst sein mögen, denn Stech-
fliegen oder Mücken sah ich in dieser Jahreszeit fast nie. Eine
dritte Komplikation ergiebt sich aus einem Umstande, dem man in
Europa Rechnung zu tragen nie gezwungen ist, es ist dies der an

vielen Stellen ungeheuere Vogelreichthum. Ist man auf der Pürsche, so gehen gewiss alle 100 Schritte Tauben, Frankoline oder Perlhühner mit grossem Lärme auf, und die äsende Antilope wird von Weitem gewarnt. Die Vögel spielen dieselbe Rolle, wie die Sporenkibitze in Aegypten, die der Warner. Schliesslich ist noch hervorzuheben, dass der Antilopenreichthum an sich durchaus kein besonders grosser ist, in einem mässig mit Hirschen, Rehen oder Gemsen besetzten Reviere von Europa wird man auf einem ähnlichen Areal zweifellos mehr Stücke der genannten Wildarten antreffen, wie in dem von mir gesehenen Theile Abyssiniens Antilopen. Was den grossen Reiz der Jagd ausmacht, ist ausser der Wildniss, der Reichthum an Arten, wodurch bewirkt wird, dass man nie weiss, welcher Thiergattung man im nächsten Augenblicke gegenüberstehen wird. Die eingeborenen Jäger sind meistens auch nicht im Stande, vorher begreiflich zu machen, auf welche Art Wild man zu hoffen hat, es beruht auf der Mannigfaltigkeit der gebräuchlichen Sprachen. In jedem Dialekt führen die Thiere verschiedene Bezeichnungen.

Einen weiter ausgedehnten, zweiwöchentlichen Ausflug begannen wir am 18. März, zur Erforschung der Einmündung des Ambessa in den Mareb, und wenn möglich, zu einem Besuche der Bazen. Es war die Absicht, bei dieser Gelegenheit in der grossen Ambessa-Marebebene, die uns als reich an grossem Wilde der verschiedensten Art geschildert worden, der Jagd obzuliegen. Während Professor Schweinfurth und mein inzwischen erkrankter und marschunfähig gewordener Jäger, im Lager von Mai Mafales zurückblieben, brach ich mit Andersson, Kaiser, verschiedenen Jagddienern, und 35 Trägern dorthin auf. Leider erschwerten die von Mai Mafales durch den Aita requirirten Träger die Ausführung unseres Vorhabens in nicht unbeträchtlichem Grade. Die Lente waren das Lastentragen nicht gewöhnt, auf der anderen Seite flösste ihnen ihr schlechtes Gewissen den Bazen gegenüber ein beständiges Furcht- und Angstgefühl ein. Da ausserdem die Zeit der zur Aussaat nöthigen Herrichtung der Felder herannahte, so lockte sie selbst die Aussicht auf höheren Trägerlohn nicht, und es war nur unter Aufbietung der äussersten Energie, zunächst von Seiten des Aita, und dann von unserer eigenen möglich, dass sie zum Aushalten bewogen werden konnten.

Der Weg zur erwähnten Ebene führt wieder an dem Thale Gumfal und der Bergkuppe Safaraita-Gurmu vorbei zum Mai Miskil, welcher sich weiter unterhalb mit dem Ambessa vereinigt, wo dieser den Namen Mai Lam führt. Wir folgten nun in westlicher Richtung thalabwärts dem Flussbette, dessen Untergrund von Schiefergestein gebildet wird, und dessen Seiten üppig mit Akazien und Adansonien bestanden sind. Die einengenden Hügelketten weichen mehr und mehr zurück, und man betritt ein von den Kulturen der Einwohner von Mai Mafales bebautes Terrain. Bald sind es schmälere Streifen, bald grössere Flächen, die sich hier ausbreiten: Durrah, Duchn und Baumwolle scheinen die Hauptprodukte zu sein. Um den Boden stets produktiv zu erhalten, und ihn nicht frühzeitig zu erschöpfen, auch die Anwendung von Düngmitteln, die hier noch nicht bekannt ist, entbehren zu können, wird er nur auf der Oberfläche wenige Centimeter tief gelockert. Wo das Thal sich zu erbreitern beginnt, führt es den Namen Egret Andit, weiterhin die erste kleine Fläche den Namen Lese, und bei der Ebene Melahesu, 1½ Stunden von Miskil entfernt, erreicht man den Endpunkt der Felderreihe. Im Süden des nach WSW. strömenden Chors dehnt sich die Bergkette Heret Gjehan aus, und das Flussbett, während es breiter, flacher und sandiger wird, nimmt die Namen Mai Dut und weiter unterhalb Mai Gerat an.

Drei Wegstunden von Miskil entfernt ist eine Wasserstelle, die ein für Menschen nur schwer geniessbares Wasser in einem Tümpel enthält. Dort lagerte ein Trupp von zehn Beni Amern, unter denen drei beritten waren. Die Leute waren auf einem Jagdausfluge begriffen, und hatten soeben die Absicht gehabt, uns in Mai Mafales aufzusuchen. Sie stammten zum Theile aus dem früher berührten Dorfe des Schechs Idris Omar, zum Theil aus Dega. Das letztere Dorf war vor der Zeit des Mahdismus nahe bei Kassala am Chor Hanascheid gelegen, wurde dann von Mahdisten überfallen und zerstört, während die Einwohner sich in die Gegend östlich von Schegolgol zurückzogen, wo sie Dega gründeten. Der Stamm nennt sich schlechtweg Arab Dega, und ihr Schech ist zugleich Oberhaupt des ganzen 25000 Seelen zählenden Beni Amervolkes. Idris Omar, des Dorfes Arko Kabai der Salendoa, ist demnach, wie alle übrigen Schechs der Theilstämme, jenem Grossschech, der den Titel Digal führt, untergeordnet.

Es lag natürlich nahe, die Leute, die seit Jahren mit der Oertlichkeit und der Jagd vertraut sein wollten, für unsere Zwecke in Anspruch zu nehmen, wobei hauptsächlich die Möglichkeit eines Besuches der Bazen in Betracht kam. Die Träger aus Mai Mafales weigerten sich auf das Entschiedenste, uns dorthin zu folgen, da, wie geschildert, in früheren Jahren die Bazen stets Gegenstand der räuberischen Ueberfälle seitens der Abyssinier gewesen sind, an denen sich die Deka-Tesfa betheiligten. Trotzdem diese Razzias unter dem Protektorate Italiens sofort aufgehört, war die Feindschaft wieder neu angefacht worden, als zwei Dembelaser in der Gegend von Mai Gerat durch Bazen ermordet wurden, eine That, die durch die Bestrafung der Uebelthäter seitens der Italiener bereits gesühnt worden. Unser alter Bascha persönlich hatte im Verfolge der Ereignisse, die wohl später eine Art Blutrache gebildet haben mögen, eine Anzahl Bazen auf dem Gewissen, und daher war seine Weigerung, uns zu begleiten, wohl erklärlich. Nun hofften wir mit Hilfe der Beni Amer unser Vorhaben ausführen zu können in der Annahme, dass diese als Mohamedaner zu den Bazen freundschaftlichere Beziehungen haben würden. Die Annahme stellte sich aber in der Folge als nicht zutreffend heraus, wenn auch keine direkte Feindschaft zwischen beiden Völkern bestand. Razzias der Beni Amer hatten zeitweise wohl auch stattgefunden, und den Versprechungen des Führers Ibrahim, die Sache zu vermitteln, folgte leider nicht die That. Schliesslich nach endlosem Hinundhergerede kam eine Einigung zu Stande, und so konnten wir, um diesen Beni Amertrupp bereichert, unseren Marsch gegen den Mareb zu fortsetzen.

Kaum waren wir aufgebrochen, da kam einer unserer neuen Begleiter mit der Mittheilung heran, er habe in einer Höhle ein

Thier bemerkt, das Ziegen fresse, von der Grösse eines Maulesels sei, und auf Bäume klettere. Ein zweiter fügte hinzu, dass ein solches Thier gewöhnlich 120 Meter lang werde. Sehr begierig, das Ungeheuer kennen zu lernen, ritten wir dorthin, und fanden in einem hohlen Baume eine Riesenschlange (*Python sebae*), die durch ein Astloch sichtbar war. Mit vieler Mühe, durch Kngelschüsse, Ausräuchern des Baumes u. dergl. wurden wir der Schlange habhaft. Es war übrigens ein kleines Exemplar, kaum 5 m lang, und 35 cm im Umfange. Es sei zugleich erwähnt, dass dies die Stelle ist, wo der augenblicklich in Keren befindliche junge Elephant im vergangenen Jahre durch unseren Beni Amerführer Ibrahim gefangen wurde. Die Gegend führt den Namen Sufra Odubura, das Terrain wird offener, und die begrenzenden Hügel markiren sich höher und schärfer in ihren Umrisslinien. Ein riesiger hohler Baobab, der 5 m im Durchmesser hat, ist unter dem Namen Nachal-Duma weit und breit bekannt, und dient den sich hier aufhaltenden Eingeborenen während der Regenzeit als Unterschlupf und Wohnung. Er ist thatsächlich von einer ganz ungewöhnlichen Grösse, und würde mindestens 20 Menschen zu beherbergen im Stande sein.

Nach einstündigem Ritte taucht vor uns in weiter Entfernung die Bergkette Atte Gerinde auf, während links ein Thaleinschnitt den Namen Hirsegede führt, und das Thal rechts von einem kurzen Höhenzuge, Semelte, begrenzt ist. Der Gual Semelte, ein Spitzkegel, hebt sich ausserordentlich scharf von der Kette ab, und macht sich durch seine charakteristische Gestaltung bis nach Mai Mafales hin bemerkbar. Der nächste Weg zum Mareb würde von hier durch das Hirsegedethal zu der südlich vom Dubanegebirge liegenden Marebebene führen, wir beabsichtigten hingegen dem Laufe des Ambessa weiter zu folgen. Der direkte Weg bis zum grossen Flusse mag ungefähr eine Tagereise betragen, der unsere war entsprechend weiter. Das Thal, welches wir passirten, heisst vom Gual Semelte aufwärts Schegalu, abwärts Mai Lam; der erstere Name kommt von einem Berge zwischen Mai Gerat und Dongollo, von ihm hat das Thal und eine Strecke weit der Fluss den Namen. Das Trockenbett ist gegen 60 m breit, führt Schiefer.

Gestein und wenig Granit. der augenscheinlich von dem Dubanegebirge herabgeschwemmt wird. Hohe Dompalmenbestände, die am Flussgebiete des Barka in so grosser Menge auftraten, fehlen hier vollkommen, und werden nur durch vereinzelte kleine Palmen und Gestrüpp ersetzt.

Zwischen Mai Gerat und Mai Lam vereinigt sich der Chor mit dem Dongollo, welcher höher hinauf Zefa Ganzai heisst, und von Metemmet herkommt. Der Oberlauf dieses wiederum heisst Ambessa, und hiervon führt der ganze Fluss bis zur Mündung in den Mareb den auf den Karten gebräuchlichen Namen Ambessa; es ist daher jener zweite Chor als hauptsächlichster Quellfluss anzusehen, was vielleicht durch seine grössere Länge berechtigt ist, aber nicht durch die grössere Bedeutung und Wassermenge, da den Eingeborenen der Name Ambessa thatsächlich unbekannt ist. In den Zefa Ganzai mündet der Zagareg. dessen Quellen im Dubanegebirge liegen. Nach dreistündigem Ritte, von Mai Gerat gerechnet, langten wir zu Mai Lam an, und dort ist das zwischen Felsen eingeklemmte Flussbett kaum einige Meter breit; dasselbe führt circa 1 km lang oberirdisch fliessendes Wasser, während unterhalb, noch auf einer Strecke von 6 km. vereinzelte Wasserstellen anzutreffen sind.

Mai Lam kann als das Ostende der grossen Ambessa-Marebebene betrachtet werden, da es mit ihr durch eine schmale Thalweiterung verbunden ist. Nach einigen Jagdtagen verlegten wir das Lager in die Ebene selbst. und hatten hierzu Scherbet, die nächste Wasserstelle unterhalb des kontinuirlichen Wasserlaufes, ausgewählt. Wir folgten dem Chor, der zunächst einen grossen Bogen nach S. beschreibt, dann nach W., schliesslich nach N. und wieder nach W. fliesst. Am Fusse des Sufra Gamis, 7 km von Mai Lam entfernt, bietet er die letzte Wasserstelle dar. Das Gebirge tritt vollkommen zurück, und die grosse Ebene el Gedem Baua dehnt sich meilenweit aus. Sie steht ausserdem mit Mai Lam noch durch das Thal Adarfena Ereba in Verbindung, das durch den Ganetiai gebildet wird. einen Zufluss. der in der Nähe von Scherbet mit einem spitzen Winkel in den Mai Lam einmündet, aber kein oberirdisches Wasser zu führen scheint. Durch vorausgesandte Führer erfuhren wir, dass die Wasserstelle in Scherbet versiegt sei, und machten deshalb an einem Goho genannten Punkte Halt, 13 km von Mai Lam entfernt. Der Versuch, durch Graben auf Wasser zu stossen, gelang in bescheidenem Maasse bei 2 m Tiefe. Das anfangs trinkbare Wasser wurde aber in der Folge, zumal es sich in äusserst geringer Menge vorfand, so schlecht, dass es kaum mehr als geniessbar zu erachten war. Auf diese Weise war uns ein längerer Aufenthalt etwas erschwert. Von jener Stelle sollte nach Angabe der Beni Amer der Mareb circa 4 Wegstunden entfernt sein, Mai Daro eine kleine Tagereise, und der kleinere Ort Tule, gleichfalls im Gebiet der Bazen, einige Stunden weniger. Von einzelnen Inselbergen innerhalb der Ebene hat man eine freie Aussicht auf diese Punkte, die durch eine hohe Bergkette, aus einzelnen dicht zusammenstehenden, schroffen Bergen am Horizonte markirt werden. Die Ebene, in der wir über eine Woche verweilten, hat in der That eine ausserordentlich grosse Ausdehnung, und erstreckt sich bis zum Gebiete der Beni Amer, bis zu den Bazen und bis fast an den Mareb, welchen sie jedoch nur durch das Rinnsal des Ambessa berührt. Im jetzigen Augenblicke war sie bestanden mit abgedörrtem, gelbem Grase von ausserordentlicher Dichtigkeit und Höhe, untermengt mit Akazien in fast regelmässig zu nennenden Zwischenräumen. Die Fläche wird im Uebrigen von einzelnen mehr oder weniger hohen Inselbergen unterbrochen, desgleichen von dem Rinnsale des Mai Lam und des Gauetiai, deren Uferränder mit schmalen Baumstreifen besetzt sind. Der Holzbestand entbehrt an solchen Stellen nicht einer gewissen Ueppigkeit, namentlich stechen die zahlreichen stattlichen Tamarindenbäume mit ihren dunkelgrünen und stets dichten Laubkronen lebhaft in die Augen. Der Boden ist auf Schritt und Tritt mit fusstiefen Erdspalten zerrissen, eine Folge von abwechselndem Regen und Sonnengluth. Die von den Jägern hervorgerufenen Brände haben auf weite Strecken das Erdreich vollkommen entblösst. Auch wir haben uns an diesem im ersten Augenblicke frevelhaft erscheinenden Beginnen betheiligt, und manche Grasstrecken niedergebrannt in der Absicht, dieselben lichter und dem Wilde als Schlupfwinkel weniger zugänglich zu machen. Das Abbrennen hat indess auch sein Gutes. An solchen Stellen sprosst nämlich noch vor Beginn der Regenzeit frisches Grün aus dem Erdreiche hervor, und giebt dem Wilde neue Aesung, den Vögeln Nahrung an Kerbthieren und dergleichen. Fast unmöglich erscheint es, dieses Gras durchdringen zu wollen, oder in demselben irgend welcher Jagd obzuliegen, hätten nicht stets Eingeborene der umliegenden Gebiete jene Brände von Neuem angefacht. Allnächtlich sahen wir, sei es von der Seite der Bazen, sei es von einer anderen her, den Himmel weithin geröthet. Dieses Feuer birgt auch keinerlei Gefahr für den Reisenden in sich, nur in schmalen Streifen brennt das Gras vom Winde getrieben, und erlischt wieder, von einer kahlen Stelle aufgehalten, manchmal allerdings erst nach Tagen.

Auf verschiedenen Hügeln findet man Gräber, deren Ursprung sich schwer feststellen lässt, und deren Alter ebenso zweifelhaft erscheint. Vielleicht stammen sie zum grössten Theile von den Bazen, oder Beni Amer her, die jedoch beide nach Angabe der Eingeborenen an dieser Stelle niemals feste Wohnsitze gehabt haben sollen. Es sind Gräber, denen die Nomaden die Bezeichnung „Megan" ertheilen. Sodann sieht man andere, lagerähnliche Ueberreste, „Bet-Bigu" genannt, angeblich von Flüchtlingen herstammend, die aus der Gegend von Kassala kamen, und die später in die Heimath zurückgekehrt sind. „Bet Bign" heisst wahrscheinlich so viel wie „Haus der Bega", und mit Bega bezeichneten die arabischen Geographen des Mittelalters alle nomadischen Hamiten des südlichen Nubiens, im Gegensatze zu den echten arabischen Stämmen, die von Asien eingewandert sind, und die arabische Sprache bewahrt haben. Vielleicht deuten diese Ueberreste auf ein sehr hohes Alter. Sehr bemerkenswerth ist, dass in diesem Striche die Gummiakazien eine reichliche Harzausscheidung aufweisen, während in den übrigen Gebieten der Erythraeischen Kolonie, trotzdem die nämliche Baumart (*Acacia Seyal*) häufig vorkommt, nirgends eine Gummiausscheidung wahrzunehmen ist. Bekanntlich machte das *Gummi arabicum* einen der hauptsächlichsten Handelsartikel im ägyptischen Sudan aus, als Handel und Wandel daselbst noch nicht durch den Aufstand des Mahdi zu Grunde gerichtet war. Der von uns in ganz geringer Zeit, in wenigen Stunden angesammelte grosse Vorrath an Gummiknollen war von besonderer Reinheit, durchsichtig und fast farblos, er konnte auf Zugehörigkeit zur besten Qualität Anspruch machen. Im Handel heissen die aus Gedaref, dem nächstgelegenen Ausfuhrzentrum herstammenden Gummisorten „Talch" und „Gesireh". Diejenige, die wir sammelten, wird in die nämliche Kategorie gehören, aber jedenfalls die beste Qualität darstellen. Ich sandte eine Probe hiervon an den Gouverneur der Kolonie, behufs Weitergabe an die Kolonialabtheilung der grossen Ausstellung, die im Sommer des Jahres zu Mailand stattfand. Da das Gummi in so grosser Menge hier vorkommt, das Einsammeln so leicht und schnell von Statten geht, so unterliegt es nicht dem geringsten Zweifel, dass sich ein schwunghafter Handel ermöglichen liesse, an den noch Niemand gedacht zu haben scheint.

Zusammen betrachtet, mag sich wohl die gesammte Jagdausbeute, die das nördliche Abyssinien darbietet, hier vorfinden; ausserdem mag zugleich ein Theil der Thierwelt des Sudans in der grossen Ebene seine Existenzbedingungen antreffen. Es sei mir daher gestattet, an dieser Stelle auf die allgemeinen Jagdverhältnisse, wie sie das Gebiet der Kolonie darbietet, und auf die Thierwelt, die sie beherbergt, näher einzugehen. Mag auch das Auftreten der einzelnen Arten in diesem Gebiet nirgends jene Massenhaftigkeit zur Schau stellen, welche uns in den Beschreibungen der Kafferngebiete Südafrikas oder der Massailänder in Britisch-Ostafrika mit so grossem Staunen erfüllt, so umfasst hier dennoch die Jagd die höchst entwickeltsten, edelsten und zugleich die grössten Thiere der heutigen Schöpfung, vereinigt die vornehmsten Raubthiere und die grössten Antilopen, kurz alles, was die Nordhälfte von Afrika darzubieten im Stande ist. Brehm hat in seinem Buche „Ergebnisse einer Reise nach Habesch im Gefolge des Herzogs Ernst 1863" einen vollkommenen Ueberblick über die im östlichen Theile der heutigen Erythraeischen Kolonie vorkommenden Thierarten gegeben. Dieser hervorragende Forscher aber war damals nur bis zum Distrikt der

Mensa, landeinwärts also nicht viel über 50 km von der Küste, gelangt. In Folge des Vordringens der Europäer haben sich inzwischen die Verhältnisse wesentlich zu Ungunsten des Wildes, und im Sinne einer Zurückdrängung dieses nach Westen hin geändert. Andererseits möchte ich auf der in der allgemeinen Landeskunde Afrikas von Professor Dr. Wilhelm Sievers gegebenen thiergeographischen Uebersicht von Afrika einige Kurven, z. B. der Elephanten und Giraffen, zu Gunsten Nord-Abyssiniens erweitern.

Um mit dem in unserer Ebene am Mareb interessantesten, und zugleich vielleicht am häufigsten auftretenden Jagdobjekte, dem Strausse, zu beginnen, seien zunächst einige Daten über die Varietät verzeichnet. Das Weibchen ist in der Grundfarbe bräunlich rauchgrau. Rücken und Hals desselben sind hellgrau geperlt; die Schwingen grau mit weissen Kielen und weissem Kielfelde, diejenigen der Finger etwas dunkler; die Steuerfedern sind weiss, schmutzig angeflogen, auf der Unterseite schmutzig weiss; die nackten Hautstellen erscheinen bläulich fleischfarben; die Krallen sind braun, die Iris dunkel nussbraun. Das Männchen ist schwarz mit weissen Schwingen und Steuerfedern. Hals und Beine nicht deutlich roth wie bei dem nordafrikanischen Strausse. Jüngere Weibchen sind durch eine mehr braune Färbung ausgezeichnet, und erscheinen weniger braungrau geperlt wie die älteren. Im frühesten Alter sind die Jungen in der Grundfarbe hellbraun, auf dem Kopfe rostroth, mit einem nackten Fleck auf dem Scheitel. Vom Hinterhaupte bis zum oberen Halsdrittel hinab verlaufen drei schwarze Längsstreifen, die sich von der bezeichneten Stelle an bis zum Schwanze in fünf weniger deutliche Längsbinden anflösen. Die Flügel tragen drei schwarze Querbinden, auf der Brust und dem Halse sind jederseits mehrere schwarze Längsflecken, ebenso auf dem Schenkel. Sonderbar entwickelte Federgebilde finden sich auf der Hinterseite der Halsbasis, auf dem Rücken, am Schwanze und an den Flügeln. Diese bestehen in ihrem untersten Drittel aus einem nackten Kiele, der sich in mehrere Nebenfederchen theilt, von denen die äussersten zu zwei lanzettförmigen Borsten verlängert, das letzte Dritttheil der Federn darstellen. An der Vorderseite der

Halsbasis erweitern sich diese Gebilde dagegen nur zu einer halben
·Borste. Die nackten Hautstellen unter den Flügeln, an der Brust
und den Schenkeln haben eine schmutzig gelbe Färbung; Füsse
und Schnabel sind hornweiss, die Krallen braun. Um die Pupille
herum schimmert die Iris gelblich grau, gegen den Rand hin blassblau. Die Eier sind glatt, matt glänzend, crèmefarben, nicht sehr
dickschalig, und mit kleinen distanzirten dunklen Poren. Die Form
ist sphärisch-oval, eine kaum wahrnehmbare Verjüngung an der
Spitze.

Diese Straussenart ist in der Ebene verhältnissmässig häufig,
müsste aber bei der grossen Zahl von gegen 12 Eiern, die das
Weibchen legt, noch viel verbreiteter sein, wenn ihr nicht so
viele Feinde nachstellten. Ausser verschiedenen Raubthieren, worunter wohl die gefleckte Hyäne die schädlichste sein dürfte, da
wir einmal im Magen eines solchen Thieres eine ganze Anzahl
von Beinen und Füssen junger Strausse vorfanden, erwachsen ihr
auch noch Feinde in den einheimischen Jägern, die die Federn
auf den Markt nach Aden bringen, wenngleich ich nicht glaube;
dass sie im Stande sind, ernstliche Lücken in die Reihen der
Thiere zu reissen. Eine Jagd zu Pferde in der sonst gebräuchlichen Weise durch Hetzen des Strausses bis zur Ermüdung,
event. durch relaisförmig aufgestellte Reiter ist völlig unanwendbar wegen der Bodenverhältnisse. Die einzig mögliche Jagdweise ist zunächst die Pürsche, und dürfte diese unzweifelhaft
zum Ziele führen, wie mich die eigene Erfahrung gelehrt hat, obschon sie äusserst schwierig in Ausführung zu bringen ist, in
Folge des scharfen Gesichtes des Strausses, und der naturgemäss
geringen Deckung in den von ihm bevorzugten Revieren. Will
man sich nun auf die Jagd begeben, so besteigt man zuerst den
nächstgelegenen Inselberg oder Einzelhügel und hält Ausschau,
reitet dann zum nächsten u. s. w. bis man grasende Strausse erblickt, worauf das Anpürschen beginnt. Leider sieht man die
vom Berge erspähten Strausse gewöhnlich niemals wieder. Ein
Treiben würde zweifellos durch Anstellen der Eingeborenen und
vielleicht zweckmässig angelegte Grasbrände am ehesten zum Ziele

führen, für uns erwies sich dies, wie einige Versuche zeigten, als unausführbar in Folge der Indolenz der als Treiber verwendeten Träger, und durch die zu geringe Zahl derselben. Schliesslich wurde dann noch das Ansitzen beim Neste erprobt. Dasjenige, welches ich fand, war auf einer kleinen Lichtung inmitten eines etwas dichter bestandenen Terrains angelegt, ohne jede weitere Nestbildung. Eine einfache runde Vertiefung im Sande enthielt die 10 Eier. In unmittelbarer Nähe legte ich mich in einem Dornenstrauche auf den Anstand, und wartete, bis gegen Abend das Weibchen erschien, das Nest umschritt, unsere Fussspuren bemerkte, und sich nicht mehr dazu entschloss, die Eier weiter zu bebrüten. Auf ein Erlegen des Weibchens hatte ich von vorn herein verzichtet, da ich das schöner gefärbte Männchen erwarten wollte, aber keines der beiden Gatten suchte das Nest wieder auf, eben wegen der von uns hinterlassenen Fussspuren. Zwei Tage darauf fand ich 300 Schritt von der früheren Stelle entfernt, auf einer kahlen, gänzlich unbewachsenen Stelle ein weiteres Ei desselben Straussenweibchens, und es mag dies wohl der Gewohnheit des Strausses entsprechen, nach Beendigung des Legens im Neste stets noch einige Eier zu vertragen. Ich hatte Gelegenheit, zu konstatiren, dass noch während der Legezeit des Weibchens die Eier allnächtlich von dem männlichen Strausse bebrütet wurden, bei Tage dieses Geschäft jedoch den warmen Strahlen der Sonne überlassen blieb. Meist traten die Strausse in kleinen Trupps auf, gebildet aus einem schwarzen Strausse und zwei Weibchen. Das Fleisch hat einen unangenehmen Beigeschmack nach Moschus, ist aber, hiervon abgesehen, geniessbar, es eignet sich ganz besonders zu Suppen. Die Eier, die uns in Anbetracht einer gerade eingetretenen bemerkenswerthen Ebbe in den Küchenvorräthen sehr gelegen kamen, haben roh, wenn auch in geringerem Maasse, denselben Beigeschmack wie das Fleisch, sind aber vorzüglich zu allen Mehlspeisen geeignet, und liefern ein überaus wohlschmeckendes Rührei. Ein Straussenei entspricht circa 24 Hühnereiern. Zwei eingefangene junge, vielleicht vierzehntägige Thiere zeigten keine besondere Scheu vor dem Menschen, verriethen aber auch keinerlei

Anzeichen auch nur der allergeringsten Intelligenz. Als schwierig stellte sich die Ernährung derselben heraus, da sie, höchst wählerischer Natur, jede Nahrung ausser Konserven-Erbsen*) verschmähten, und wir daher zu ihren Gunsten hierauf verzichten mussten. Während der eine bald beim Transporte einging, hauptsächlich wegen äusserer Verletzungen, wurde der andere vollkommen zahm, lief nach einigen Wochen schon unbewacht in der Nähe der Zelte umher, und überstand auch alle Transporte zu Wasser und zu Lande ohne irgend welche Krankheitserscheinungen, bis er plötzlich bei der Ausschiffung in Bremen an einem kalten Morgen einging. Im Lager in Mai Lam hatte ich sie eines Tages bei der Rückkehr von der Jagd vorgefunden. Andersson war auf mehrere Strausse gestossen, und bei dem Versuche, eine kleine Treibjagd zu inszeniren, entkamen zwar die Alten, jedoch entdeckte er einige Junge, die nicht gleichen Schritt halten konnten. Nach kurzer Verfolgung erreichte er sie, und konnte zwei mit Hilfe seines Beni Amerpferdes einfangen, und lebend ins Lager bringen. Die niedlichen Thiere wurden in einen schnell hergestellten Käfig gesetzt, und nach Mai Mafales transportirt, wo sie in einer Umzäunung untergebracht wurden.

Elephanten bekamen wir vielleicht in Folge der trockenen Jahreszeit, in welcher wir reisten, nicht zu Gesicht. Die Gegend von Mai Lam wird aber regelmässig von ihnen besucht, wohl der Wasserstellen wegen. In Mai Lam selbst, bis zu der untersten, 6 km entfernten Wasserstelle, war das Flussbett sowohl wie einige Elephantenstrassen zu Seiten desselben, völlig bedeckt mit der Losung dieser Thiere. Sie gehörte den verschiedensten Zeiträumen an, der grösste Theil stammte von der unmittelbar auf die Regenzeit folgenden Epoche her, es fand sich aber vereinzelt auch solche Losung, die bis in die jüngste Zeit reichte,

---

*) Ebenso schwierig erschien es, sie zu tränken. Ab und zu nahmen sie übrigens von den ihnen vorgeworfenen, zuvor angefeuchteten und zerhackten Kräutern zu sich, namentlich von dem sogenannten Vogelkraut (*Poligonum aviculare*).

die letzte mochte kaum 14 Tage alt gewesen sein. Oberhalb von
Mai Lam waren Anzeichen des Elephanten nur sehr spärlich
vorhanden, ebenso unterhalb der letzten Wasserstelle, es ist demnach
wahrscheinlich, dass die Thiere, von S. herkommend, das
Flussbett nur in der Nähe der Wasserstelle regelmässig besuchen,
im Uebrigen durch Gebirgsthäler dorthin gelangen. und dann
entweder nach S. oder W. sich wendend zurückkehren, oder etwa
dem Lande der Beni Amer zustreben, um die Wasser von Ferfer
oder von Negeb aufzusuchen. In der Ebene selbst liessen sich
nur Spuren vereinzelter Elephanten ausfindig machen, die wohl
Wasser im Ganetiai erhofft hatten. In den übrigen Theilen des
italienischen Gebiets, im Distrikte von Mensa, zu Saberguma, ja
sogar bei Ginda sind dann und wann Elephanten gesehen und erlegt
worden. So wurden beispielsweise im vergangenen Jahre bei Mensa
sieben, und bei Maldi einer erlegt. Offiziere verfolgten sie, wo sie
sich zeigten, gewöhnlich mit Hilfe einheimischer Soldaten, und
hierbei sollen alsdann nicht nur die Bullen, sondern auch Kühe und
junge Thiere vernichtet worden sein. Da die Elephanten dort nur
kleine Stosszähne besitzen, die von geringem Werthe sind, auch
die Haut nur eine theilweise Benutzung erfährt, so ist dieses
Elephantentödten zu bedauern, umsomehr es gegenwärtig nur noch
wenige Punkte giebt, an denen der Elephant sich in dieser Weise
der Küste zu nähern pflegt. Wenn ich auch keineswegs der Ansicht
bin, die Jagd vollkommen zu verbieten, so muss ich doch den Rathschlägen
meine vollste Zustimmung geben, die hinsichtlich dieser
Frage von dem erfahrenen Sudanreisenden und Thierhändler Menges
in einem an Professor Schweinfurth gerichteten Schreiben vom
November 1893 enthalten sind. und denen zufolge einestheils dem
Verfolgen durch Soldaten ein Riegel vorgeschoben, andererseits der
Abschuss möglichst auf alte Bullen zu Gunsten der Kühe und jungen
Thiere beschränkt werden sollte. Dies würde auch im Interesse
des in letzterer Zeit zu Tage getretenen Bestrebens zu wünschen
sein, den afrikanischen Elephanten in gleicher Weise wie den
indischen dem Menschen nutzbar zu machen, wozu sich die
Colonia Eritrea als Versuchsgebiet vorzüglich eignen würde. Da

in Deutsch-Ostafrika Schutzmaassregeln ähnlich wie in Britisch-Ostafrika bereits getroffen sind, so hat sich der Schwarm der vorzugsweise englischen Jäger in den letzten Jahren auf das Somalland konzentrirt, und dort bereits mit den vorhandenen reichen Jagdbeständen in erschreckendem Grade aufgeräumt; es ist nun zu befürchten, dass sich dieser Jägerschwarm bei der günstigen Lage der italienischen Kolonie, namentlich nach der Einnahme von Kassala, über jene Gegenden ergiessen wird. Welches Unheil diese Klasse von Jägern unter dem Wilde des Somallandes angerichtet haben, wo auf 100 Meilen von der Küste Elephanten vollkommen, das übrige Wild fast ganz vernichtet wurde, ist allgemein bekannt. Solchen Jägern, die mit Hunderten von bewaffneten Somal zur Jagd ausziehen, kommt es lediglich auf die Zahl der hingemordeten Thiere an, und ich möchte wünschen, dass die Colonia Eritrea von derartigen Besuchern verschont bleiben möge. Es müsste seitens des Gouvernements rechtzeitig eine diesbezügliche Maassregel getroffen werden, ein Vorgehen, das ich nicht warm genug anrathen zu können glaube; entsprechende Bestimmungen sind analog der Verwaltung anderer Kolonien leicht zu treffen, auch scheint jetzt der Augenblick hierzu gerade der geeignete.

Die „Imperial British East Africa Company" hat unter dem 5. September 1894 eine Jagdschutzverordnung erlassen, welche die Ausübung der Jagd auf Elephanten, Rhinozerosse und grössere Antilopen innerhalb des ihrer Verwaltung unterstehenden Gebietes nur auf Grund eines von der Gesellschaft ausgestellten Jagdscheines gestattet. Für denselben ist eine Gebühr von 25 Pfd. Sterl. zu entrichten. Er darf höchstens auf einen Zeitraum von 12 Monaten lauten, und ist unübertragbar. Vor Erhalt des Scheines ist ausserdem eine Sicherheit von 100 Pfd. Sterl. zu leisten, die jedoch dem Jagdberechtigten zurückerstattet wird, sobald er das Land verlässt. Wer ohne Jagdschein die Jagd ausübt, verfällt in eine Geldstrafe nicht unter 150 Pfd. Sterl. Ganz untersagt ist das Tödten von Elephantenkühen.

Die Giraffengrenze ist nach NO. hin etwas mehr vorzurücken, als wie Sievers dies auf seiner hauptsächlich nach Th. v. Heuglins

Angaben entworfenen Karte gethan, denn die Thiere besuchen in der Regenzeit die Ebene el Gedem Bana ständig und in grosser Zahl, wie die zahlreichen Spuren beweisen. Während unserer Anwesenheit streifte nur einmal eine Giraffe die Nähe des Lagers, ohne dass wir derselben ansichtig worden. Augenscheinlich bedarf das Thier des Wassers nur wenig, da im Umkreise der Wasserstellen sich nirgends Anzeichen seiner Anwesenheit bemerklich machten, dagegen allenthalben in der Ebene, wo die neuesten Spuren bis in den Januar hineinreichen. Der uns begleitende Jäger Bascha Habtu zeigte die Stelle, wo er noch im Februar eine Giraffe erlegt hatte, was durch Knochenüberreste erwiesen wurde. Ebenso war kurz vor unserem Eintreffen ein gleiches Thier näher bei Mai Mafales erjagt worden, dessen Schweif, wie erwähnt, mir Aita Haijelom als Fliegenwedel verehrte. Nach Aussage der Beni Amer soll die Giraffe sich in den Wintermonaten mehr nach dem Gebiete jener zurückziehen, was auch zutreffend erscheint, da wir 3 Stunden von Goho entfernt frischere Spuren vorfanden. Allerdings sahen wir auch hier keines der Thiere selbst, doch würde dies wohl ein Leichtes gewesen sein, wenn uns die Zeit und die Trägerverhältnisse gestattet hätten, ihnen in der Richtung bis zum Negeb (Absturz) oder nach Ferfer hin zu folgen.

In früheren Zeiten, als die Jagdverhältnisse unvergleichlich günstiger waren wie heute, wurde Mai Lam häufig von Büffeln besucht, wie auch der Name Mai Lam „Büffelwasser" bedeutet. Jetzt ist seit Jahren von diesen Thieren nichts mehr zu bemerken, eben so wenig wie von dem Rhinozeros, welches zwischen Miskil und Mai Gerrat früher nicht selten war. Der alte Jäger Bascha Hailo-Michael besass eine ganze Sammlung eben dort erbeuteter Rhinozerosschwänze. Zur Regenzeit mögen sie heute noch am Mareb anzutreffen sein, wenigstens behaupten dies die Eingeborenen. Es erscheint auch keineswegs ausgeschlossen, wenn man die grosse Anzahl der aus Rhinozeroshaut verfertigten Schilde berücksichtigt, die sich überall im Lande vorfinden. Von Wildeseln will man in Mai Mafales nichts gesehen oder gehört haben, trotzdem

Professor Schweinfurth dieselben vor dreissig Jahren herwärts auf dem Wege nach Kassalla, also ganz in der Nähe der von uns besuchten Gegenden, bemerkt hat. Auch der verstorbene Sir Samuel Baker hat im dortigen Gebiete Wildesel erlegt. Später erfuhr ich in Assab, dass noch heutigen Tages im Danakillande Wildesel vorkommen, ich kann aber diese Thatsache nicht verbürgen. Die gesammte Nordküste des Somallandes ist reich an solchen.

Im Anschluss an das hohe Wild möchte ich des Warzenschweines (*Phachochaerus Aeliani*, Rüpp.) Erwähnung thun, eines im ganzen nordöstlichen Afrika verbreiteten Wildschweines von recht beträchtlichen Körperverhältnissen. Das Thier ist auch in besagter Ebene von uns gesehen und erlegt worden. Wenn selbst das Auftreten des Warzenschweins ein ziemlich allgemeines ist, so dürfte es nirgends häufig zu nennen sein, da wir es wohl schon in der Ebene von Ailet und bei Schegolgol Mantai, aber immer nur ganz vereinzelt angetroffen hatten. Trotz gut sitzender Kugeln versucht das Thier sich dem Schützen zur Wehr zu setzen, und bietet in dieser Stellung mit seinem Gebräch, dem riesenhaften Kopfe, welcher fast ein Viertel des ganzen Körpers ausmacht, und denselben, von vorn gesehen, wie eine Maske deckt, ebenso mit seinen mächtigen Gewehren einen für jeden Jäger fesselnden Anblick. Das Fleisch von jüngeren Exemplaren ist wohlschmeckend, hat jedoch nichts mit unserem europäischen Wildschwein gemein, erscheint vielmehr ganz hell, fast weiss zu nennen, und erinnert an Kalbfleisch.

Lediglich der Namensanalogie wegen erwähne ich hier das Stachelschwein, dessen Baue überall zwischen Massaua und Keren im Gebirge, bei Schaloté und hier wieder zwischen Ambessa und Mareb zu finden waren. Die Verbreitung des Thieres scheint mithin in keiner Weise von den Höhenverhältnissen abhängig. Selbst in den höchsten Landestheilen, z. B. bei Halai (2600 m). stösst man eben so häufig darauf als ganz nahe beim Meere. in der Umgegend von Massaua. Das Ausgraben ist zeitraubend und mühsam, doch bietet der Bau in Folge der Anlage ein besonderes Interesse. Die Röhre ist weit genug, dass ein Mann hineinkriechen kann, und der am Ende der Ausgangsröhre befindliche Kessel so gross, dass zwei Menschen zugleich in ihm Aufenthalt zu nehmen, und eine Wendung auszuführen vermögen. Von dem Kessel aus zweigen sich weitere Röhren ab, die dem Thiere als Wohnung dienen. Es gewährt einen spasshaften Anblick, zwei Schwarze hinter einander wie Foxterier in einen solchen Bau einkriechen zu sehen. Beim Durchschlage muss man auf 2 bis 3 m Tiefe rechnen. Das Stachelschwein ist ein vollkommenes Nachtthier, und scharrt Tags über Sand hinter sich vor den Eingang der Röhre, um möglichst ungestört von fremden Eindringlingen zu bleiben.

Grosse Mannigfaltigkeit legen die vorkommenden Antilopen an den Tag. Wir fanden und erlegten nicht weniger als 11 verschiedene Arten, und zwar eine Kuhantilope *(Bubalis tora)*, dann Kudu- und Beisaantilopen, Sömmerings- und Dorkasgazellen, einen diesen letzteren ähnlichen Springbock, den ich im Museum für Naturkunde als *Laevipes* bestimmt habe, dazu noch Klippspringer *(Antilope saltatrix)*, *Antilope dekula*, die beiden sehr ähnlichen Antilopen *Montana* und *Madoqua*, und schliesslich das Zwergböckchen, abgesehen von der nur im Skelett aufgefundenen Pferdeantilope.

Die Steppenkuhantilope, der „Tetel" der Araber *(Bubalis tora)*, sehr ähnlich dem südafrikanischen Hartebeest, ist nach Gestaltung und Wesen nicht gerade schön oder edel zu nennen, aber von beträchtlicher Grösse, und in ihrem ganzen Verhalten nicht uninteressant. Innerhalb des italienischen Gebiets kommt sie sonst wohl nicht vor; ihr Verbreitungskreis hat eine südliche und westliche Richtung. Das Thier lebt gesellig, und wir sahen es in Trupps bis zu 10 Stück, Böcke, Thiere und Kälber zusammen, in den dichter mit Buschwerk bestandenen Theilen der Ebene. Sowohl diese Trupps wie einzelne alte Böcke scheinen bestimmte Reviere einzuhalten, wenigstens fand ich dieselben stets in einem verhältnissmässig kleinen Umkreise wieder. Gang und Galopp sind schwerfällig zu nennen. Die Farbe des Felles, hell rostroth in Ledergelb übergehend, verräth keinerlei Zeichnung, selbst die Blässe an der Stirn fehlt, sowie der Spiegel.

Das Gehörn der männlichen Kuhantilope ist weit geöffnet, sehr kräftig, erst seitwärts, dann jäh rückwärts gebogen, an der Basis mit schwach angedeuteten, an der Spitze mit drei kräftig ausgeprägten Wülsten, die Rückseite fast eben und geglättet. Das Thier hat ein bedeutend schwächeres, noch weiter geöffnetes, mehr nach oben strebendes und sehr schwach rückwärts gebogenes Gehörn, dessen Wülste in gleicher Weise ausgeprägt erscheinen wie bei dem männlichen Wilde; an der Basis sind die Hörner beider Geschlechter breiter wie dick, d. h. in der Richtung von vorn nach hinten zusammengedrückt. Die Kuhantilope ist leicht kenntlich durch den stark ausgeprägten Höcker am Widerrist, die Grösse ist die eines mittelstarken Rothhirsches. Die Jagd ist erfolgreich sowohl auf der Pürsche, da das Wild wenig Scheu vor dem Menschen, wenigstens vor demjenigen, der sich bis auf mittlere Büchsenweite nähert, zeigt, ferner beim Ansitzen an den ziemlich regelmässig besuchten Wasserstellen. Das Fleich ist zart und von angenehmem Geschmack.

Nicht in der Ebene vorhanden, da sie nur bergiges Terrain liebt, ist die Kuduantilope *(Strepsiceros Kudu)*. Das edle, dem Hirsche im Gebahren ähnliche Wild ist der Kuhantilope an Grösse überlegen. Wir fanden den Agasen fast in allen bisher besuchten Theilen der Kolonie, wenn auch stets vereinzelt, so namentlich am oberen Mareb bei der Einmündung des Obel, im Gebiete von Arresa. Das Fell des Kudu zeigt fünf weisse Querstreifen auf grauweissem Grunde, die sich je nach dem Alterszustande mehr oder minder ausgeprägt zeigen. Das Weibchen trägt kein Gehörn, welches beim ausgewachsenen Bocke bis über 1 m Länge und gegen 80 cm Spannweite erreichen kann. Diese Antilope sucht lediglich dichter bewachsene Gebirgsgegenden auf, und erschwert eine Pürsche durch seine scharf ausgebildeten Instinkte, überhaupt zeichnet sie sich durch eine grosse Scheu vor dem Menschen aus. Das wenig waidmännische Ansitzen am Wasser wird in diesem Falle auch am besten zum Ziele führen, ich habe es nie versucht. Ich sah die Antilope niemals in grösseren Trupps beisammen, stets vereinzelt oder nur zu Paaren.

Es liegt die Befürchtung nahe, dass das prächtige Wild, welches vor noch nicht gar langer Zeit überall in grosser Zahl vorhanden war, in Folge der Nachstellungen, die es allenthalben erleidet, allmählich ganz verschwinden wird, und ich glaube der Kolonie das Prognostikon stellen zu können, dass man in 10 Jahren auch nicht ein einziges Exemplar mehr innerhalb ihrer Grenzen antreffen wird. In den Wachholderwäldern der Umgebung von Halai, wo sie früher so häufig waren, konnte ich auch nicht eine einzige Kuduantilope mehr zu Gesicht bekommen. Daher möchte ich es der Regierung an dieser Stelle nahe legen, Schutzmaassregeln zur Schonung auch dieses stolzen Bewohners der Wälder zu treffen, ehe es zu spät sein wird. Den Europäern gegenüber würde dies leichter zu bewerkstelligen sein, als angesichts des unsinnigen Mordens der Eingeborenen; doch liessen sich vielleicht nach Vorbild der nordischen Jagdgesetze, in der Weise Bestimmungen treffen, die den Bewohnern eines Dorfes innerhalb einer gewissen Frist nur den Abschuss eines Bockes in dem umliegenden Gebiete gestatten, den nicht im Dorfe ansässigen Jägern gar nicht. Dies ist nur ein Vorschlag, wie andere bessere, mit grösserer Aussicht auf Durchführbarkeit gemacht werden können; es soll derselbe auch nur den Zweck haben, einen Schutz überhaupt anzuregen.

Im Gebahren dem Kudu ähnlich ist die prächtig bunte, von Weitem fast weiss erscheinende, und etwas kleinere Beisaantilope *(Oryx Beisa)*, die wiederum die offene Ebene vorzieht. Sie ist noch vorsichtiger als der Kudu, und daher schwieriger zu erlegen. Brehm fand dieselbe 1863 noch im Küstenland der Samchara, auf dem Wege von Massaua zu den Mensa; heute ist sie dort nicht mehr anzutreffen, soll jedoch bei Suakin, in der Ebene von Tokar und am unteren Barka, nicht selten sein. Ich selbst beobachtete sie südlich von Massaua in der Gegend von Zula, aber auch dort nur vereinzelt in dem offenen Striche zwischen Meer und Gebirge. Die Beisa versteht es, dem Menschen geschickt auszuweichen, und ist daher in dem offenen Terrain schwer zur Strecke zu bringen. Weiter südlich im Lande der Danakil, unterhalb Assab, soll ihr

Vorkommen nach Aussage der Eingeborenen ein ziemlich allgemeines sein.

Von Gazellen ist es die auf der ganzen Nordhälfte von Afrika so verbreitete Dorkas, welche auch hier die Landstriche der Küste entlang bevölkert, aber nicht weiter nach dem Innern zu vordringt, und namentlich nicht zum Hochlande emporsteigt. Dort wird sie ersetzt durch die Sömmeringsantilope, welche Brehm auf seiner Reise nach Habesch 1863 ebenfalls erlegt und beschrieben hat. Ich habe die letztere keineswegs wie Brehm häufig angetroffen, sogar nur äusserst vereinzelt, geradezu selten, und es ist möglich, dass die besondere Scheuheit dieses Thieres bei dem weiteren Vordringen der Kultur dazu Veranlassung gegeben. Ich glaube, dass es als ein Glücksznfall zu betrachten ist, wenn man heute noch eine Sömmeringsantilope in jenen Gegenden zu erjagen vermag. Die prächtig in weiss und matter Isabellfarbe gezeichnete Antilope sieht von Weitem fast rein weiss aus, ist übrigens, was Brehm nicht erwähnt, entschieden grösser wie die Dorkasgazelle, auch ist das Gehörn bei beiden Geschlechtern bedeutend stärker, und leyerförmig nach innen gebogen. Rüppell erwähnt die Sömmeringsgazelle ebenfalls in seinem Zoologischen Atlas.

Eine dritte Art, welche wir häufiger, manchmal paarweise, oft aber auch in ganzen Rudeln, bei Schaloté, in der Ebene von Barbaru, am Ferfer und zwischen Ambessa und Mareb antrafen, und welche sich zuweilen in der Gesellschaft der Sömmeringsantilope, wenn auch sehr viel häufiger als diese, vorfand, erschien mir zuerst identisch mit dem Springbock, der *Antilope Euchore* von Südafrika. Brehm sagt in seinem Thierleben, dass es nicht erwiesen ist, dass diese Antilope auch im Osten Afrikas oder gar im Norden vorkommen soll, die Färbung und Grösse stimmen mit der erlegten ziemlich überein, besonders der breite nussbraune Streifen, der sich längs der Seite zwischen dem Oberarm und dem Oberschenkel erstreckt, und der charakteristisch ist. Allerdings erinnere ich mich nicht, eine längs des Rückens, etwa in der Mitte desselben beginnende, durch Verdoppelung der Oberhaut gebildete, mit sehr langen Haaren ausgekleidete Falte bemerkt zu haben, welche bei heftiger Bewegung entfaltet werden kann. Die Gehörnbildung ist mit der Beschreibung Brehms identisch, ist an Stärke derjenigen der Dorkasgazelle gleich, also bedeutend schwächer wie bei der Sömmeringsgazelle. Durch Vergleichung der mitgebrachten Gehörne und Notizen konnte ich im Museum für Naturkunde die Art genau feststellen. Es ist *Gazella Laevipes (Sund)*, welche im Bogoslande bereits nachgewiesen wurde.

Eine nicht häufige Antilope aus der Gattung der Waldböcke *(Tragelaphus)* ist die *Antilope dekula*, die ich nur ein Mal bei Ambellacò sah und erlegte. Die der *Antilope scripta* der zentralafrikanischen Gebiete sehr ähnliche Art, unterscheidet sich nur durch eine etwas weniger deutlich ausgeprägte Streifenzeichnung, könnte daher als eine von der Schirrantilope abzuleitende Form zu betrachten sein. Auch die Hörner, die nur das Männchen trägt, und die Körpergrösse sind analog. Die *Antilope dekula* (Rüppell, Neue Wirbelthiere) sucht dicht bewaldete, buschreiche Hügel und Thäler auf, und aus diesen Lebensgewohnheiten mochte es sich erklären, dass wir sie später nicht mehr anzutreffen Gelegenheit hatten. Zu Filfil, wo in Folge des starken Regens eine Pürsche unmöglich war, glaube ich das Vorkommen dieser Art aus eigener Wahrnehmung konstatiren zu können.

Zwei niedliche, einander ähnliche Zierböckchen sind die *Antilope Montana* (Rüppell, Zoologischer Atlas) und die *Antilope Madoqua* (Rüppell, Neue Wirbelthiere), beide von der Grösse unseres Rehwildes. Trotzdem diese beiden Buschantilopen im ersten Augenblick grosse Aehnlichkeit verrathen, da die kleinen kurzen, 5 bis 10 cm langen Gehörne, die bei beiden nur die Männchen tragen, glatt, schwarz und in eine gerade, aufrechte Spitze auslaufend sind, so zeigt sich bei näherer Betrachtung dennoch eine grosse Verschiedenheit. Bei *Antilope Montana*, von den Eingeborenen „Telbédu" oder „Delbédu" genannt, ist der Schädel oberhalb vor dem Gehörnansatze konkav eingebuchtet, die Hörner sind weit auseinander stehend, am Ansatze nicht viel stärker als in der Mitte, an der Spitze ganz unbedeutend nach vorn gebogen, die Rippen zahlreich, nicht gleich am Ansatze beginnend, tief eingeschnitten, bald wieder nach oben

sich verlaufend. Bei Madoqua, der „Midaque" der Abyssinier, ist der
Schädel schmal zusammengedrückt, vor dem Gehörnansatze konvex
ausgebuchtet, die Gehörne sind eng zusammenstehend, ganz gerade,
an der Wurzel stark verdickt mit gleich am Ansatze beginnenden, aber
weniger stark eingedrückten Ringen. Ein noch charakteristischeres
Unterscheidungsmerkmal geben die beim Telbédu auftretenden grossen,
unbehaarten und rundlich dreieckigen Ohrendrüsen ab, während der
Midaque diese unter der Ohrbasis sitzenden Drüsen abgehen, dafür
aber je eine lange schmale, weniger sichtbare Thränendrüse zu Seiten
des Oberkiefers auftritt. Ausserdem ist die Färbung der letztgenannten Art eine dunklere als beim Telbédu, und die Haltung
weniger zierlich und graziös. Sie sucht felsige, mit Sträuchern
bewachsene Gebirgsabhänge auf, wegen der in dem zerklüfteten
Terrain leichter dargebotenen Deckung, wo sie sich dann möglichst
unsichtbar zu machen bestrebt ist, während der Telbédu die mit Gras
bewachsenen Ebenen vorzieht, und sich hier in offenkundiger Weise
bewegt. Beide beweisen zum Unterschiede von den übrigen Antilopen eine geringe Scheu vor dem Menschen. Während das
Vorkommen der *Antilope Montana* bereits bei Ferfer begann, und
dieselbe in der Ebene Ambessa-Mareb, wie auch an der Obelmündung ausserordentlich häufig erschien, beginnt der Verbreitungskreis der Madoqua erst etwas südlicher, etwa bei Godofelassi, wo
sie sodann gemeinsam mit der Telbédu, aber in geringerer Zahl anzutreffen ist. Beide leben paarweise, und zwar der Telbédu, wie
es scheint, in sehr treuer Ehe, da ich sie geradezu niemals
allein antraf. So ergiebig auch die Pürsche auf Buschantilopen
in Folge ihrer grossen Zahl an und für sich ist, so gehen doch leider,
wenn man gezwungen ist, ohne Hund zu jagen, die meisten angeschossenen Exemplare verloren, da die Thiere fast immer im
Stande sind, im krankgeschossenen Zustande noch eine kurze
Strecke zu flüchten, und sich dann der Nachsuche in dem undurch-
dringlich dichten Grase zu entziehen. Man wird auf solche Antilopen selten beim ersten Anblick zu Schusse kommen, man thut
gut, sie zunächst flüchtig werden zu lassen, um sich sodann anzupürschen, da sie unbeschossen nie weiter als einige hundert

Schritte gehen. Es gilt die Regel ebenfalls in Bezug auf Gazellen, kann aber auf den Kudu keine Anwendung finden.

Zu erwähnen bleibt der Klippspringer *(Oreotragus saltatrix)*, mit seinem eigenthümlichen, auf den ersten Blick rehfarbenen, aber in Wirklichkeit graugelb in der Weise melirten Felle, dass die grauen starren Haare alle in gelbe Spitzen auslaufen. Diese „Sassa" genannte Antilope entspricht in ihrer Lebensweise und dem allgemeinen Verhalten unserer Gemse, und ist fast mit absoluter Sicherheit auf allen steinigen Abhängen, namentlich an den Felswänden enger Thäler anzutreffen, wo sie von hervorragenden Vorsprüngen aus Umschau zu halten pflegt. Sie lebt ebenfalls paarweise. Ihr Gehörn, das nur vom Bocke getragen wird, ist demjenigen der vorher genannten Zierböcke ähnlich.

Als letzte sei die kleinste und zierlichste Antilope angeführt. Es ist der an Körper nicht viel grösser als ein europäischer Hase erscheinende Zwergbuschbock *(Neotragus Hemprichii)*, im gesammten erytraeischen Gebiet von den Eingeborenen „Digdig" genannt. Das niedliche Thierchen trifft man überall, wo nur einigermaassen seine Existenzbedingungen vorhanden sind, namentlich an bewachsenen Ufern kleiner Gewässer, und in bosketartig geschlossenen Einzeldickichten. Auch bei dieser Art besitzt nur das Männchen kurze schwarze Hörnchen mit schwachen Ringewulsten. Der Zwergbuschbock tritt stets paarweise auf.

Alle kleineren Antilopenarten sind in verhältnissmässig grosser Zahl vorhanden, würden aber, da ihnen von den Eingeborenen gar nicht nachgestellt wird, noch viel häufiger vorkommen, wenn ihnen in den ausserordentlich mannigfaltigen Raubthieren nicht so viele Feinde erwüchsen. Es überwiegen natürlich die kleineren Arten wie Schakale, Wildkatzen u. dgl., aber auch Hyänen und Leoparden stellen ihnen nach, und stellenweise gesellt sich hierzu der Löwe. Alfred Brehm hat noch bei hellem Tage den Löwen in der Samchara gesehen. Augenblicklich ist davon allerdings keine Rede mehr, doch hört man ihn noch allnächtlich bei Agordat am oberen Barka, und man würde ihn auch daselbst leicht bei nächtlichem Ansitzen am Wasser zu erlegen Gelegenheit haben. Uns war dieser einzige, für die Löwenjagd sichere Aussichten darbietende Punkt leider verschlossen wegen der damals herrschenden Viehseuche, ich vermag daher nicht zu berichten, in wie weit das häufig sein sollende Vorkommen den Thatsachen entspricht. Uns wurde von einem italienischen Offizier erzählt, der in der Umgegend von Agordat allein während des letztverflossenen Januar fünf Löwen erlegt haben wollte. In den übrigen, früher als hauptsächlichstes Revier bekannten Gegenden, wie z. B. Ferfer, scheint der Löwe heutigen Tags gänzlich verdrängt. Bei Goho, in der Ambessaebene, fand ich frische Spuren einer ganzen Löwenfamilie, und an der Einmündung des Obel in den Mareb, in Arresa, schreckte uns das Gebrüll der Löwen Nachts aus dem Schlafe, auch fanden wir dort am Morgen frische Spuren dicht bei dem Lager. Selbst stiess ich auf eine Löwin, die am hellen Tage dem Zerlegen einer zur Strecke gebrachten Kudnantilope aus der Entfernung zuschaute. Ich war aber in Anbetracht des sehr coupirten Terrains ausser Stande, einen sicheren Schuss auf dieselbe anbringen zu können.

In der Erytraea wird der König der Thiere überall ersetzt durch den viel häufigeren, mordlustigeren, und den Heerden gefährlichen Leoparden, der mit ausserordentlicher Kühnheit überall eindringt, wo es ihm möglich erscheint, Beute zu machen. Demgemäss wählt er zum Standquartier vornehmlich solche Plätze, die bewohnten Orten benachbart, in der Nähe von Weidestellen gelegen sind, und richtet manchmal anhaltende und grosse Verwüstungen an. Die Eingeborenen stellen ihm natürlich mit grosser Erbitterung nach, umsomehr, als er da, wo er einmal Menschenfleisch gekostet, dieses jeder anderen Nahrung vorzieht, was durch verschiedene Fälle während meiner Anwesenheit bewiesen wurde. Man fängt ihn, wo es angeht, mit Hilfe der früher erwähnten drei Methoden, der Holz- und Steinfalle und der Baumschlinge. Wir hatten guten Erfolg mit unseren grossen Tellereisen, da der Leopard niemals, um sich daraus zu befreien, das in dem Bügel befindliche Bein abzubeissen pflegt, wie es das kleinere Raubzeug thut. Im Gegentheil ist er stets bestrebt, mitsammt der Falle so weit wie möglich zu entkommen, und das versucht er bis zu dem Momente, wo sich der Anker irgendwie festhakt. Bei der Nachsuche stürzt er sich regelmässig, so weit es ihm die Schwere der Falle erlaubt, auf den Verfolger, und man thut gut, eine gewisse Vorsicht zu beobachten. Der Leopard verfügt über eine ganz erstaunliche Kraft. Auch sonst trifft man ihn zuweilen Tags über auf seinen Raubzügen an, oder man findet ihn in einem Busche oder zwischen Felsen versteckt, auf Beute lauernd. Alsdann kann er erlegt werden, da er sich, wenn angeschossen, fast immer dem Schützen stellt. Das Haarkleid des Leoparden scheint hinsichtlich der Färbung, je nach dem Gebiete, in welchem er sich aufzuhalten pflegt, bestimmten Abänderungen unterworfen. Bewohnt er die heisse Ebene, so ist dasselbe hell, fast nur weiss und gelb mit matter Zeichnung, hat er in bergigem, bewaldetem Terrain und bei geringeren Temperaturgraden seinen Aufenthaltsort, so ist das Fell bedeutend dichter und länger behaart, ins Röthliche oder Braune besonders auf dem Rückenstreifen übergehend, überhaupt so viel dunkler, dass man oft geneigt ist, in dieser Abänderung eine eigene Varietät zu vermuthen.

Eine zweite Möglichkeit nach Dr. Matchie wäre, dass man es mit zwei verschiedenen Lokalformen zu thun hat, wovon die hell gefärbte, mit kleinen Flecken gezeichnete, lediglich an der Küste auftritt, die dunklere mit grösseren Flecken hingegen dem Innern angehört, jedenfalls die Küstengebirge nicht überschreitet.

Den Geparden oder Jagdleoparden habe ich niemals beobachtet, auch scheint derselbe nicht in die Fallen gehen zu wollen, nur ein einziges Exemplar, das von einem Eingeborenen erlegt worden, wurde mir in Mai Mafales gebracht. Die Eingeborenen nennen den Leoparden „Nimr", oder „Gisela", die dunkelbraune, fast schwarze Varietät des zentral-abyssinischen Flachlandes scheint innerhalb der Kolonie nicht vorzukommen.

Eine Wildkatze, die mit dem Leoparden eine gewisse Aehnlichkeit hat, wenn auch bei Weitem nicht die Grösse erreicht, ist der Serval, der im südlichen Afrika vorkommt, aber auch im gesammten tropischen Gebiet des Welttheils und hier im Nordosten bereits von Heuglin beobachtet worden ist. Ich persönlich fand den Serval bei der Sella Ambellaco, in Keren, in der Marebebene.

und bei Godofelassi, wo er unter anderem bei einer Antilopenpürsche erlegt wurde. Es stellte der Hund des dort kommandirenden Kapitäns Folchi an einem Morgen zwei dieser Thiere im hohen Grase, und beide konnten zur Strecke gebracht werden. In die Fallen ging der Serval nicht, vielleicht weil die Ziegen für ihn eine zu umfangreiche Beute ausmachten, vielleicht aber auch, weil er minder beutegierig und mordlustig ist als der Leopard. Jedenfalls wechselte in Goho allnächtlich ein Serval an unseren Fallen vorüber, ohne von denselben Notiz zu nehmen. Nach meiner Erfahrung nennen die Abyssinier das Thier „Newer-Golgol"; Brehm führt diesen tigrinisch-abyssinischen Namen für den Geparden an.

Von anderen Wildkatzen erlegte ich zwei Arten, von denen die eine mit *Felis maniculata (Rüpp.)* identisch ist; dagegen ist es mir noch nicht gelungen die andere zu klassifiziren. *Felis maniculata*, von der Grösse des ägyptischen Sumpfluchses, ist ganz ähnlich wie dieser gefärbt, auf dem Bauche schmutziggelb, ins Röthliche hinüberspielend, auf dem Rücken grau mit dunklerer, röthlich wellenförmiger Zeichnung; ferner mit einem rothbraunen Streifen längs des Rückens, und einem dünnen langen, in eine schwarze Spitze auslaufenden Schwanze, der am Ende drei schwarze Ringel oder Querbinden hat. Die Vorderextremitäten zeigen diese Querbinden ebenfalls, die hinteren weniger deutlich ausgeprägt. Die zweite Art ist kleiner, schmutzigweiss bis ockergelb von Farbe, und schwach wellenförmig gezeichnet, mit dunklerem Streifen längs des Rückens, am Bauche weisslich gelb, während der kürzere Schwanz drei schwarze Querbinden aufweist, und ein schwärzlicher Ring um den Hals herumgeht. Eine ähnlich gefärbte Katze hat Nowack als *F. Hagenbeckii* beschrieben.

Schliesslich sei erwähnt, dass die Fallen auf der Hochebene von Kohaito, also in einer Höhe von mehr wie 2500 m, den Karakal *(Caracal nubicus)* ergaben, eine in hellbräunlichrother Färbung auftretende Luchsart, die im ganzen tropischen Afrika zu Hause ist.

Von sogenannten Schleichkatzen waren häufig die Zebramanguste *(Crossarchus fasciatus)*, und die schlanke Manguste *(Herpestes gracilis)*, ferner eine dem Ichneumon ähnliche und demselben an

Grösse gleichkommende, nur heller gefärbte Art, die durch einen sehr buschigen, in eine weisse Spitze auslaufenden Schwanz ausgezeichnet ist. *(Herpestes albicorda?* —)

An gleicher Stelle möchte ich noch das Erdeichhorn *(Xerus rutilus)* erwähnen, ferner eine andere Art mit je einem weissen Längsstreifen, der sich vom Halse über den Oberarm bis zum Oberschenkel hinzieht *(Xerus leucumbrenus)*, und schliesslich das bunte Hörnchen *(Xerus multicolor)*.

Von Hyänen erbeuteten wir ebensowohl die gefleckte *Hyaena crocuta*, als auch die Streifenhyäne *(Hyaena striata)*. Die erstere war bedeutend häufiger als die andere, deren Verbreitungskreis sich über das nördliche Afrika erstreckt. Die gefleckte Hyäne, die beträchtlich grössere und stärkere Art, pflegt die gestreifte, je mehr man sich dem Aequator nähert, in immer vollkommnerem Grade zu verdrängen. Wir waren daher erstaunt, in Schaloté und Ferfer beide Arten zu gleicher Zeit in den Fallen zu sehen. Sonst bemerkten wir die gestreifte Hyäne nicht weiter, wogegen die andere nirgends in der Nähe menschlicher Ansiedlungen zu fehlen scheint. Mit ziemlicher Sicherheit erbeutete man sie, sei es, dass die Fallen mit einem Aase in Verbindung gebracht waren, sei es, dass eine Ziege als Lockspeise diente. Keren ist ein von jenen Thieren ganz besonders bevorzugter Platz, dort kamen sie allnächtlich bis in das Innere unseres Lagers. Bei Tage sieht man sie fast nie, bei Dunkelheit hingegen führen sie ihre Ueberfälle mit grosser Kühnheit, oft in grossen Rudeln zusammenjagend, auf Maulthiere und Kühe aus. In Ferfer war ein Leopard im Tellereisen mittelst einer Ziege gefangen worden, und trotzdem derselbe sich wüthend gebärdete, war es einer Hyäne dennoch gelungen, die Ziege kaum 1 Fuss vor dem Rachen des Leoparden zu entführen. Im Eisen gefangene Schakale wurden fast regelmässig von Hyänen weggeholt.

Die Schakale, besonders die schöne schwarzrückige Art, der Schabrackenschakal *(Canis variegatus)*, sind überall häufig, kommen aber in allen möglichen Variationen und Uebergängen vor, die an den gewöhnlichen Schakal *(Canis aureus)* oder an den Schakalwolf *(Canis anthus)* erinnern.

Hyänenhunde *(Canis pictus)* fanden wir nicht, ebensowenig die in Aegypten und Nubien so häufigen Fuchsarten. Nur auf einige Bane stiessen wir hier und da, welche einer Art Fenek *(Megalotis)* anzugehören schienen.

Ueber die Affen, den Mantelpavian *(Cynocephalus hamadryas)* habe ich bereits in Bezug auf die Jagdweise Einiges mitgetheilt, ausser diesen sind es noch die Meerkatzen, die in gleicher Weise, wenn auch nie in so grossen Schaaren, die Aeste der Bäume bevölkern, wie die Paviane die felsigen Bergpartien.

Ein eigenartiges Thierchen ist der Klippschliefer *(Hyrax)*. Dieser kleinste Verwandte des Rhinozeros, eine sehr alterthümliche Form, über deren Stellung in der Thierwelt noch nicht absolute Klarheit herrscht, ist mehr oder weniger überall. Er bewohnt die Felsspalten und Klüfte ihm zusagend geformter Berge und Hügel in zahlreichen Trupps, und bietet leichte Beute. Leider ist sein im Uebrigen wohlschmeckendes und zartes Fleisch in Folge der vielen Bandwürmer und anderer Parasiten, die sie enthalten, nicht empfehlenswerth zum Genusse.

Von anderen Geschöpfen erlegte ich eine Riesenschlange, die nicht häufig zu sein scheint, und nur 2 Mal überraschte uns eine Giftschlange, (?) also ebenfalls ein seltenes Auftreten. Man darf aber die Jahreszeit nicht ausser Acht lassen, in der wir reisten, eine Epoche der Ruhe und Ertödtung der Natur, die derjenigen des Winterschlafes unserer nordischen Thiere entspricht. Krokodile waren, wie erwähnt, in der trockenen Jahreszeit im Kazetai und Ferfer; sie sollen häufig sein in einer Wasserstelle des Mareb nahe bei Godofelassi. Zur Regenzeit spielen sie jedenfalls eine grosse Rolle in sämmtlichen Flüssen Abyssiniens.

Auf einem Inselberge in der Ebene el Gedem Baua sah ich auf dem Gipfel eine Röhre, und stiess bei dem Graben auf eine grosse Landschildkröte, die ihren Winterschlaf hielt. Der Schnabel war kurz und etwas spitzer wie bei der Riesenschildkröte. Es war unmöglich, ein dem Thiere zusagendes Futter ausfindig zu machen, es also lebend zu erhalten.

Von Fischen bemerkte ich in den zurückgebliebenen Tümpeln

des Mareb lediglich den gewöhnlichen Wels, bis zu einem Fuss Länge. Die Einwohner fangen ihn durch Vergiften des Wassers vermittelst giftiger Baumrinde, durch Ausstreuen von Samen der *Tephrosia Vogelii* oder der abyssinischen Königskerze *(Verbascum ternacha)*, worauf sie die an die Oberfläche getriebenen Fische in einfachster Weise einsammeln. Zur Mittagszeit erscheinen die Welse ausserdem am Rande des Wassers am Ufer, und können leicht mit Stöcken todtgeschlagen werden.

Aus der Vogelwelt möchte ich zunächst die grösste Art nach dem Strausse, eine Riesentrappe *(Otis arabs)* hervorheben. Ich fand sie in der Ebene des Mansura, in Schegolgol Mantai, und späterhin auf dem Marsche von Ferfer nach Othal. Die Trappen waren vereinzelt oder in kleinen Trupps, aber nicht gerade selten, sodass es in Erstaunen setzt, dass von ihrem Auftreten im dortigen Gebiet bisher so wenig bekannt geworden.

Die grossen Vögel sind sehr scheu, und daher schwer anzupürschen. Häufiger und allgemeiner ist die bedeutend kleinere *Otis melanogaster (Rüpp.)*, die vereinzelt in den westlichen Theilen der Kolonie ihren Wohnsitz hat. Das Gefieder dieser Trappe kann nach Alter und Geschlecht sehr verschieden sein. Das alte Männchen ist unter der Kehle, unter dem Bauche und unter den Flügeln kohlschwarz, während das Weibchen an diesen Stellen wie auf dem Rücken eine isabellfarbige Zeichnung trägt. Das Kleid des jungen Männchens ähnelt dem des Weibchens. Viel häufiger, und überall geradezu gemein, ist der auch in Aegypten und Nubien so verbreitete Dickfuss *(Oedicnemus senegalensis)*. Von Kibitzarten kommen Sporen- und Lappenkibitz vor, ferner der europäische, *Vanellus capella*, und eine vierte Art, die ich leider nicht bestimmen konnte, da das präparirte Exemplar verloren ging.

Regenpfeifer und Austernfischer sind an den Gestaden des Rothen Meeres häufig.

Besonders ergiebig war die Jagd auf kulinarisch verwerthbare Hühnerarten. Sie fehlten nirgends, sodass sie auf der Suche, wie beim Ansitzen am Wasser bei einbrechender Dunkelheit mit grosser Leichtigkeit und in grosser Menge erlegt werden konnten. Es war in erster Linie bei dem nubischen Perlhuhne der Fall, das in reichen Gesellschaften bis zu Hunderten anzutreffen ist. Von Francolinen unterschieden wir vier Arten, welche übrigens im Gegensatze zum Perlhuhn und den Flughühnern nie in unmittelbarer Nähe von Wasserplätzen bemerkt wurden. Das grösste Francolinhuhn, das doppelt gespornte *Francolinus sharpii (Grant)* ward nur in der Gegend von Kohaito angetroffen, allgemeiner waren *Francolinus Clappertoni* und eine ähnliche Art, wahrscheinlich *gutturalis*. Das rothkehlige Francolin (*Pternistes leucoscepus, Gray*) gleicht in seinem Gebahren dem europäischen Rebhuhn, nur bevorzugt es unter allen Umständen die mit Gesträuch bewachsenen Strecken. Sein Vorkommen scheint kein allgemeines, sondern mehr lokal beschränkter Natur zu sein, wie in Arresa und bei Godofelassi.

Von schmackhaftestem Wildpret waren unter den verschiedenen Hühnerarten die kleinen Flughühner, unter denen ich *Pterocles exustus* und *Pterocles Lichtensteinii* wahrnahm, die gemeinsam in grossen Flügen gegen Abend beim Wasser einzufallen pflegen, und nach kaum einer Minute ebenso schnell wieder verschwinden wie sie gekommen sind. Solche Schwärme zählen manchmal nach Hunderten, und es genügte ein Mal ein einziger Schuss in der Dämmerung, um dreizehn der Thiere auf ein Mal zu erlegen. Bei Tage findet man sie auf sandigen Ebenen zerstreut, sie sind aber schwer zu entdecken durch ihr dem Boden vollkommen gleichfarbiges Federkleid.

Bei der reichen Entwickelung, die die gefiederte Welt in Abyssinien gefunden, kann die Menge der Raubvögel nicht überraschen. Obenan stehen die Geier, von denen der Schmutzgeier mehr an der Küste, der Mönchsgeier im Innern des Landes zu Hause ist. Sie nehmen alle freien Plätze in den Dörfern für sich in Anspruch, bedecken dieselben geradezu, um die Rolle von Strassenreinigern zu spielen.

Der einzige Vertreter jener Vogelklasse, der nach meiner Auffassung ein Anrecht auf die Bezeichnung edel verdient, ist der prächtig gefärbte Lämmergeier, der nicht häufig ist, und nur auf dem Plateau von Kohaito erlegt wurde. Die Jagd wird dadurch erschwert, dass er kein Aas annimmt, sondern nur auf lebendes Wild stösst. Er ist in dieser Beziehung unter den Geiern der einzige, denn kaum hat man ein Aas ausgelegt, so ist es schon der Gegenstand eines anziehenden Kampfes, der sich in kurzer Zeit zwischen den erwähnten Schmutz- und Mönchsgeiern, zwischen dem schön gezeichneten Sperbergeier *(Gyps Rüppellii),* und den riesigen Ohrengeiern entspinnt. Von den letztgenannten ist der erste dem Gänsegeier nahe verwandt, und zeichnet sich durch seinen langen nackten Hals aus, der zweite erreicht eine höchst ansehnliche Grösse, ist wohl überhaupt der gewaltigste unter den dortigen Raubvögeln. Der Kopf wird an Umfang demjenigen eines einjährigen Rehes kaum nachstehen.

Die Raubvögel bei ihrem gemeinsamen Frasse zu beobachten, ist interessant und nicht schwierig, da sie den Menschen, wenn derselbe vorsichtig auftritt, in der Hitze des Kampfes kaum bemerken. Ein Schuss genügt dann manchmal, zwei oder drei der grossen Geier zur Strecke zu bringen.

Den Sekretär erlegten wir in der Nähe von Godofelassi, einer der wenigen Punkte des Gebietes, an denen derselbe beobachtet worden ist.

Adlerarten sind in Abyssinien ebenfalls zahlreich vertreten. Erwähnen will ich nur den schönen Schopfadler, der vom Ambessa bis zum Mareb nirgendwo selten ist, ferner einen prächtigen Gaukler mit intensiv kastanienbrauner bis rother Zeichnung. Letzterer ist sehr scheu, und nur beim Einfallen am Wasser zu erlegen, jener viel vertrauter, er kann sogar als der dem Menschen gegenüber furchtloseste unter allen Adlerarten bezeichnet werden.

Die Falken, Habichte und Weihen sind zu mannigfaltig und zu artenreich, um sie an dieser Stelle besprechen zu können.

Von Eulen war es lediglich der afrikanische Fleckenuhu *(Bubo lacteus, Steph),* „Gunga" in Tigrinja genannt, der mir zu Gesichte kam, sowie der kleine Uhu *(Bubo cinerascens).*

Der Sumpf- und Wasservögel habe ich bereits bei Massaua gedacht, ich ziehe es vor, auf dieselben auch fernerhin nur gelegentlich, und je nach dem Orte ihres Vorkommens aufmerksam zu machen.

So bleiben noch die kleineren Vögel zu besprechen, und hier hat uns zunächst eine eigenthümliche Gruppe zu beschäftigen, die der Gegend ihr besonderes Gepräge aufdrückt. Die Nashornvögel in ihren Vertretern sind überall: auf dem Boden, in Sträuchern und auf den Bäumen, auffallend durch ihren unverhältnissmässig entwickelten Schnabel, durch ihre geringe Scheu vor dem Menschen, überhaupt durch ihr sonderbares, oft scherzhaftes Gebahren. Der grösste ist der majestätisch einherschreitende, „Aba Gumba", der schwarze Hornrabe der Abyssinier *(Bucorax abyssinicus)*. In der Nähe von bewohnten Plätzen, und überall, wo er vom Menschen Verfolgungen zu erwarten hat, ist er äusserst scheu, anderwärts wiederum, namentlich falls er noch keine Schusswaffen kennen gelernt, zeigt er ein entgegengesetztes Verhalten. In Abyssinien soll er ab und zu als Hausthier gehalten werden und dann vollkommen zahm sein. Ich selbst heilte einen angeschossenen Aba Gumba aus, und dieser zeigte sich den Menschen gegenüber ziemlich zutraulich, er schnappte niemals nach einem seiner Pfleger, wogegen er Hunden gegenüber sich recht jähzornig äussern konnte. Glücklich bis Europa gebracht, verendete mein Aba Gumba nach kurzer Zeit in Folge einer Erkältung. Die übrigen viel kleineren Nashornvögel sind *Toccus nasutus*, *Toccus erythrorhynchus*, *Toccus Hemprichii (Ehrenberg)* und der gelbschnäblige nur zwischen Kohaito und Majo bemerkte *Buceros flavirostris (Rüpp.)*. Ausser diesen gehören zu den auffallendsten Erscheinungen unter der Vogelwelt der Erythraea, der prachtvolle Helmvogel *(Corythaix leucotis)* und der Pisangfresser *(Schizorhis zonurus)*.

Einige wenige Papageienarten seien noch erwähnt. In den Ebenen des oberen Barkas tritt sehr häufig der Halsbandsittig auf *(Psittacus docilis)*. Der *Psittacus Meyeri (Rüpp.)*, ebenso der kleine grüne Papagei mit intensiv rother Zeichnung zwischen Schnabel und Augen, und einem ebenso gefärbten Schnabel *(Agapornis tarantae)*, bewohnt dieselben Striche, wo die vielen Dompalmen erwünschte Zufluchtsstätten gewähren.

Ich kehre nach dieser, meinen Jagdinteressen gewidmeten

Abschweifung zu unserem Lager in Goho zurück. Zunächst hatte ich im Sinne, dasselbe für einige Zeit an den Mareb zu verlegen. Bei diesem Vorhaben stiess ich auf den entschiedensten Widerstand seitens der Dembelaser. Es bestehe bei ihnen der Glaube, so behaupten sie, dass wer die Nacht am Mareb zubringe, in derselben von Gott getödtet werde. Meine Absicht wäre im Ausführungsfalle die gewesen, die Träger am Mareb zurückzulassen, und mit den Beni Amer nach dem zunächst gelegenen Dorfe Tule der Bazen, und von da aus bis zu dem grösseren Mai Daro vorzudringen. Aber auch die Beni Amer, mit Ausnahme des Ibrahim, weigerten sich schliesslich, mich zu begleiten, Ibrahim allein erschien uns wenig zuverlässig. Ich musste daher vorläufig von dem geplanten Besuche Abstand nehmen, trotzdem ich der festen Ansicht bin, dass die Bazen keinerlei Feindseligkeiten gegen uns Europäer im Schilde geführt, im schlimmsten Falle ihr Dorf bei unserer Annäherung verlassen, an einen Ueberfall nicht gedacht haben würden. Diese meine Ueberzeugung nützte leider wenig, denn ebenso fest waren unsere Begleiter in dem entgegengesetzten Glauben, allein aber war ein Gang dorthin unmöglich. Sehr gerne würde ich Einiges über das interessante, mit allen andern Stämmen verfeindete, und auf sich allein angewiesene Völkchen aus ihrem eigenen Munde erfahren haben, denn nirgends weniger als in diesem Falle schien es eine leichte Aufgabe zu sein, Wahrheit von Dichtung zu trennen. Das einzige, was mir indess zu thun übrig blieb, war eine List, durch welche ich den Muth der Träger zu heben vermochte, die ausser den Bazen noch einen abyssinischen Deserteur (d. h. ein mit den ihm von der italienischen Regierung anvertrauten Gewehren und Leuten durchgegangener Chef) fürchteten, der mit seiner Räuberbande etwas oberhalb am Mareb hausen sollte. Ich gab vor, den Mareb nur gelegentlich eines Jagdausfluges zu besuchen, um ihn soweit als möglich zu begehen, immer in der geheimen Hoffnung, auf diese Weise unvorhergesehen mit Bazen zusammenzustossen. Eines Morgens brachen wir mit den Beni Amer und einem Theile der Träger zum Mareb auf, gingen den Mai Lam in westlicher Richtung hinunter, und fanden beim Platze Scherbet (Tigrinja: „Sada Balai") eine ausgetrocknete Wasserstelle, die in früheren Jahren das Wasser den Winter über gehalten hatte, ungefähr 200 m oberhalb der Mündung des vorher erwähnten Gauetiai. Das Flussbett wird breiter, und es beginnen zu Seiten des Rinnsals wieder Dompalmen. Bei einer Biegung des Chors nach SW. stossen wir plötzlich auf Bazen, die bei unserem Erscheinen schleunigst die Flucht ergreifen. Ein fürchterliches Geschrei der Unsrigen versucht dieselben zum Stehen zu bewegen, aber erfolglos, sie waren in der nächsten Sekunde verschwunden, auch meine vorausgesandte Spitze war nicht im Stande gewesen, dieselben zu umgehen. Gleich darauf kamen wir an eine Wasserstelle Mareb-Buti, und da fanden wir frische von den Bazen gegrabene Brunnen, die gutes Wasser enthielten, während von Menschen nur Fussspuren sichtbar waren, die allerdings darauf schliessen liessen, dass sich das Lager mit Weibern, Kindern und Vieh in der Nähe befand. Während die von uns gesehenen Männer entflohen, hatten sich die übrigen wahrscheinlich im hohen Grase versteckt. Nach dreistündigem Marsche, von Goho gerechnet, gelangten wir an den Einfluss des Ambessa oder Mai Lam in den Mareb. Die Stelle wird angezeigt durch einen Hain von schönen Dompalmen, leider etwas zerstört durch einen Brand, der bei unserem Eintreffen noch nicht erloschen war. Der Mareb fliesst hier nach NW., dann nach N., hat ein sehr schwaches Gefälle, und führt im Bette feinen Sand. Die Breite des Rinnsals mag ungefähr 60 bis 70 m betragen. Offenes Wasser zeigte er auf den besuchten Strecken nicht. Bald liessen sich wieder einige Bazen blicken, aber auch sie ergriffen unverzüglich die Flucht, und konnten trotz aller Mühe und aller Zurufe nicht veranlasst werden, Halt zu machen. Wir gaben daher bald die zwecklose Verfolgung auf.

Die Ebene erstreckt sich nicht bis an das Trockenbett des Mareb, vor der Einmündung des Mai Lam rücken die Bergketten näher zusammen, und schliessen den Mareb von beiden Seiten eng ein. Wir ritten einige Kilometer hinunter und ebenso weit hinauf, später wollten wir durch Ueberschreiten der Hügelkette die Ebene wieder gewinnen.

Von der Mündung des Ambessa aus gesehen, liegt südlich der

Berg Mofta Ukai, von den Beni Amer „Debret Mareb" genannt, der durch seine Höhe das umliegende Gebirge bedeutend überragt. Der Mareb beschreibt ungefär 3 km oberhalb von Mareb Nuss eine scharfe Biegung nach O., und dort verliessen wir ihn, um nach NNO. über conpirtes. Anfangs mit Fächerpalmen, später mit Akazien bestandenes Terrain den Höhenzug übersteigend, nach Scherbet zurückzukehren. Die Marebregion erscheint mit ihren theilweise schroffen und steil abfallenden Bergpartien wie geschaffen, die Bewohner zu isoliren und ihr Gebiet unzugänglich zu machen. Trotzdem hatte dieser Ausflug den Muth meiner Tesfa sichtbar neu belebt, so dass ich am Abende darauf fast ein Opfer ihrer Waghalsigkeit geworden wäre. Als ich nämlich spät heimkehrend einige Schüsse auf eine gefleckte Hyäne abgegeben hatte, stürmten sie von allen Seiten herbei, in der Meinung, die Bazen seien gekommen, und man müsse mich aus ihren Händen befreien. Leider war das Strohfeuer am nächsten Morgen wieder verraucht. Selbst mit Gewalt vermochte ich nicht die Leute länger zurückzuhalten, ich musste mich also wohl oder übel bis auf Weiteres mit diesem kleinen Stücke des Mareb begnügen, in der Hoffnung, bald mit anderen Trägern zurückzukehren, oder da auch dies nicht gelang, ihn an einer anderen Stelle zu besuchen.

Die Temperatur bei Goho mochte im Durchschnitt 35—38° C. betragen haben, der Himmel war dabei zeitweise bewölkt, es erfolgten aber keine Niederschläge.

Am 29. März kehrten wir nach Mai Lam, und am 30. nach Mai Mafales zurück.

Bevor ich diesem Ort den Rücken kehre, möchte ich auf die Kirche und ihre Ausstattung zurückkommen. Die Kirche führt den Namen „Kedûn-émheret", d. h. Gelöbniss der Barmherzigkeit, und ist auf einer in der Mitte zwischen den Dörfern gelegenen Bergkuppe erbaut, umgeben von einem Haine angepflanzter Euphorbien, die einer „Kontscheb" genannten Art (*E. Tirucalli*) angehören. Eine niedere Umfassungsmauer schliesst den geweihten Raum mit den Bäumen von der Aussenwelt ab. Der Eintritt, wenigstens in die äusseren Räume, ist allen Christen, sowohl Männern, wie Weibern und Kindern erlaubt. Eine kleine Priesterwohnung liegt neben der

Kirche. Die Gesammtzahl der in Mai Mafales thätigen Priester soll zehn betragen, darunter ein „Memhir" oder Oberpriester, der in grösseren Kirchen „Abat" genannt wird. Die abyssinischen Priester tragen in ihrer Gesammtheit als äusseres Merkmal eine ehemals gelbe Filzkappe, um die zuweilen ein Turban gewickelt wird; in der Hand haben sie stets einen Fliegenwedel. Ein grosses Messingkreuz, das Sistrum, eine Schellengabel, genau von der alten Gestalt des dem Kultus der Isis entnommenen Instruments, dient den Priestern, um sich mit demselben bei den rituellen Tänzen zu akkompagniren. Auch der Sonnenschirm gehört zu den unvermeidlichen Ausstattungsstücken, durch die man den Priester von Weitem erkennt; als letztes darf nicht vergessen werden die nie aus ihren Händen weichende Sammelbüchse für Geld. Den unteren Rangstufen ist das Heirathen bis zu ihrer Weihe gestattet, späterhin können sie die Erlaubniss hierzu nicht mehr erlangen, daher auch eine zweite Heirath nach dem Tode der ersten Frau nicht wieder eingehen. Es sind dieselben Vorschriften, die in allen orientalischen Kirchen Geltung haben. Die Würden vom Memhir und Abat an aufwärts unterliegen dem obligatorischen Zölibat. In den Hofraum der Kirche, welcher mit verschiedenen Bäumen bepflanzt ist, und zugleich als Beerdigungsplatz dient, tritt man durch ein gemauertes viereckiges Gemach, an dessen Wänden ringsherum eine Sitzrampe verläuft. Es ist der Aufenthaltsraum für von dem Priester unterrichtete Schüler, für gewöhnlich aber wird die Schule im Freien abgehalten. Die Kirche selbst ist ein steinerner mit Lehm beworfener Rundbau mit kegelförmigem Spitzdach aus Stroh. In ganz Abyssinien ersetzen grosse balkenförmige Steinblöcke die Glocken. Sie sind vermittelst Baststricke lose an einem Holzgestell, gewöhnlich zu vieren aufgehängt, und werden mit einem kleinen Steine, den man in der Hand hält, angeschlagen. Die Steine bestehen aus einer harten Schiefermasse von hellgrauer Färbung, und sind von solcher Klangfarbe, dass die beiden oberen fast gleich gestimmt sind, die unteren aber je eine Oktave höher und eine Oktave tiefer stehen. Der Priester schlägt zuerst den tief gestimmten Stein, dann die beiden in gleicher Tonhöhe, die sich aber wie Dur zu Moll verhalten, schliesslich den hohen und wieder den tiefen, in dieser Weise fortfahrend. Der helle Klang, der von den Steinen ausgeht, ist ausserordentlich weithin vernehmbar, und dient zum Versammeln des Volks, er erinnert an den von einem Glaspokal ausgehenden Ton, wenn man mit dem Fingerknöchel daran schlägt. Solche Steinglocken sind noch heutigen Tags im Peloponnes im Gebrauch, und werden daselbst „Salandria" genannt. Auf welche Art dieser Brauch sich nach Abyssinien verbreitet haben mag, ist ein Räthsel, denn das Christenthum stammt nicht aus der griechischen Welt, sondern von Aegypten. Die Klingsteine werden nicht etwa in bestimmten Lagern anstehend vorgefunden und gebrochen, vielmehr ist ihr Erwerb vollständig Sache des Zufalls. Man findet die Blöcke in den Thälern zwischen anderen derselben Art, die tonlos sind. Durch Abschlagen von Stücken verändert sich die Tonart des klingenden Steinbalkens, oft aber verliert derselbe dadurch überhaupt seinen Ton. Es ist zu verwundern, dass die vielen Reisebeschreibungen und Schilderungen, die Abyssinien zum Gegenstande haben, dieser steinernen Toninstrumente nirgends ausführlich und oft kaum andeutungsweise Erwähnung thun.

Beim Betreten des Rundbaus hat man ein zweites steinernes, aber vierkantig angelegtes Gemach vor sich, das ringsum von einem ungefähr 2 m breiten Rundgang umgeben ist. Die Aussenwand des Innenbaus, der den nur für die Priester bestimmten Theil des Heiligthums darstellt, ist geweiht, und auf der ganzen Fläche mit allegorischen, äusserst farbenprächtigen Bildern bemalt, die von der Hand des sehr geschätzten abyssinischen Kirchenmalers Alka Lukas aus Adbara herstammen, und vor fünf Jahren, gelegentlich der Kirchenrenovation angebracht wurden. Solche Malereien geben Zeugniss von der naiven religiösen Auffassungsweise der Abyssinier, und bieten hierdurch Interesse genug, um ein näheres Eingehen darauf zu gestatten. In meiner Beschreibung der Gemälde folge ich natürlich den mir von den Priestern gegebenen Erklärungen. Rechts von der Eingangsthür zum Allerheiligsten sehen wir zunächst einen italienischen Offizier, Tenente

Giardino soll es vorstellen, mit dem Bimbasch Gualgja, welch'
letzterer die Kosten des Malers getragen, beide umgeben von
abyssinischen Soldaten, und daneben eine Kirche, einige Frauen
und der Ras Uelde-Michael. Hierüber schwebt die Jungfrau
Maria mit dem Christuskinde, bewacht von den Erzengeln Michael
und Gabriel; die Geburt Christi ist dargestellt in Verbindung mit
einem Ochsen und einem Esel. Unter diesem Bilde folgt Christus
am Kreuze und Christus nach der Kreuzabnahme, beides in einigermaassen
korrekter Auffassung. Auf der anderen Seite der Thür
ist St. Georg auf weissem Rosse, im Begriffe den Drachen zu
tödten, von Christus, der über ihm schwebt, gesegnet. Durch den
Kampf befreit er ein in der nebenstehenden Palme sitzendes Kind,
das dem Drachen zur Nahrung geweiht war. Samuel erscheint rittlings
auf einem Löwen, und darunter stehen die abyssinischen
Nationalheiligen Tekla Haimanot und Gebre Menfes-Kedus mit
Flügeln und Leoparden. Weiter folgen einige Märtyrer zu Pferde.
St. Georg, Merkurius, Claudius, Theodorus und Fasilides, alle mit
Kreuz, Lanze und Schwert ausgerüstet. Die beiden oberen Ecken
zeigen die Taufe Christi durch Johannes, den Heiland im Wasser
voller Fische stehend, ferner die drei Heiligen Anania, Asaria und
Misael. Jene Märtyrer haben in ihrer Begleitung viele Krieger,
Löwen und schwarze Neger, werden aber nicht von ihnen verfolgt,
sondern haben sie, wie gesagt, als Begleitsmannschaft. Der obengenannte
Bimbaschi (Sergeant) mit vielen Soldaten reitet darunter
auf blauem Esel unter einem riesigen schwarzen Sonnenschirme,
ferner sind hier die 12 Apostel theilweise auf den Füssen, theilweise
auf dem Kopfe stehend, theilweise liegend, also in höchst
malerischer Gruppirung gezeichnet, in der Mitte Johannes, dem auf
Befehl der zweiten Frau des Herodes der Kopf abgeschnitten ist,
letzterer schwebt seinerseits in der Nähe umgekehrt in der
Luft. Weiterhin ist eine Episode aus den letzten Guerillakriegen
der Italiener. Der Deserteur Barambaras Ilma, auch Ligg
Ilma genannt, der sich im Dubanegebirge verschanzt hatte, wird
mit seinen Leuten in einer Schlacht durch den Italien ergebenen
Chef von Dembesan, den Degjatsch Hadege Ambessa vernichtet.

Gegen Ilma leitete im Jahre 1890 der Kapitän Fara die Operationen mit Erfolg.

Hieran schliesst sich ein sehr verschiedener Gegenstand an: Christus mit seinen 12 Aposteln, Ostern feiernd, alle mit Palmzweigen in den Händen, dabei der auf einem Stuhle sitzende gegenwärtige Memhir von Mai Mafales. Es schiesst soeben ein Soldat auf einen riesengrossen Elephanten, eine Reihe weissgekleideter Jungfrauen steht mit schwarzen Sonnenschirmen daneben, eine ganze Schaar von Heiligen, Pantaleon, Licanus, Gerima, Guba, Afsie, Alief, Siema, Imata, Aragaui hat weiterhin Aufstellung genommen. Es seien römische Heilige, erklärten die Priester, keine abyssinischen! Die vierte Seite des Innenbaues zeigt die Dreieinigkeit, versinnbildlicht durch drei weissbärtige Greise, es folgt die Jungfrau Maria, luxuriös gekleidet, mit einer Krone auf dem Haupte und auf einem Fauteuil ruhend, dann der Degjatsch Kafle Jesus, zwei Elephanten zugleich tödtend, wovon der eine auf dem zweiten steht, der auf dem Rücken liegt. Der letztgenannte Chef hat als Vasall der Italiener zuerst für diese Keren besetzt, er ist später aber aus mir unbekannten Gründen eingekerkert worden und dann gestorben. Neben Kafle Jesus hält Christus das höchste Gericht ab, und sehen wir die Beerdigung Mariä, ferner David mit der Harfe, schliesslich den schwarzblau gefärbten Obersten der Teufel (der Teufel erscheint nach den Gesetzen der abyssinischen Kirchenmalerei stets blau), gehörnt und mit riesigen Zähnen, er ist begleitet von seinen Soldaten, ehemals sündigen Menschen.

Es sind dies die Gemälde, die die Wände des inneren Raumes nach aussen hin zieren, und die Zeugniss ablegen von der eigenthümlichen Verschmelzung der widersprechendsten Vorstellungen, die in den Köpfen der Abyssinier vor sich gehen. Die Vermengung der kirchlichen Welt mit den neuesten Vorgängen der Profangeschichte, die innerhalb dieses afrikanischen Gotteshauses vor sich geht, erinnert unwillkürlich an unsere alten Kirchen, die noch im vorigen Jahrhundert einen Tummelplatz für die weltlichen Eitelkeiten unserer Adels- und Patriziergeschlechter abgaben, indem man keinen Anstand daran nahm, die darauf bezüglichen Bildnisse und Wappenschilder überall an geweihter Stätte aufzuhängen.

Die Kirchenbilder von Mai Mafales liefern solchergestalt eine interessante Verkörperung der neuen Geschichte dieser Gegenden und der hineinragenden Ereignisse und Personen. Die Farben stehen ohne jegliche Vermittelung neben einander, und entbehren namentlich der Schattenzeichnung, wobei die Heiligen und ihr Gefolge stets *en face*, die Feinde stets im Profil gemalt sind. Die Todten werden mit geöffneten Augen, aber mit nicht ausgemalter Pupille dargestellt. Jesus sahen wir in dem linken Arme der Maria, die Abyssinier scheinen sich also hieran gewöhnt zu haben; seiner Zeit, das heisst vor etwa 400 Jahren wurde der erste italienische Maler, der es wagte, das Christuskind mit der unreinen linken Hand in Berührung zu bringen, gelyncht.

Zu dem also geschmückten Raume, der übrigens noch mit einem zum Schutze der bemalten Aussenwände angebrachten, und dieselben von oben bis unten verhüllenden Vorhang von dickem Baumwollenstoff einheimischer Fabrikation bedeckt ist, führt eine stets geschlossene Thür. Im Innern verdeckt ein roth und weiss gestreiftes Tuch den Altar, einen einfachen Holzbau, auf dem die für die Sakramente bestimmten Gegenstände, Kelch und Teller, sorgsam aufgehoben werden. Beim Gottesdienste führen die Priester einen eigenthümlichen Tanz auf. Sie zeichnen sich im Uebrigen nicht durch besonders vortheilhaftes Benehmen aus, sind wohl auch in ihren unteren Rangstufen nicht im Besitze einer besonders hohen sozialen Stellung, wenngleich sie als Rathgeber, Aerzte u. s. w. dienen können.

In grosser Zahl erschienen während des Aufenthaltes in Mai Mafales aus Nah und Fern Kranke aller Art im Lager, um Hilfe zu erbitten, die wir ihnen, soweit möglich, bereitwilligst angedeihen liessen. Am häufigsten begegneten wir Wunden an den Beinen, eine Krankheit, die häufig auftritt, und welche die Eingeborenen, wie das auch die Negervölker in Zentralafrika und im ägyptischen Sudan behaupten, dem feuchten Grase in der Regenzeit zuschreiben. Das Uebel beginnt mit einem leichten Schnitte an der Ferse, und verzehrt allmälich die Beine mehr und mehr, da es an desinfizirenden Mitteln durchaus fehlt. Mit Sublimatwasser wurden wahre Wunderkuren bewirkt.

Während unserer Abwesenheit hatte Professor Schweinfurth einige kleinere Ausflüge auf dem direkten Wege nach Ferfer, sowie nach Metemmet unternommen. Der erstere führte ihn über die im Norden von Lela Gesa befindliche Höhe an dem jenseitigen Abfalle entlang in das Thal des Messiam. Soweit man seinen Lauf von der Höhe mit den Blicken verfolgen kann, fliesst dieser Bach in nordnordwestlicher Richtung. Der Abstieg beträgt 500—600 m und ist etwas beschwerlich in Folge des losen Gerölles, das denselben bedeckt. Im Uebrigen ist er aber nicht allzu abschüssig. Beim Anfstiege bewältigt man die Höhe mit einem guten Maulthiere in gerade einer Stunde. Vom Ufer des Baches Messiam bis zum Beginn des Ansteiges gebraucht man eine halbe Stunde. Das Rinnsal führt auf kiesigem Grunde an verschiedenen Stellen fliessendes. oder zwischen Granitblöcken stagnirendes Wasser. es bildet wohl einen der Quellflüsse des Kazetai. Der Pfad nach Ferfer verlässt den Messiam bald wieder auf dessen Ostseite. und berührt auf halbem Wege die Wasserstelle Schenschelajeh.

Um zu dem erwähnten Metemmet zu gelangen. steigt man nach Miskil herab, und folgt dann einem Seitenznflusse nach SSO. hinauf, worauf man nach einstündigem Marsch die in einer Ebene gelegenen Kulturen erreicht, die sich längs des Thalbettes hinziehen. Das Wasser ist in einem ca. 20 m breiten Rinnsale enthalten, und zwar gehört dieser Wasserlauf zu dem Hauptquellflusse des auf der Karte als Ambessa verzeichneten Flusses. der sich. wie erwähnt, mit dem Miskil vereinigt. Die Ufer sind wie in Ferfer mit dichtem Schilfe und wildem Zuckerrohr. streckenweise mit einem Dickicht baumartiger Rizinusstauden und hoher *Hygrophila spinosa* bewachsen. Dort ist der Sammelplatz und Winteraufenthaltsort der Heerden von Mai Mafales. Die Felder am rechten Ufer gehören zum Dorfe Kenan Koba, also zum Dembelas, diejenigen am gegenüber liegenden linken dagegen zum Distrikt von Arresa. Metemmet ist lediglich der Name der Wasserstelle.

Arresa-Okule Kusai.

Der 6. April war als Tag des Aufbruches von Mai Mafales festgesetzt. Mit Andersson und Kaiser wollte ich zunächst nach Mai Harisch, als Zwischenstation für Arresa, für welchen Platz ich einen Empfehlungsbrief des Tenente Giardino besass, und wo ich manches Interessante auch in jagdlicher Beziehung zu finden hoffte. Professor Schweinfurth mit dem Gros beabsichtigte, um den Umweg nicht mitzumachen, in einigen Tagen direkt nach Godofelassi zu marschiren. Mein Aufbruch verursachte nicht geringe Schwierigkeiten, und war für den Aita ein höchst peinlicher Moment. Er vermochte nur mit grösster Mühe in Folge der bevorstehenden, durch die Jahreszeit gebotenen Feldarbeiten Leute überhaupt zu Trägerdiensten zu bewegen; ich war aber keinesfalls gesonnen, meinen Aufbruch zu verschieben, und so gab es denn einen fürchterlichen Trubel: Der Beherrscher des Dembelas nimmt seine Zuflucht zum Kurbatsch, wir schimpfen, Professor Schweinfurth sucht, wie stets, abzuwiegeln, zieht sich aber bald bei dem Lärme hinter die schützenden Wände seines Zeltes zurück, alles vergeblich, die Leute bleiben renitent, verschmähen die unbequemen Lasten; Einige suchen sich mit den leichtesten Stücken davon zu machen, oder balgen sich darum, zum grossen Aerger des Aita. Schliesslich müssen wir alle Maulthiere, und die zur persönlichen Bedienung bestimmten Leute, Maulthierknechte, Jagdburschen und dergl. bepacken, um wenigstens mit den verfügbaren 20 Trägern, sowie den Lastthieren, die wir später zurücksenden können, ein Fortkommen zu versuchen. Im Ganzen benöthigten wir 150 Träger. Wir hatten daher nach Verabschiedung der Kameele Boten zur Anwerbung neuer Träger nach Asmara gesandt. Letztere aber verspäteten sich in Folge eines Missverständnisses. Bis nach Arresa war der Pfad ein recht schlechter, und die nachlässig bedienten Maulthiere verloren immer wieder ihre Lasten, die jedesmal von neuem geschnürt und aufgeladen werden mussten. Es sei aber hier gleich hervorgehoben, dass die abyssinischen Maulthiere, wenn sie von geübten Leuten beladen und getrieben werden, das vortrefflichste Beförderungsmittel von Lasten abgeben, und auch auf den schwierigsten Wegen in stets gleichmässiger, ziemlich beschleunigter Gangart einherziehen, ja fast traben. Ihr Fortkommen auf einigermassen horizontalen Wegstrecken beträgt zum mindesten 5 km die Stunde. Die Maulthiere haben vor anderen Thieren den grossen Vorzug, dass, wenn einmal die Ladung gut im Gleichgewichte geschnürt ist, jene stundenlang sich selbst überlassen bleiben können, von nur wenigen Treibern aus der Entfernung überwacht, während Esel, Ochsen und Kameele eine beständige Beaufsichtigung und zahlreiche Treiber erheischen. Den Maulthieren ist auch vor allem der Instinkt eigen, bei umfangreichen Lasten den gegenseitigen Anprall zu vermeiden, und beim Passiren von Felswänden, oder beim Durchgang durch Engen und Blöcke stets die richtigen Abstände innezuhalten. Auf dem Pfade nach Arresa waren aber der Hindernisse zu viele.

Der Weg führte durch das Norddorf von Mai Mafales, Lela Gesa, dann über die Wasserscheide, die im Nordosten in Form eines langen, schmalen Grates auftritt, bei mehreren tiefen mit Quolqual-Euphorbien bestandenen Schluchten vorüber. Schiefergestein mit einem Verwitterungsmantel röthlich gelben Thones steht überall zu Tage. Der Grat ist an manchen Stellen kaum 3 m breit, und man geniesst eine prächtige Fernsicht, rechts gen Süden auf das Thal Gumfal, links auf die zum Ferfer und Schegolgol hinabführenden Rinnsale, auf die Ebenen des Kazetai und Mahabar. Deutlich treten am Horizont weit im NNO.

der Zad Amba, und die das Boguthal umgebenden Berge hervor,
während die mehr benachbarten Höhenzüge durch eigenthümliche, glatt horizontale Abrasionsflächen ausgezeichnet erscheinen.
Adi Liban, ein kleines, auf hohem unzugänglichem Bergplateau
gelegenes Dorf, bleibt nahe am Wege links liegen, und wir reiten
auf der Wasserscheide bergab, bei Adi Finne vorbei. Der Pfad,
auf dem wir uns befinden, ist zugleich derjenige, der nach Asmara
führt. Deutlich tritt das Gestein auf, aus dem der dunkelbraune
und der rothe Thon sich bilden, und welches ein mit Brauneisensteingängen durchzogenes Porphyrgestein zu sein scheint, zuweilen
sieht man auch ein ziegelrothes oder gelbes Ganggestein, durchzogen
von Quarzadern. Zwischen hohen Felsen versteckt, liegt in einer
Schlucht eine kaum für Menschen benutzbare, aber von Viehheerden aufgesuchte Wasserstelle, an der wir gegen Mittag halten.
Weiter führt der Weg in nördlicher, dann in östlicher Richtung
zu einigen wenigen Hütten, die das Dorf Sabam Guila vorstellen,
früher, wie die vielen Häuserruinen beweisen, ein ziemlich bedeutender Ort. Auf hoher Bergspitze thronend, erblickt man Adi
Athal, zu ihm gehören die mageren, soeben frisch beackerten
Ländereien zu Seiten des Weges. Sie sollten mit Gerste, Durra
(Sorghum) und Dagussa (Eleusine) bestellt werden. Eine charakteristische Landmarke zeigt sich zur Rechten, ein jäh hervortretendes, Duala genanntes, Felshorn von phantastischer Gestalt.
Wir stiegen jetzt zu einem Thale hinab, das, zum Stromgebiet des
Ambessa gehörig, in dem kleinen Dugale genannten Rinnsale eine
kümmerliche Wasserstelle aufzuweisen hatte. Die Einwohner der
beiden, auf hohen Bergen liegenden Dörfer Adi Bari und Adi
Gulgul beziehen aus dem engen und wasserarmen Brunnenloch
ihren ganzen Bedarf. Es müssen sehr schwerwiegende, für uns
Europäer zu schwierig verständliche, strategische Beweggründe
vorgelegen haben, die diese mangelhafte Anlage bewirkten. Da
das vorhandene Wasser schnell ausgeschöpft war, und das Abwarten einer erneuten Füllung des Brunnens durch Nachsickern
sehr zeitraubend erschien, mussten wir, ohne Leute und Thiere
genügend abgetränkt zu haben, uns bald wieder auf den Weg

machen. Unter den Strauch- und Baumarten, die das Thal erfüllen, spielen die Akazien (*A. Seyal, A. verugera* und *A. albida*) eine hervorragende Rolle. Eigenthümlich missgestaltete und verkrüppelte Astbildungen, sogenannte „Hexenbesen" sind an ihnen überall zu erblicken, hervorgerufen durch die Einwirkungen einer parasitischen Pilzart. Sie geben den Bäumen ein fremdartiges Aussehen.

Endlich gegen 7 Uhr Abends langten wir bei dem Trockenbache Mai Harisch an, und fanden einen verhältnissmässig tiefen und wasserreichen Brunnen, der im Kiesbette des Rinnsals gegraben war. Meine Karawane hatte sich unterwegs beträchtlich vergrössert, wir waren auf 46 neue Träger, nämlich der Hälfte der in Asmara angeworbenen, gestossen, und ich hatte sie sofort nach Mai Harisch mitgenommen, um sie am nächsten Morgen gegen die Leute aus Mai Mafales auszutauschen. Bei der ersten Wasserstelle sass am Brunnenrande des Aitas holdes Töchterlein unter rothem Sonnenschirme, voller finsterer Rachegedanken gegen den verflossenen Gatten. Kaum 12 Jahre war sie alt, und schon hatte sich die junge Frau von ihrem Gemahle nach einjähriger Ehe trennen müssen. Jetzt wollte sie nach Asmara, um dem Gerichtshofe daselbst die finanzielle Regelung ihres Scheidungsantrages zu unterbreiten. Eine recht niedliche, zarte Erscheinung war die reichlich aber geschmackvoll mit Schmuck beladene Dame; in eine weisse Schamma mit breiten rothen Streifen gehüllt, bewegte sie sich unter dem grossen rothen Schirme, den ihre Dienerin sorgsam über ihr auszubreiten beflissen schien. Da wir für eine Strecke denselben Weg hatten, forderte ich sie galanter Weise auf, sich uns anzuschliessen. Später stiess auch der Aita, der seiner Tochter ein würdiges Geleit bieten wollte, mit grossem Gefolge und Soldaten zu uns. Schliesslich kam noch der alte Bascha Abdu mit seiner Ehegattin des Wegs einhergezogen. Nach 30jähriger Ehe war es ihnen plötzlich klar geworden, dass sie eigentlich nicht zu einander passten; sie hatten daher den Entschluss gefasst, sich gleichfalls scheiden zu lassen. Als Personen von Stand verfügten sie ebenfalls über ein stattliches Gefolge, und so bot denn unsere

Karawane ein sehr buntscheckiges und belebtes Bild dar, das viel Anziehendes hatte. An der Spitze schritt ein an demselben Morgen von mir in Dienst genommener Abyssinier, Lig Hailu mit Namen, der aus der Gegend von Adua stammte. Sein Vater hatte, wie das Wort Lig (vielleicht mit Prinz zu vergleichen) andeutet, zu den Grossen des Landes gehört, war aber durch Ras Alula seines Eigenthums beraubt, und von Haus und Hof vertrieben worden. Hailu war ein Mann von imponirend hohem Körperwuchs, und seine Gesichtsbildung gab ein feingeschnittenes, fast klassisch zu nennendes Profil zu erkennen. In seine weissrothe Schamma gehüllt, bot er bei seiner stolzen Haltung eine hervorragend schöne Erscheinung zur Schau. Ich habe nie einen Farbigen von so edlen Manieren und so ansprechendem Aeussern gesehen. Die Haare, bis in den Nacken und in die Schläfen hinein in kleine Flechten getheilt, gingen allmählich in einen feinen schwarzen Bart über, eine eigenartige und wirksame Haartracht. Hailu sollte mir als Courier und als Beauftragter zu besonderen Meldungen dienen, und ich bildete mir ein, dass er nicht wenig dazu beitrug, den Glanz unseres Aufzuges durch seine Gegenwart zu vermehren.

Am Abende, im gemeinsamen Lagerplatze, erwarb ich die Gunst der geschiedenen jungen Frau durch ein Stück prachtvollen blauen Sammtes, auch lud ich sie ein, mit ihrem Vater an unserem Tische Platz zu nehmen. Leider sprach der Aita dem Alkohole etwas zu reichlich zu, und tauchte die Tochter zu viele Zuckerstückchen in den Cognac, beide verliessen unsere Gesellschaft früher als sie es vielleicht vorher beabsichtigt hatten, um sich dem nothwendig gewordenen Schlummer hinzugeben.

Der nächste Morgen brachte uns nach Verabschiedung von den Reisegefährten bald an die Grenze vom unteren Dembelas. Das Dorf Mai Harisch war hier das letzte, und zugleich auch von allen, die wir gesehen, das einzige, welches statt auf dem Rücken eines Berges, am Fusse desselben, im Thale des Abake gelegen ist, das noch dem Stromgebiet des Ambessa angehört. Viele Perlhühner und Frankoline bevölkerten die Thalebene, und die mit Baumwolle oder Durra bebauten Ackerflächen, ebenso die Granitberge, die einen anderen Charakter annehmen, als die bisher überschrittenen Schiefergebirge. Während dort die grasigen Abhänge mit kleinen Trümmerplatten besät erschienen, ragen hier überall an den schwach bewaldeten Gehängen grosse schwarze Felsblöcke hervor, die ab und zu treppenartig in die Höhe führen. Hinter dem Chor Mulat Mentah begann der Aufstieg in östlicher und südöstlicher Richtung; er ist geologisch sehr interessant. Zunächst geht der Granit in rothes Porphyrgestein über, dann treten durch den grossen Gehalt an Feldspat stark verwitterte, vielfach zerbröckelte Felsstrecken auf, und schliesslich sind auf der Höhe eisenschüssige Gesteine, zum Theil Stock- und Ganggranite, ausgebreitet. Eine höchst eigenthümliche lavaartige Struktur lässt sich an den Felspartien unterscheiden.

Nach 3½stündigem Marsche lagern wir ½ Wegstunde vor Arresa auf dem Hochplateau, und senden den Dolmetscher Stephano mit dem Briefe des Tenente Giardino an den Distriktschef voraus. Als Stephano zurückgekehrt, wird in vorzüglichster Ordnung, acht Gewehrträger voran, auf Arresa losmarschirt. Der Chef kam auch alsbald sehr feierlich, mit grossem Gefolge, uns entgegen gezogen. Nach erledigter Begrüssung nimmt er einem Soldaten die Flinte aus der Hand, um sie selbst zu schultern, gleichsam zu unserem persönlichen Ehrengeleit. Diese interessante Landessitte bezweckt den Beweis der Dienstwilligkeit zu erbringen. Wir ersuchten ihn natürlich sofort, die Flinte zurückzugeben, und folgten ihm in sein Haus, vor welchem mit Gewehren bewaffnete Krieger in tadelloser Haltung Aufstellung genommen hatten.

In dem runden Empfangsraume hatten wir zunächst, wie immer, die erforderliche Zahl von Komplimenten auszutauschen, alsdann wurde der Reihe nach aus einem grossen trüben Glase Honigwein getrunken, und schliesslich verabschiedeten wir uns, um auf einem freien Platze dicht beim Dorfe das Lager aufzuschlagen. Wie in Mai Mafales, so wurden auch hier Geschenke ausgetauscht, von Seiten des Chefs bestanden dieselben in einer Ziege und 50 Broden, unsere Gabe war ein schwarzer Tuchmantel von der bereits beschriebenen Art.

Der Beherrscher des Distrikts Arresa ist zur Zeit Gngasmatsch Kaffai. Gngasmatsch hiessen ursprünglich die Truppenchefs, die im Lager die rechte Flanke des Negus oder Ras einnahmen, während die im gleichen Range stehenden Chefs der linken Flanke Grasmatsch genannt worden. Späterhin sind alsdann diese Bezeichnungen auch als dauernde Titel in Anwendung gekommen. Kaffai, früher Lig Kaffai, Sohn des Aita Gebra Maskel, desertirte seiner Zeit mit 50 Soldaten vom Könige Johannes, und floh nach Keren, wo er sich den Italienern anschloss. Diese ernannten ihn zum Gngasmatsch von Arresa. Er bezieht jetzt ein Monatsgehalt von 40 Thalern, und das Land zahlt seine geringen Steuern direkt an die italienische Kolonialregierung. Früher regierten dort zwei Zweige derselben Familie, und theilten die Einkünfte unter sich. Kaffai gehört der einen Linie an, die andere wurde repräsentirt durch Aita Uandafrasch, dann durch Lig Asgadom, der im Kampfe Ras Alula's gegen die Aegypter bei Saati fiel. Sein ältester Sohn wird, da man wahrscheinlich seinerseits Verrath fürchtet, von den Italienern bis heute noch in Massaua gefangen gehalten. Der jüngere Bruder, ein recht angenehmer, bescheidener junger Mensch, hat seinen Wohnsitz in Arresa, und besuchte uns wiederholt.

Kaffai ist eine nicht unschöne Erscheinung, mittelgross von Wuchs, und mit angenehmen Zügen. Er spricht in affektirt nachlässiger Weise, und hält dies für sehr vornehm. Den Italienern ist er ebenso wie der Aita durchaus ergeben, allerdings aus leicht erklärlichen Gründen.

Der Distrikt Arresa erstreckt sich zwischen dem Oberlaufe des Ambessa und dem Obel, ungefähr bis zu dessen Einmündung in den Mareb. Der Hauptort gleichen Namens weist augenblicklich kaum einige Hundert Seelen auf, zahlreiche Häuserruinen zeigen aber, dass er seiner Zeit bedeutend bevölkerter gewesen. Ein zweites kleines Dorf, Hundert Schritte weiter gelegen, ist ebenfalls bedeutungslos. Der Wohlstand scheint nicht so gross wie in Mai Mafales, andererseits wird man mehr Hausindustrie gewahr, namentlich mehr Baumwollverarbeitung in den Wohnungen. Fast überall finden sich

Anzeichen hiervon, doch scheint mir der hohe Werth der Baumwolle ein Zeichen dafür, dass die Anpflanzung noch nicht allgemein geworden, und der Handel eine lokale Begrenzung erfährt. Als Preis eines nicht grossen Bündels zum Weben fertiger Wolle wurden mir 5 Thaler bezeichnet. Die Webstühle geben dieselbe Form zu erkennen, wie in Mai Mafales.

Der hauptsächlichste Reichthum von Arresa besteht in Heerden von schönem starkem Buckelvieh, auch finden Ochsen mit Erfolg zum Tragen Verwendung. Die Hütten sind massiv mit Bruchsteinen aufgeführt, die durch einen aus Lehm und Asche hergestellten Zement gebunden werden. Gedeckt sind die kleineren durch spitze Kegeldächer aus Stroh, die grösseren Häuser haben flache Terrassen, und sind mit dicken Stämmen der Kolqualeuphorbie und Erdaufschüttung belegt. Die auf einer kleinen Anhöhe in Gestalt eines Rechtecks angelegte Kirche besitzt nichts bemerkenswerthes, und ist von einer Hecke gelb blühender Stachelfeigen umgeben. Diese Pucculanten haben sich erst im Laufe der letzten Jahre im Lande eingebürgert, hauptsächlich in Folge der, durch seit 30 Jahren in Okule Kusai thätige französische Missionare angelegten Pflanzungen. Die Cacteen sind bekanntlich eine der afrikanischen Flora durchaus fremde Pflanzenklasse, die ursprünglich auf den amerikanischen Kontinent beschränkt war. Jetzt beginnen sie sich auch in Nordabyssinien zu verbreiten, nachdem sie seit einigen Jahrhunderten bereits in den Mittelmeerländern eine zweite Heimath erworben, und diesen Gebieten einen neuen Vegetationsstempel aufgeprägt haben.

Da die Umgegend von Arresa kahl und zu längerem Aufenthalte nicht sonderlich verlockend erschien, so benutzten wir die bis zum Weitermarsche freibleibende Zeit zu einem Ausfluge nach dem nördlich gelegenen berühmten Kloster Debra Mercurios. Der Weg führt an dem obersten Abrissgebiete der grossen Ebene Nachram Simra entlang, passirt eine Anhöhe, von welcher aus in NNW. die „Enda (Kloster) Mariam" genannte Granitkuppe sichtbar wird, und steigt in ein Seitenthal der genannten Ebene hinab. Dort ist in einer Felsspalte, im grauen Granite, die Wasserstelle Mai Bakesfe von einem grossen Darobaume *(Ficus vasta)* beschattet. Reichliche Tropfsteinbildung bezeichnet den Ursprung der Quelle, und bekleidet die Wand des Felsens, an dem das Wasser herabrieselt. Weiter geht's über einen kleinen Hügel mit dem Dorfe Adi Menschock, während auf einer zweiten Anhöhe Adi Ssamra sichtbar ist. In der jenseitigen kleinen Ebene springt plötzlich einer jener langohrigen Hasen vor uns auf, die wir seit Ailet vermisst hatten. Für eine halbe Stunde konnten wir uns nun dem Vergnügen der für Afrika eigentlich nicht sehr interessanten Hasenjagd hingeben. Es galt das Interesse der Küche, und eine Abwechselung des täglichen Speisezettels mit Antilopen und Hühnern. Die einzige Ueberraschung, die unser Koch uns im übrigen zu bieten vermochte, bestand darin, dass er heute erst Antilope und dann Huhn, morgen aber erst Huhn, und dann die Antilope auftragen liess.

Jenseits des Thales, hinter einem felsigen Rinnsale, steigt der Weg zum Kloster empor, ziemlich steil, und für Maulthiere etwas beschwerlich. Die Gegend ist geologisch und mineralogisch interessant. Von der Ebene aus erscheint das Aufsatzgebirge in der Ferne als dunkle Basaltschicht, es tritt in mannshohen Säulen auf; thatsächlich ist es jedoch ein altes, stark verwittertes Eruptivgestein mit viel Quarzgehalt, welches als letztes Verwitterungsprodukt die schwarze, bebauungsfähige Ackererde bildet. Beim Aufstiege ist dann ein rothes Ganggestein im grauen Granite intensiv in die Augen springend, das aus Quarzkörnern mit rother eisenhaltiger Bindemasse besteht; stellenweise tritt auch sehr reichhaltiges Eisenerz auf. Ein uns ebenso neu wie auffällig erscheinendes Gewächs trat hier in Gestalt eines entblätterten, mit dicker Korkrinde versehenen Bäumchens auf, dessen feuerrothe Blüthentrauben weithin leuchteten, die *Erythrina tomentosa*, von den Eingeborenen „Sogante" genannt.

Das Kloster Debra Mercurios selbst, wenn es überhaupt den Namen eines solchen verdient, liegt auf einer ausgedehnten Hochebene, und ist mit einem kleinen Dorfe verbunden. Die Entfernung von Arresa beträgt 4 Wegstunden. In den Klosterhof führt ein

kleines, mit Stroh gedecktes Portal, unter dem die abyssinische
Glocke, die bekannten vier Schieferblöcke, aufgehängt sind. Die
Kirche ist ein geräumiges rechteckiges Gebäude, mit primitiv roh-
geformtem Säulenparistyl, das Sanktuarium im Innern von einem
breiten Gange umgeben. Die Aussenwand des Allerheiligsten ist
mit Bildern überladen, die jedoch meist religiöse Gegenstände zur
Darstellung bringen, und die Person Christi betreffen, ohne Beimischung weltlich profaner oder geschichtlicher Ereignisse und Personen. Weiter ins Innere durften wir nicht eindringen, doch sah
man abermals zwei ineinander geschachtelte Räume, der erste für
die Priester, der zweite für den Memhir. Der im innersten Raum
angebrachte Messstuhl sieht einer chinesischen Tragsänfte nicht unähnlich, und hat eine in Meterhöhe angebrachte verschliessbare
Oeffnung, die natürlich mit den verschiedenen hintereinander
liegenden Thüren korrespondirt. Eine grosse Zahl voluminöser
Steh- und Tragpauken lässt darauf schliessen, dass hier, wie
überall, der erforderliche Lärm einen nicht zu unterschätzenden
Faktor bei Ausübung des Gottesdienstes ausmacht. Das Kirchen-
gebäude repräsentirt so ziemlich das ganze Kloster, es finden
sich ausserdem nur noch in einer Ecke des Hofes einige Hütten,
die zur Zubereitung der Mahlzeiten, zum Mehlmahlen, und für die
sonst erforderlichen Arbeiten bestimmt sind. Die Schlafräume
der Mönche liegen ausserhalb der Umfassungsmauer, und sind
in roher Weise je mit einem Angareb (Bettstelle) und Betstuhl
ausgestattet. Der Memhir allein verfügt über einige Luxusgegen-
stände, man gewahrt da beispielsweise drei grosse Tetschbecher,
die auf häufig wiederkehrenden Durst schliessen lassen, ferner ein
Schwert und einen Sonnenschirm. Augenblicklich sind in dem
Kloster 25 Mönche ansässig, in gelbe oder weisse Tücher gewickelt,
und mit gleichfarbigen Mützen bezw. Filzkappen versehen. Mönch
zu werden, erfordert nicht viel, lediglich ein Erlernen des Lesens
und Schreibens; ist diese Bildungsstufe glücklich erreicht, so voll-
zieht der Abuna, der oberste Bischof in Aksum, die Weihe. Ebenso
geringe Schwierigkeiten bietet der Anstritt aus dem Kloster, zu
welchem Behuf die Absicht genügt, einen anderen Lebensberuf ergreifen

zu wollen, wenn von einem solchen in diesem Lande die Rede sein kann. Das Kloster hatte, offen gestanden, bei seiner alten Berühmtheit unsere Erwartungen einigermassen getäuscht.

Von dem Hochplateau von Arresa aus sieht man deutlich am Horizonte die Berge von Adua, und etwas weiter rechts die in der Gegend von Aksum gelegenen Bergspitzen, die sich wie zwei nach verschiedenen Richtungen ragende Nasen ausnehmen.

Zunächst planten wir nun einen erneuten Besuch des Mareb und seines Nebenflusses Obel. Gugasmatsch Kaffai, der uns zu begleiten beabsichtigt hatte, wurde rechtzeitig krank, und so verabschiedeten wir uns, nahmen aber einige Soldaten als Führer mit. Als Abschiedsgeschenk wurde uns noch ein faules Straussenei mit vieler Feierlichkeit überreicht. Fast hätte sich der Aufbruch abermals verzögert, da es den Trägern beliebte, plötzlich gleichfalls zu erkranken, es stellte sich aber bald als Grund heraus, dass sie irrthümlicherweise ganz ausbezahlt waren, und sich daher durch keinerlei Soldrückstände zu einem loyalen Verhalten uns gegenüber veranlasst sahen. Es musste ein Theil des Geldes schleunigst von dem Korporale zurückgefordert werden, worauf alle ebenso schnell wieder gesund wurden.

Am ersten Marschtage gelangten wir nicht sehr weit; nachdem wir in das Thal Mai Feriti im SSO. hinab gestiegen waren, lagerten wir bereits nach 2 Stunden bei Mai Dmoku, einem zum Stromgebiete des Obel gehörigen, von hohen und schroff abfallenden Felsufern umgebenen Rinnsale. Nachts über war es empfindlich kalt; das Thermometer zeigte kaum 8° C.

Der nächste Marschtag führte über einen Bergrücken in das Thal von Sabra Hamet hinab, durch dichtes Gesträuch von *Acacia Nubica*, untermischt mit vereinzelten Euphorbien und Aloes, streckenweise auch mit sehr dichtem Graswuchs. Wir folgten weiterhin einer schmalen Thalschlucht Mai Gehai, die sich etwas unterhalb mit dem Chor Adzahit vereinigt. Die Ufer sind felsig, und von mit Gängen eines schwarzen Urgesteins, stellenweise auch mit weissen Quarzadern durchzogenem Granit gebildet. Die Flora der Ebene wird durch grosse Adansonien charakterisirt. Sehr zahlreiches, meist allerdings krüppelhaftes Zizyphusgesträuch bedeckt die auch stellenweise mit Durra und Baumwolle bebauten Flächen. Zur Linken begrenzen die Thalebene von Sabra Hamet die hohen Gebirgszüge Dekai Tas und Merei Mobkul Mai Hesan, zur Rechten eine etwas niederere Hügelkette mit den Dörfern Adi Bal und Adi Wussech. Die Einwohner beider Ortschaften holen ihr Wasser aus einem Brunnen in dem trockenen Flussbette Elanet Gansa. An dieser Stelle rasteten wir einige Stunden während der Mittagszeit. Am Nachmittage wollten wir noch Mai Aini am unteren Obel erreichen, mussten aber schon einige Stunden vorher Halt machen. Die Dunkelheit war hereingebrochen, und die Trägerkolonnen nach dem 9stündigen Marsche zu ermüdet, um noch die annähernd 12 Kilometer bis zum Obel zurücklegen zu können. So blieben wir denn in dem breiten sandigen Trockenbette eines Ssagla (Sycomore) genannten Baches die Nacht über, ohne jegliches Trinkwasser. Ich selbst hätte eine solche Etappeneintheilung gern vermieden, es war aber schliesslich die Schuld der Führer, und so mussten wir uns fügen. Die Nacht war, abgesehen von den zu Halai verbrachten, eine der kältesten, die ich im Gebiete der Kolonie erlebt habe, da das Thermometer wohl nur wenig über 3° Wärme aufzuweisen vermochte.

Den Mai Ssagla hatten wir am Nachmittage bereits einmal überschritten, als wir über einen kleinen Hügelzug, Namens Arei, der die Thäler Membelach und Ashoh von einander trennt, zur Ebene hinabstiegen. Die Vereinigung von Membelach und Ashoh bildet eben später den Mai Ssagla. Das Thal war reich an Pflanzenwuchs, und mit einer ebenso mannigfaltigen Thierwelt ausgestattet. Antilopen, Perlhühner, Frankoline etc. gab es in Menge. Am nächsten Tage noch Mai Aini zu besuchen, erschien zwecklos, da der Mareb selbst, dem wir so schnell wie möglich zustrebten, uns fast ebenso nahe geschildert wurde wie die genannte Wasserstelle im Unterlaufe des Obel. Die beiden dem Wasser benachbarten Dörfer Debra Silassi und Debra Mariam würden uns voraussichtlich nichts Neues geboten haben. Der Wassermangel zwang uns dazu, vor allen Dingen auf die Erreichung des nächsten Brunnens bedacht zu sein.

Zunächst gelangten wir an diesem Tage in eine grosse Ebene.

die eine gewisse Aehnlichkeit mit der Ambessa Marebregion hatte, in der That aber weit kleinere Verhältnisse aufwies. Jene Ebene wird durch das Thal des Obel gebildet, der sich 4 km westlich von unserem Lagerplatze mit dem auch Erhib Hosâ genannten Mai Ssagla vereinigt, um sodann bis zu seiner Einmündung in den Mareb die Bezeichnung Mai Aini zu führen. Bald kreuzten wir den Obel selbst. Seine Ufer überraschten durch so wunderbar üppigen Baumwuchs, wie wir seit Salomona oder Ferfer nicht wieder angetroffen hatten. Thatsächlich lässt sich die Vegetation an Ueppigkeit mit derjenigen des erstgenannten Ortes vergleichen, aber während es dort am ostwärts gekehrten Gehänge des Hochlandes ganze Landstriche waren, die im üppigsten Grün prangten, ist es hier nur ein schmaler Streifen, und auch dieser in solcher Fülle wohl nur an den Stellen vorhanden, wo der Obel am längsten das Wasser behält. Prachtvoll hohe, reich belaubte Bäume, fast bis zur halben Höhe mit Schlingpflanzen behangen, wölben sich in vollster Ueppigkeit über grünendem, fast undurchdringlichem Unterholze, wo Antilopen, Meerkatzen, Buschböcke und Vögel aller Arten und Farben ihr Wesen treiben. Ich betone ausdrücklich die in wirklich frischem Laubschmuck prangenden Oertlichkeiten, da sie in der jetzigen Jahreszeit zu den seltenen Ausnahmen gehören. Im Winter kann man tagelang reiten, ohne einen einzigen grünen Baum, oder auch nur ein einziges frisches Blatt zu erblicken. Hier haben die Sonnenstrahlen im Verein mit der alles ertödtenden Trockenheit dieselbe Wirkung, wie in Europa die Kälte, und einen absoluten Stillstand im Wachsthum zur Folge. Vor Beginn der Regenzeit rafft dann die Natur ihre letzten Kräfte zusammen, um dem fallenden Regen die bereits fertig gestellten Knospen entgegen zu bringen. Nach der Regenzeit sinken Erde und Pflanzen jäh zurück in ihren sonnigen Winterschlaf. Lange durften wir uns übrigens der grünen Herrlichkeit nicht erfreuen, nach hundert weiteren Schritten war alles vorüber. Nun mussten wir einen Höhenrücken hinauf, die Wasserscheide zwischen Obel und Mareb, von wo aus man die Dörfer Adi Gudada und Debra Mariam, hoch oben auf dem Berge, aber noch durch tiefe Thäler getrennt, und in viel höherer Lage, als wir, liegen sah.

Jenseits der Passhöhe konnten wir eine beträchtliche Strecke dem Flussbette des Ereba Walkait folgen. Dieser Fluss strömt durchschnittlich in südlicher Richtung dem Mareb zu. Das anstehende Gestein besteht aus grauem, sehr viel Hornblende und Glimmer führenden Granit, dazwischen treten schwarze Gänge von porphyrischem Charakter auf. Nach sechsstündigem Marsche hatten wir den Mareb erreicht, einige Kilometer oberhalb der Einmündung des Obel, und an einer Stelle, wo der Fluss eine schilfbewachsene, in der Regenzeit überfluthete Insel freilässt. Dort stiess man bei 1 m unter dem Sande auf gutes und reichliches Trinkwasser. Als wir uns nach unseren Leuten umsahen, und die Lasten ordnen wollten, fanden wir nur die Gewehrträger vor, die jedenfalls das für uns Europäer bestimmte Wasser unterwegs heimlich selbst getrunken hatten, sonst Niemand mehr. Schliesslich kam ein einzelner Träger an, und erzählte, dass alle seine Kameraden unterwegs ans Wassermangel liegen geblieben seien, und nicht weiter könnten. Es musste ihnen nun Trinkwasser entgegen gesandt werden, und dann langten sie endlich in der Nacht bei uns an. Glücklicherweise war eine Antilope erlegt worden, und so konnten wir Stücke davon, auf heissen Steinen geröstet, mit rothem Pfeffer verzehren, was übrigens nicht viel übler war, als wenn unser sogenannter Koch dasselbe Geschäft in einer Pfanne, mit etwas nach Ziegenschlauch schmeckendem Fette besorgt hätte. Jedenfalls waren wir glücklich wieder am Mareb, und zwar an einer Stelle, die zwischen der Marschroute von Munzinger, und derjenigen von Parkyns 1844 in der Mitte liegt, ziemlich beträchtlich unterhalb des Karawanenweges Godofelassi-Adua. Am liebsten würde ich dem Mareb bis nahe Godofelassi stromaufwärts gefolgt sein, aber es schien meine Bestimmung nicht zu sein, die Erforschung dieses Flusses in intensiverem Maasse fördern zu können. Wiederum stellten sich bei dem Mangel an Zeit und Trägern unüberwindliche Schwierigkeiten uns entgegen. Die Ortsunkenntniss der von Arresa mitgegebenen Führer war geradezu erstaunlich, sie behaupteten, von den Landschaften oberhalb des Lagers nicht die geringste Ahnung zu haben, auch liesse sich Niemand finden, der die Wasserplätze kenne. Es suchten diese Leute einen ganzen Tag unterhalb des Lagers nach offenen Trinkplätzen, während kaum 2 km oberhalb der Insel der Mareb thatsächlich eine ganze Strecke weit oberirdisch fliessendes Wasser führt. Man kann hieraus entnehmen, wie wenig bekannt der Fluss einstweilen noch sein mag, andererseits aber legt diese Unkenntniss auch Zeugniss ab von der Indolenz der Bevölkerung. Selbst der Gugasmatsch wusste augenscheinlich nichts von dem Wasservorkommen, er machte übrigens auf unsere Bitte um Führer die ganz charakteristische Bemerkung, dass nur Diebe und Räuber an den Mareb gingen, dass aber anständige Leute dort nichts zu suchen hätten, er besitze glücklicherweise keine Unterthanen, die daselbst Bescheid wüssten. Nach unserer Berechnung würden, wenn wir den Mareb in schnellster Gangart bis in die Gegend von Godofelassi herauf geritten wären, in Anbetracht des stellenweise jedenfalls schwierigen Terrains, und der völligen Unkenntniss der Führer, mindestens acht bis zehn Tage erforderlich gewesen sein, hierzu aber reichten die mitgeführten Vorräthe nicht mehr aus. Eine weitere Möglichkeit bot sich, dem Flussbette bis zu dem Punkte zu folgen, wo die Karawanenstrasse dasselbe kreuzt, um dann nach Godofelassi abzubiegen. Im Vergleiche hierzu beanspruchte aber das noch sehr wenig bekannte Obelgebiet mehr Interesse, da die grosse abyssinische Heeresstrasse allzu bekannt ist. Ehe wir daher durch Kohain und Saraë zurückkehrten, benutzten wir die Tage unseres Aufenthaltes auf der Insel, uns über die Flussverhältnisse in der Umgebung des Lagers zu orientiren. Der Mareb bildet die von beiden Seiten nach Möglichkeit gemiedene Grenze, zwischen dem noch zur Kolonie gehörigen Kohain, und der äthiopischen Provinz Schire. Ein hoher Gebirgszug folgt auf der abyssinischen Seite dem Laufe des Flusses, und richtet in seiner Wildheit ein natürliches Hinderniss zwischen den beiden Ländern auf. Wo dann weiter oberhalb am Flusse die Berge etwas zurücktreten, wird die frei gelassene Fläche jäh abgeschnitten durch ein Felsgebirge, Madaban Tabor, das ganz unvermittelt, mit seinen charakteristisch nackt schroffen Formen, den übrigen Höhenzügen senkrecht vorgelagert ist. Der Mareb wird durch dasselbe zu einer kleinen unfreiwilligen Schwenkung nach Osten gezwungen. Zwischen Madaban Tabor und dem Lagerplatze, also auf einer Strecke von annähernd 20 km, ist die Richtung des Flusses eine nordwestliche, dann kurze Zeit eine rein nördliche mit kleiner Schwenkung nach Osten, es folgt hierauf wieder die nordwestliche Richtung.

In der bereits schon erwähnten „Carta dimostrativa" des Jahres 1888 ist die kleine Insel und Madaban Tabor (Medebai Tabor) eingezeichnet, auch würde die spätere Richtung des Mareb nach NW. mit unseren Beobachtungen in etwa übereinstimmen; die Entfernungen von der Einmündung des Obel in den Mareb und Debra Mariam einerseits, von der Karawanenstrasse Gundet-Adua andererseits, sind jedoch irrthümlich. Die Obelmündung ist bedeutend näher, die Strasse nach Abyssinien beträchtlich weiter zu denken, auch der grosse Bogen des Mareb hat eine andere Gestalt. Auf der Karte des Tenente Giardino, sowie auf derjenigen des Capitano Ciccodicola aus dem Jahre 1892, die wohl die zuletzt erschienene ist, und sehr viel Licht in die Verhältnisse bringt, sind die zwischen Arresa und Godofelassi von mir besuchten Gegenden noch nicht eingetragen. Aus diesem Grunde möchte ich bei den letzteren etwas länger verweilen.

Das Flussbett des Mareb, der weiter unterhalb den Namen Gash führt, ist theils sandig, theils steinig und durch Felsen eingeengt. Die Breite mag durchschnittlich 25 m betragen, unterhalb der Insel beträchtlich mehr, ist aber an den einzelnen Punkten ziemlich verschieden. Die Ufer sind zu den Seiten dicht mit 3 m hohem Schilf und mit wildem Zuckerrohr bewachsen, zuweilen breitet sich das Röhricht bis zu 100 Schritten im Durchmesser aus und ist alsdann völlig unpassirbar. Reitet man flussaufwärts, so stösst man 2 km von der Insel auf zu Tage tretendes Wasser, das zur Zeit unseres Besuchs (Mitte April) auf einer Strecke von 8 km bald im Sande schwach fliessend, bald zwischen Felsen stagnirend angetroffen wurde. Weiter oberhalb soll, soweit die Eingeborenen sich erinnern konnten, oberirdisches Wasser nicht vorkommen, wenigstens nicht innerhalb der näheren Umgebung. Daher vereinigt auch das hiesige Wasser einen wunderbaren Reichthum an Sumpf- und Wasservögeln, sowie an Thieren jeglicher Art. In buntem Durcheinander, und auf der kurzen Strecke zusammengedrängt, fischten in dem seichten Wasser nebeneinander der Marabu, der weisshalsige Storch *(Cicconia episcopus)*, Silberreiher, der abyssinische graue Fischreiher, Seidenreiher und Purpurreiher. Dazwischen in träge Ruhe versunken, sassen auf Bäumen oder am Uferrande Zwergreiher, Nachtreiher und der Schattenvogel, während sich vereinzelte Zwergscharben und Graufischer hinzugesellten. Die prächtige Nilgans strich paarweise über das Wasser dahin, und war hier bei Weitem nicht so scheu, wie auf dem grossen Strome, dem sie den Namen verdankt. Dickfuss, Strandläufer und Kibitze verschiedener Arten flogen auf, wo auch immer man sich dem Wasser näherte, Schmarotzermilane, Raubadler *(A. rapax)* und *Circaëtus pectoralis*, ein Schlangenadler, umkreisten hoch in den Lüften die Stelle, Perlhühner oder Frankoline liessen vom Ufer aus ihren Lockruf ertönen. In seltener Zahl schaukelte die graugrüne Meerkatze in den Zweigen, und von den Bergen herab erscholl das Bellen der Paviane, deren zahlreiche Trupps durch den ungewohnten Anblick der Jäger in hohem Grade alarmirt wurden. Von Antilopen fehlte die Kuhantilope gänzlich, ebensowenig fanden wir Spuren von Elephanten oder Giraffen, sie scheinen den Mareb in dieser Gegend nicht aufzusuchen, wie auch die Strausse. Hier ist mehr der Tummelplatz für Gebirgsthiere, also für Raubthiere aller Art, für die Kuduantilope, und die *A. Montana*.

Gelegentlich einer Morgenpürsche bot sich mir Gelegenheit, verschiedene Gattungen von grossem Wilde in unmittelbarer Folge nebeneinander beobachten zu können. Eine solche Jagdepisode bietet ein Bild von dem Zusammenleben der Thierwelt in jagdlich noch jungfräulichen Gebieten. Der Hergang war folgender:

Eine Telbedanantilope wechselte an mir vorüber, erhielt einen gut sitzenden Schuss, entkam aber. Auf der Nachsuche sehe ich plötzlich, 200 Schritte weiter, zwei prachtvolle Kuduantilopen die jenseitige Wand einer engen Schlucht hinaufflüchten. Eine Kugel streckt die grössere, einen starken Bock mit circa zwei Fuss langem Gehörn, nieder. Es war ein herrlicher Anblick, die stattlichen Thiere, denen ein europäischer Hirsch an Grösse kaum gleich kommt, auf dem Rande der Böschung nach mir ausspähen zu sehen. Während nun meine Leute zurückblieben, um den Kudu zu zerlegen, folgte ich, mit der Büchse auf der Schulter, allein der Spur des geflüchteten Thieres, und stiess hierbei ganz unvermittelt nach kaum weiteren 200 Schritten auf eine Löwin, die bei meinem Anblicke in langsamen Bogensprüngen davoneilte. Augenscheinlich hatte sie dem Ausweiden des Bockes zugeschaut, und von mir erst Notiz genommen, als ich kaum noch fünf Schritte Abstand von ihr hatte. Leider war meine Büchse nicht gespannt, auch nicht sofort zur Hand, und so vermochte das Raubthier dank dem hohen Grase, und dem stark conpirten Terrain zu entkommen, ehe ich einen Schuss anzubringen im Stande war. Der Versuch, durch Nacheilen die Löwin zum Stehen zu bringen, erwies sich als erfolglos, sie war verschwunden. Der Richtung folgend, bemerkte ich fast auf derselben Stelle, noch zwei Telbednantilopen, auf die ich einen erfolgreichen Schuss abgeben konnte. Von den Antilopen blieb die eine im Feuer.

Diese kleine Episode, die sich auf einer Strecke von kaum 1000 Metern abspielte, zeigt, wie wenig Notiz die verschiedenen Wildarten zuweilen von einander nehmen, wie nahe zusammen sie vorkommen können, und wie wenig Wirkung oft selbst mehrere Schüsse hervorzubringen vermögen. Der Löwe scheint übrigens in dieser Gegend am Mareb noch ziemlich heimisch zu sein, jedenfalls hauste daselbst zu jener Zeit ein Löwenpaar. Während der Nacht wurden wir verschiedentlich durch Gebrüll, aus den nahen abyssinischen Bergen herschallend, aus dem Schlafe geweckt, und am Morgen fanden wir die frische Fährte eines starken männlichen Löwen, der dicht beim Lager den Chor gekrenzt hatte. Die versteckte Wasserstelle eines kleinen Seitenthales wies einen ausgesprochenen Wechsel nach, mit Spuren bis in die allerjüngste Zeit. Leider erlaubte es unsere Zeit nicht, länger am Mareb zu verweilen, die Nothwendigkeit der Abreise nach Europa rückte immer näher heran, und wir wollten vorher die Ruinen von Koloë besuchen.

Am 14. April verliessen wir den Mareb, marschirten in nordwestlicher Richtung, und erreichten in 5 Stunden das Flussbett des Obel. Der Abend brachte ein starkes Gewitter mit geringen Niederschlägen. Am zweiten Tage folgten wir dem Laufe des Flusses aufwärts, in dem gegen 50 Schritte breiten, sandigen, annähernd nur 3 m in die breite Ebene, die den Thalgrund vorstellt, eingeschnittenen Rinnsale. Freudig begrüssten die Träger nach einigen Stunden die erste Wasserstelle, wir hatten die Nacht vorher wieder ohne Wasser zubringen müssen.

Aehnlich wie der Mareb, fliesst auch der Obel einige Kilometer weit oberirdisch, in Form eines schmalen, zu beiden Seiten mit hohem Schilfe und Tamariskengesträuch bewachsenen Bächleins. Wasservögel gab es hier erstaunlicherweise gar keine, viele Spuren im Sande deuteten aber darauf hin, dass das Wasser von zahlreichen Viehheerden, und in nicht geringerem Grade auch von Antilopen verschiedener Grösse besucht zu werden pflegt. Es werden dies vornehmlich die Kudu und Montana gewesen sein, die Laevipesgazelle wurde schon seit dem Mareb vermisst, während sie sonst sich gerne mit der letztgenannten zusammen zeigte. Antilopen jeder Art müssen einen verhältnissmässig beschränkten Verbreitungskreis, oder vielmehr ein lokal beschränktes Vorkommen haben. Stellen, wo eine Gattung, scharf abgegrenzt, neben der anderen lebt. Ein allmählicher Uebergang findet, glaube ich, weniger als bei anderen Thieren statt. Das grössere oder geringere Bedürfniss nach Wasser mag hierbei eine Hauptrolle spielen.

Nach Aussage der Eingeborenen soll der Obel in seinem Oberlaufe zu dieser Jahreszeit kein offenes Wasser weiter führen. Wir gelangten nun zu der Stelle, wo er sich aus den Quellflüssen Mai Marah und Mai Godinah zusammensetzt, und verblieben in dem ersteren, um in dessen Bette so weit wie möglich hinaufzugehen, jedenfalls bis in sein oberstes Abrissgebiet. Sodann musste auf steilem Pfade die erste Terrasse der Wasserscheide zwischen Kohain und Saraë erstiegen werden. die nach längerer Unterbrechung wieder Schieferformationen darbot. Die oberste Terrassenschicht besteht zum grössten Theile aus schwarzem, in hexaëdrische Säulen abgesondertem Eruptivgestein.

Die Höhe gewährt eine herrliche Aussicht auf die Thäler des Obel und Mareb, sowie auf die Berge von Adua und Aksum. Leider trübten schwere Gewitterwolken die Fernsicht, und dazu kamen so heftige Winde, dass die Maulthiere Mühe hatten, auf dem schmalen Pfade festen Fuss zu fassen. Jenseits, durch ein enges Thal getrennt, liegt das hohe und schroffe Gebirgsplateau Maragus, ein Name, den auch der ganze hochgelegene Landstrich führt. Oben angelangt, überraschte uns vollkommene Dunkelheit und ein so heftiger Regenschauer, dass wir uns zum Bleiben entschliessen mussten, um so mehr, als jeder der Führer einen anderen Weg als den richtigen bezeichnete. In dem durchnässten hohen Grase hätten wir ein ziemlich ungemüthliches Nachtlager gefunden, schliesslich aber trafen die Träger, durch das Feuer herbeigelockt, zum grössten Theile wieder ein, um die Kalamität zu heben.

Am nächsten Tage waren wir nach 6stündigem Marsche in Godofelassi, und wieder mit Professor Schweinfurth und dem Gros der Expedition vereinigt. Unterwegs hatten wir die Dörfer Maadieh, Medjedjah, Abarhat und Adi Hasera passirt, unsere Marschrichtung war NO. gewesen, und die Vegetation hatte hauptsächlich Akazien gezeigt, die hier, wie in der zuletzt besuchten Marebgegend, keinen Gummi absondern. Godofelassi selbst ist ein armseliges, offenbar in letzter Zeit herabgekommenes Dorf, aus einer geringen Anzahl zerstreut liegender Hütten bestehend, die mit kegelförmigen Dächern versehen, und mit Stroh gedeckt sind, wie die „Tokul" des Sudan, während die Häuser in Dembelas, Arresa und Kohain, weil aus Stein aufgeführt, eine höhere Kulturstufe zu bezeichnen scheinen.

Wir befanden uns wieder innerhalb des direkten Okkupationsgebietes der Italiener, das durch die Militärstationen bezeichnet wird; Dembelas und Arresa, Kohain etc. lagen ausserhalb. Dort war zur Zeit unseres Besuches auch kein die Regierung vertretender Resident ansässig, man konnte es eher ein Protektionsgebiet, und zwar ein abgabenpflichtiges nennen. Das nächste Ziel der Reise, Okule Kusai, trat bis vor Kurzem ebenfalls aus dem Militärringe heraus. Jetzt hat es einen Militärposten (Presidio) zu Halai.

Uebrigens besass es seit der Besetzung des Hochlandes seinen ständigen italienischen Residenten zu Saganaiti.

Professor Schweinfurth hatte das Lager zu Füssen des auf einem Hügel, an einer früher durch eine Kirche eingenommenen Stelle, angelegten Forts von Adi Ugri aufgeschlagen. Er war auf direktem Wege von Mai Mafales dorthin gezogen, und beschreibt seinen Marsch folgendermassen:

Während meine Gefährten am Obel und am oberen Mareb der Jagd oblagen, zog ich mit dem Gros der Karawane ostwärts nach Adi Ugri, einem neuerdings von den Italienern 4 km im S. von Godofelassi besetzten Fort. Es hatte schwer gehalten, die nöthige Zahl von Trägern zusammen zu bringen, da uns von dem 85 km entfernten Asmara nur 90 derselben geliefert werden konnten, in Mai Mafales aber berufsmässige Träger überhaupt nicht aufzutreiben, alle übrigen Einwohner mit Pflügen der Felder beschäftigt waren. Mit vieler Mühe wurden noch einige Esel und ein Dutzend Leute herbeigebracht. Einige 30 Lasten mussten zurückgelassen, und nachträglich von Adi Ugri abgeholt werden. Der Weg führt in vorherrschend östlicher Richtung, und innerhalb des Gebietes von Dembelas Tahtai, stets auf dem Rücken der Wasserscheide zwischen Barka und Mareb (bezw. Ambessa) über Adi Liban, Adi Finne, Adi Bari, Mai Harisch nach dem am eigentlichen Ursprung des Ambessa, 3 km südlich vom Kloster Debra Mercurios*) gelegenen Adi Qomoschio, wohin wir am zweiten Marschtage gelangten.

Dieses Dorf war in Folge der letzten Choleraepidemie so dezimirt worden, dass von den meisten Häusern nur noch Ruinen übrig geblieben waren. Wegen des überaus schlechten Trinkwassers, das aus einer als Viehtränke benutzten flachen Pfütze, einem wahren Sulplatze, geholt werden musste, zog ich es vor, mit der Karawane einen Umweg nach NO. zu machen, nach dem 6 km entfernten Adi Tschondog. Vor Adi Qomoschio breitet sich an dem gegen N. gerichteten steilen Absturz eine ungefähr 4 qkm

---

*) Siehe Seite 123.

weite Ebene aus, die das schönste schwarzbraune Erdreich aufweist, das sich der Landwirth nur wünschen kann. Im NO. vom Dorfe gelangten wir zur Wasserscheide, die den obersten Zufluss des Ambessathales vom Messellem trennt, einem Wiesenbache, der gegen NW. zum Leito (Ferfer) und Barka abfliesst. Um die kleine Passhöhe zu überschreiten, auf deren Ostseite der Messellem fliesst, mussten wir am Südabhang einer eigenthümlich geformten Granitkuppe vorbei, die im NO. von Adi Qomoschio, und etwa $1\frac{1}{2}$ km entfernt liegt, und die vorhin erwähnte Hochfläche nach dieser Richtung begrenzt. Diese Kuppe wurde uns mit dem Namen Enda Mariam bezeichnet, obgleich ein Kloster dieses Namens gegenwärtig hier nicht vorhanden zu sein scheint; eine sehr grosse Pavianheerde hauste auf der Höhe.

Von Adi Qomoschio lagen die nächsten Nachbardörfer, Adi Ssub'a und Adi Ssamra, das erste in SW. und etwa in 2 km Abstand, das letzte 1 km in SO. Den Messellem erreichten wir beim Dorfe Adi Gulti, und gleich darauf kam Adi Tschondog. Diese Landschaft bezeichnet nach drei Seiten hin wichtige Wasserscheiden, nicht nur nach N. und W. hin diejenigen gegen den Barka und Ambessa-Mareb, sondern auch nach S. gegen den Obel. Weiter nach O. zu erhebt sich das isolirte Bergmassiv des Dabamatta, von wo aus noch weiter nach O. Thäler ihren Ursprung nehmen, die in den obersten Mareb auslaufen. Die Sohle des Thales des Messellem ist mit dem typisch dichten Rasenwuchs bedeckt, der in diesem Länderstriche die flachen Hochlandsthäler in der Nähe von Wasserscheiden (2200 m) charakterisirt, und enthält in einigen Erdrissen, sowie in einer Kette von grösseren Teichen beständiges Wasser (Wiesenwasser), von vorzüglicher Beschaffenheit. Auf der linken westlichen Thalseite, gegenüber Adi Gulti, ist eine Stelle, wo ein eigenthümliches, aschgraues, feinkörniges Lavagestein ansteht, das in aufrecht stehenden, senkrechten Rundsäulen gegliedert und abgesondert ist. Das vorherrschende Gestein ist stets geschichteter Thonschiefer, der an vielen Stellen sehr eisenschüssig wird. Wiederholt stösst man auch auf ganze Lager von sehr reichen Eisenerzen. Der Bildung des Laterit scheinen sich klimatische Hindernisse entgegen zu stellen, obgleich sonst alle Bedingungen zu demselben vorhanden sein mögen. Zwar ist die Scheidung von Regen- und Trockenzeit hier eine sehr ausgeprägte, aber die grösste Wärme fällt nicht mit den stärksten Niederschlägen zusammen, sondern gehört der Trockenperiode des Jahres an. Letzterer Umstand scheint die nächste Veranlassung zu der Abwesenheit des Laterits in den nordabyssinischen Gebieten gegeben zu haben.

Die Bildung des schwarzbraunen Erdreichs, welches wir auf unserer Reise zuerst in der dem oberen Barka angehörigen Niederung nördlich von der Wasserstelle Otal antrafen, scheint mir an das Auftreten eines sehr feinkörnigen und festen schwarzen basischen Plagioklasgesteins von porphyrischer Struktur gebunden; denn ich fand die Erde stets von der charakteristischen chokoladefarbigen Beschaffenheit, als Verwitterungsprodukt zwischen den losen Stücken des genannten Gesteins, da wo es an die Oberfläche trat, und den Boden mit kleinen aber stets kantigen, oft rhomboëdrisch gestalteten Trümmerstücken bedeckte. So namentlich am Nordabfalle des Dembelas gegen den Messiam zu, am Maulthierpfade nach Ferfer, wo das obere Drittel des Abstieges von diesem Gestein eingenommen wird.

An der Zusammensetzung des festen Rasens, der die Thalsohle des Messellem deckte und einem reichen und gut gepflegten Viehstande als vortreffliche Weide zu dienen scheint, betheiligen sich vorzugsweise die Gräser: *Themeda triandra, F., Aristida adoensis, H., Cynodon Dactylon, L.* (diese europäische Art bildete die Hauptmasse), ferner *Chloris abyssinica, H., Andropogon Schimperi, H., Sporobolus indicus, R. Br.* und *Setarea aurea, H.*

Das Nachtlager von Adi Tschondog ist mir unvergesslich wegen einer kleinen Episode, die viel Licht auf die neuen Zustände in der Erytraea zu werfen schien. Der Ortschef (Schum) wies mir bei seinem unter Mitbringung von Broden für die Träger, von Honig und dergleichen Gastgeschenken vollzogenen Antrittsbesuch, zwei Zettel vor, die ich Anfangs für Empfehlungsbriefe hielt; dieselben entpuppten sich aber als regelrechte Steuerquittungen für das Dorf und für seine Person, ausgestellt von der zuständigen Behörde zu

Asmara. Das Steuererheben war in dieser Gegend angeblich etwas ganz Neues, noch Ungewohntes. Die Dembelaser rühmten sich, nie und Niemandem Steuern bezahlt zu haben, selbst nicht dem Negus Negest Johannes*). Und nun kam ein Ortschef, um mit seiner Steuerquittung selbstgefällig zu prunken! Denn etwas anderes war mit der Vorweisung der Zettel nicht bezweckt. In dem stolzen Nachweis, dass sie ihren Verpflichtungen gegen die Regierung nachgekommen seien, lag eine offenkundige Billigung der bestehenden Verhältnisse, und daran knüpfte sich das Bewusstsein, dass sie als Steuerzahler ein Anrecht auf den Schutz der Regierung hätten. Diese Scheine gestalteten sich gleichsam zu einem Talisman gegen die Raubeinfälle der Bazen oder gar der Mahdisten. Die Einwohner werden jedenfalls schon davon gehört haben, dass Italien zum Schutze der im Westen des Gebiets bedrohten Völkerschaften wiederholt und mit vollem Erfolge seine Truppenmacht aufgeboten hatte, bisher aber glaubten sie vielleicht doch befürchten zu müssen, dass gegebenen Falls dieser wirksame Schutz von den Launen und dem guten Willen des jeweilig in Betracht kommenden Platzkommandanten abhängig sein könnte; jetzt aber, mit dem Schein in der Hand, hatten sie ein Recht, solchen zu fordern. So erwies sich diese im Allgemeinen nicht als Wohlthat der Kultur angesehene Einrichtung hier als ein förderndes Kulturelement, Ordnung und ein geregeltes Leben verbürgend. Es darf übrigens nicht ausser Acht gelassen werden, dass die Achtung und das Zutrauen, deren sich die bereits seit mehreren Jahren funktionirenden Gerichte erfreuen, wesentlich das ihre dazu beigetragen haben, der Steuererhebung die Wege zu ebnen. Solche Gerichte bestehen im Hochland zu Asmara und Keren, werden vom Platzkommandanten präsidirt, und beobachten bei völlig öffentlichem Verfahren ein möglichstes Eingehen auf die bestehenden Satzungen, namentlich der christlichen Abyssinier und der Mohamedaner. Gewählte eingeborene Beisitzer, der Ortschef, Geistliche beider Religionen, Kaufleute dienen dazu,

---

*) Dieser Angabe widerstreiten die in der Arbeit des Cap. Perini gegebenen statistischen Daten. Nach Cap. Perini: Siehe Seite 69 Anm. 2.

diese Aufgabe zu erleichtern. Der Gerichtstisch trägt eine Tafel mit dem in italienischer, amharischer und arabischer Schrift wiedergegebenen Wahlspruch, der alle italienischen Gerichtshöfe ziert: „Das Gesetz ist ein gleiches für Alle".

Auf dem Weitermarsche nach Osten hatten wir, um die grosse Strasse wieder zu erreichen, das Messellemthal südwärts bis zu seinem Ursprung etwa 3 km weit hinaufzugehen. Von der Höhe der Wasserscheide aus sah man in südlicher und östlicher Richtung auf eine sehr merkwürdig zerrissene Bodengestaltung hinab, und auf nach verschiedenen Seiten auseinandergehende Thalsysteme. In O. erhob sich, einer Riesenburg vergleichbar, die gewaltige, aus regelmässig horizontal gelagerten Thonschiefern gebildete Bergmasse, die nach dem an ihrer Ostseite befindlichen Kloster Dabamatta (abgekürzt aus Enda-Abba-Matta) genannt wird, nach Anderen Ssemâssim heisst, und die von Godofelassi ungefähr 22 km entfernt ist. Dieser isolirte Bergstock, der nach allen Richtungen weit sichtbar ist, mag die umliegende Gegend, die mindestens 2000 m Meereshöhe hat, um ungefähr 300 m überragen. Von der erwähnten Höhe aus gewahrte man diesseits des Dabamatta, gleichfalls in östlicher Richtung, und zwar aus einer Thalsenkung hervorragend, welche, soweit das Gesichtsfeld reichte, durch die, dieselbe nach Westen und nach Osten abgrenzenden Kämme und Bergrücken angedeutet war, drei ausserordentlich eigenthümlich gestaltete schwarze Felsmassen, die in der Richtung nach S. oder nach SO. stark überhingen, den schiefen Thürmen von Pisa gewissermassen vergleichbar. Diese schrägen Felskämme ragten nur ungefähr 100 m über die sie umgebenden Felsrücken aus der Tiefe eines unserem Gesichtskreise entzogenen Thales empor. Mein Gewährsmann nannte sie Mbá Bellalách.

Ich bedauere unendlich, durch den Drang der mich damals in Folge des Trägermangels umgebenden Verhältnisse nicht in der Lage gewesen zu sein, einen genaueren Einblick in diese hochinteressante Gegend nehmen zu können. Der direkte Weg von Asmara nach Dembelas oder nach Arresa führt durch dieselbe mitten hindurch. Hier harrt eine wichtige geographische Frage noch der Lösung.

nämlich diejenige, welche durch Th. v. Heuglin's Angabe*) eines Vulkans „mit Krater, Caldera und pyramidalem Erruptionskegel im Zentrum" hervorgerufen worden ist. Nach v. Heuglin soll dieser auf der Ostseite des Dabamatta befindliche Vulkan den Namen „Az Schemer" führen. Rohlfs aber, der 1880 dicht an dem Dabamatta vorbeikam, vermochte weder diesen Namen noch das Vorhandensein eines Vulkans, wenigstens keines thätigen, in Erfahrung zu ziehen.**)

Ueber verschiedene, vorherrschend in südwestlicher Richtung abgehende Thäler und dazwischenliegende Höhen von 200 bis 300 m schreitend, gelangten wir, bei den Dörfern Adi Besa, Dherrebien, Dako Rassi (in NO. von diesem vorbei, wo der Weg von Arresa sich mit dem vorigen vereinigt), Guschet und Mai Libass vorbeikommend, nach $4^{3}/_{4}$ Wegstunden von Adi Qomoschio zu dem Südabfall des Dabamattaberges, nahe bei dem kleinen Dorfe Gnemeró (2 km weiter im Norden und höher am Berge lag

---

*) v. Heuglin, Reise 1868 S. 134; ferner Steudner in: Zeitschrift für allgem. Erdkunde XII S. 334.

**) Rohlfs, Meine Mission S. 154. Nach Steudners Bericht, an bereits angegebener Stelle, sollte der Vulkan seit dem Mai des Jahres (1861) thätig gewesen sein.

Adi Schimabtu). Am Kesseleinbruch einer nach Westen und SSW. tief abfallenden Schlucht, betraten wir die Wasserscheide der zum oberen Mareb bei Godofelassi, und der zum Obel und zum Mareb von Kohain abgehenden Thäler. Dabei bezeichneten dichte Rasenflächen den Ursprung eines anderen Thales, das uns über Adi Mognanti in SO. und SSO. ungefähr 12 km weit bis zum Fort Adi Ugri auf ebener Wiesenfläche hinabgeleitete. Die weite Ausdehnung des schwarzen Erdreichs hatte schon auf der letzten Wegstrecke, seit Adi Tschondog. meine Bewunderung erregt. Viele Dörfer, die am Wege lagen, hatten durch die Drangsale der letzten Jahre, namentlich in Folge der durch Ras Alula veranlassten Raub- und Vernichtungszüge, dann aber auch durch Cholera, Viehseuche, Heuschrecken und Misswuchs, kurz und gut, durch alle nur denkbaren Uebel und Landplagen, einen grossen Theil ihrer Bewohner, ja vielleicht alle waffenfähigen Männer eingebüsst, andere (wie z. B. Adi Besa an der Grenze von Dembelas) erschienen gänzlich verlassen, und dichter Graswuchs war in den Thälern an die Stelle ehemaliger Ackerflächen getreten. Zwischen den Grasbüscheln, die von keiner Viehheerde abgeweidet wurden, sah man überall das üppige schwarze Erdreich hervorstechen. Diese die Thalmulden bedeckenden Alluvionen, haben im Distrikt von Godofelassi eine noch grössere Ausdehnung genommen.

Bei einem neu angelegten schönen Ziehbrunnen, neben dem sich eine von den eingeborenen Soldaten der Garnison besorgte Ziegelbrennerei befand, hatte ich dicht unter dem Fort Adi Ugri auf der Nordseite das Lager aufschlagen lassen. Kapitän Folchi, der durch langjährigen Aufenthalt mit Land und Leuten vertraut gewordene Kommandant des Platzes, ebenso sein Stellvertreter, Tenente Anghera, hatten uns bereits während unseres Aufenthaltes in Mai Mafales durch Zusendungen verschiedener Art viele Gefälligkeiten erwiesen; jetzt war ihre liebenswürdige Führung und Gesellschaft für uns von besonderem Werth, da es in der Umgegend von Godofelassi vieles zu sehen gab, was die Aufmerksamkeit des Kolonialfreundes ganz besonders zu fesseln versprach."

Bei Godofelassi ist eine der drei Versuchsstationen, die der mit der Leitung der italienischen Kolonisation in der Erytraea beauftragte Baron L. Franchetti hat anlegen lassen. Die erste in Asmara, im Jahre 1891 gegründet, hat eine Höhenlage von 2300 m, die beiden anderen in Gura und Godofelassi liegen etwas niedriger, und haben die mässige mittlere Jahreswärme von circa $+ 18^0$ C Sie datiren aus dem Jahre 1892. Die italienische Kolonisation ist mit ihren Versuchen langsam und zielbewusst vorgegangen, sie stützt sich in allen Punkten auf gemachte feste Erfahrungen, und hütet sich ängstlich vor Uebereilungen irgend welcher Natur. In Italien wie überall, hat man in vielen Kreisen die Kolonialversuche misstrauisch und mit Zweifel hinsichtlich des Erfolges beobachtet, ein Misslingen irgend welcher Art würde daher von grossem Nachtheile für das allgemeine Interesse gewesen sein, das man im Lande der Sache entgegenbrachte. Baron Franchetti will die Erytraea nicht als Ablenkungsgebiet für den grossen Strom der Auswanderer betrachtet wissen, welches Vorgehen eine Verdrängung der Eingeborenen und ihrer Rechte im Gefolge haben würde. Die Hauptstütze der Kolonie soll in nationalökomischer Hinsicht der Eingeborene sein und bleiben. Auch vor übertriebenen und gewagten Experimenten mit intensiver Plantagenkultur ist er in Anbetracht der nicht sehr bedeutenden finanziellen Mittel, welche Italien in das Ausland abzuführen in der Lage ist, auf der Hut gewesen. Jahrelange, genau angestellte Versuchskulturen sollten zunächst ergeben, inwieweit der Boden in der Lage ist, einen europäischen Kolonisten zu ernähren, und ein wie grosser Landkomplex hierzu erforderlich sein würde. Solchen Versuchen dienten die Stationen in erster Linie, späterhin wurde dann ganz besondere Sorgfalt auf die Auswahl der Ansiedler verwandt. Es sollten keine verkommenen oder ihren Lebensberuf verfehlt habenden Individuen sein, sondern tüchtige Bauernfamilien, die durch die Arbeit ihrer Hände das zu leisten im Stande wären, was zu unabhängigem Fortkommen geboten erscheint. Franchetti selbst hat sie aus der grossen Zahl der zur Auswanderung sich Meldenden herausgewählt. Die Bedingung, die ihnen die Regierung stellte, betraf zunächst eine Verpflichtung auf 5 Jahre. Sie erhielten 15 bis 20 Hektar bestes Ackerland kostenlos, und eine auf 10 Jahre giltige

Abgabenfreiheit vom 1. Januar 1894 ab wurde für diesen Grundbesitz gewährt. Ferner gab die Regierung ihnen, ausser kostenfreier Reisebeförderung, alles im fremden Lande Erforderliche: Zugvieh, Geschirr und Gespann, Ackergeräth, Saatkorn und für die erste Zeit der Ansiedelung freie Lebensmittel und Wohnung. Freie Rückfahrt wurde erst nach 5 Jahren und nach Erfüllung ihrer Verpflichtungen zuerkannt, um solchen Elementen die Möglichkeit der Ansiedelung abzuschneiden, die keine ernsten Absichten verfolgten. Die vom Staate ausgelegten grossen Beträge für die genannten Anschaffungen müssen natürlich im Laufe der Zeit zurückgezahlt werden, und zwar geschieht das in der Weise, dass vom zweiten Jahre ab die Hälfte der Ernteerträge, bis zur Tilgung des Darlehens, der Regierung verfällt.

In Godofelassi hatten unter diesen Bedingungen die Bebauung der Ländereien 10 Familien mit im Ganzen 61 Köpfen übernommen, die auf einem kleinen Hügel in der Nähe von Adi Ugri, vorläufig in geräumigen runden Kugelhütten abyssinischer Art untergebracht waren. Die Bedingung der Abtretung des halben Ernteertrages erscheint nicht so drückend, wenn man bedenkt, dass Ländereien von der vorher bezeichneten Grösse in einem Durchschnittsjahre in der Lage sind, einer Familie von 6 bis 7 Personen Lebensmittel auf 2 Jahre zu gewähren, und wenn man weiter berücksichtigt, dass die Versuchsstation aus ihren Vorräthen die nicht selbst angebauten Lebensmittel und nöthigsten Verbrauchsartikel (z. B. Salz) den Ansiedlern zur Verfügung stellt. Ausser den angegebenen Familien hat ein junger Italiener, Gilardi, sich 30 Hektar von der Regierung kostenfrei, jedoch mit der Verpflichtung zum Bodenzins überweisen lassen, und hat mit Hilfe von 5 seiner Landsleute eine kleine Musterwirthschaft gegründet.

Der im ersten Augenblicke sich ergebende Einwand, dass es den Kolonisten nicht möglich sein dürfte, baare Geldmittel zur Befriedigung aller jener kleinen Bedürfnisse zu erwerben, die das Kulturleben mit sich bringt, kommt in Fortfall, wenn man berücksichtigt, welche Dimensionen der Handel aus dem Innern nach Massaua bereits heute angenommen hat, und wie viele kleine Karawanen fast täglich sich zur Küste hinbewegen. Die stets wachsende Zunahme dieser

Handelsbewegung giebt eine Tendenz zu erkennen, die zu den besten Hoffnungen berechtigt. Der italienische Kolonist wird der erste sein, der hiervon Vortheil ziehen kann, denn es wird ihm nicht schwer fallen, für den Markt allerhand kleine Produkte zu liefern, nach denen besondere Nachfrage ist, wie z. B. Tabak, verschiedene Gemüse und Fruchtsorten, Kartoffeln, Gewürze und dergl. Tenente Anghera in Godofelassi hat gelegentlich der wegen des Waffen- und Munitionsschmuggels gebotenen Untersuchung der Karawanen in den 9 Monaten, von Juni bis März 1894, die folgenden Waarenbewegungen festgestellt:

Nach Massana:	Maulthierlasten
Kusso	3
Häute	44
Wachs	36
Kaffee	588
Elfenbein	24
Nach Abyssinien:	
Seidenzenge	7
Petroleum	7
Alkoholische Getränke	80
Durrakorn	30
Baumwollstoffe	216
Rohbaumwolle	205
Tabak	62

Es ist zu bemerken, dass in diese Zeit die unwegsamen Monate der Regenperiode hineinfallen, während derer keine Karawanen gehen. Rechnet man ein Viertel mehr für die 3 übrigen Monate, so ergiebt sich z. B. eine Ausfuhr über Massaua von 59 000 Kilogramm Kaffee, in Kairo wurde der Marktwerth des abyssinischen Kaffees zu 11 Piaster die Oka angegeben, gegen 13 bis 14 für den echten Mokka, einem Werthe von 100 000 bis 150 000 Francs entsprechend. Unter der Annahme, dass auf dem anderen Hauptwege über Majo mindestens dieselbe Kaffeemenge ihren Weg findet, resultirt eine Gesammtausfuhr im Werthe von 200 000 Francs, dies einem ganz minimalen Betrage gegenüber, den man früher angenommen, und den noch die „Commissione d'inchiesta" auf nur einige 20000 Francs berechnet hatte. Die Kolonisten haben also jedenfalls die Möglichkeit, Produkte für die Ausfuhr nebenher anzubauen, ebenso wie für die Bedürfnisse der auf denkbare Zeiten noch erforderlichen Besetzungstruppen, und können sie auf diese Weise ihrem Geldbedürfnisse abhelfen. Während der Monate, in denen die Bebauung des Bodens in Wegfall kommt, kann die in Abyssinien noch ganz unbekannte Korbflechterei und Töpferei zu einem Nebenerwerbe führen, der ausserdem im Interesse der Kolonie ist, damit die werthvollen Häute weniger von Eingeborenen selbst verbraucht werden, sondern ihre Bedeutung im Ausfuhrhandel einnehmen, die ihnen gebührt.

Die Versuchsstation in Godofelassi erscheint etwas gefährdet, da die Lage unmittelbar am Eingangsthore zum äthiopischen Reiche ist. Andererseits lässt sich aber von dort aus, weil an der grossen Heerstrasse gelegen, eine grössere Einwirkung auf das eigentliche Abyssinien erhoffen, auch erscheint gerade hier die Höhenlage, sowie die überaus fette, thonhaltige und stellenweise bis 2 m dicke Ackerkruste allen Anbauversuchen ganz besonders günstig.

Wasser findet sich bei 3 m Tiefe, und ausserdem in einer zum Tränken des Viehes ausreichenden Menge das ganze Jahr hindurch in einzelnen Erdrissen des Thalgrundes, die während der Regenzeit fliessende Bäche sind.

Versuche werden gemacht mit der Anpflanzung von Apfel-, Birn-, Kirsch- Pfirsich-, Feigen-, Johannisbrod- und Maulbeerbäumen, ferner von Oliven, Kiefern (*P. Pinea* und *P. Laricio*), Cypressen, speziell aber von Weinstöcken, deren Anbau in grösserem Maasse betrieben werden soll, und die hier bereits im zweiten Jahre Ertrag liefern können. In gleich vorzüglicher Weise gedeihen alle europäischen Gemüse, namentlich auch Kartoffeln und sogar Erdbeeren. Von den Hauptprodukten, Weizen, Gerste, Bohnen, Erbsen und Linsen, liegen in den grossen Magazinen der Station stets Vorräthe zur Vertheilung an die Kolonisten bereit. Das Ergebniss an Weizen soll 800 kg*) vom Hektar im Durchschnitt betragen haben.

*) Also zwischen 17,5 und 20 hl, was dem Durchschnittsertrage des Weizens in Aegypten gleichkommt.

Neben dem Ackerbau wird grosser Werth auf die Viehzucht gelegt. Es wurden vor einigen Jahren 20 Romagnastiere eingeführt. Leider krönte der Erfolg nicht die Bemühungen, eine Seuche raffte die Stiere zum grössten Theil im ersten Jahre schon hinweg, die übrigen siechten hin, offenbar, weil sie sich an das fremdartige Grasfutter nicht zu gewöhnen vermochten. Bessere Resultate wurden mit Schafen erzielt, die sich gut zu halten, und auch zu vermehren scheinen. Der augenblickliche Besitzstand beträgt annähernd 300 Stück. Die Erfahrung mit den Stieren deutet wieder darauf hin, dass es stets empfehlenswerther ist, einheimische Rassen zu veredeln, als Versuche mit der Einführung neuer europäischer Arten anzustellen. Das Rindvieh hat allerdings augenblicklich im Lande selbst einen ungewöhnlich hohen Marktwerth, in Folge der Seuchen der vergangenen Jahre, die stellenweise bis 60 pCt. des Besitzstandes der Einwohner hinweggerafft haben. Schutzimpfungen, wie sie bereits seit zwei Jahren in allen südafrikanischen Gebieten, sogar in Maschonaland und bei uns in Südwestafrika mit Erfolg geübt werden, scheinen hier noch nicht versucht worden zu sein. Wenn auch in Folge der Theuerung die Kosten nicht bedeutend gemindert werden, so könnte es trotzdem empfehlenswerther sein, hervorragende einheimische Thiere anzukaufen, um dieselben im Hinblick auf eine veredelte Nachzucht zu verwenden. Dieselbe Regel des Verbesserns einheimischer Produkte, und des Verharrens bei ihrer Verwerthung lässt sich, glaube ich, mit gewisser Berechtigung auch auf Bodenerzeugnisse anwenden.

Die Versuchsstation, eine Musteranstalt ihrer Art, ist der Obhut eines Hauptmanns der Genietruppe in Angelegenheiten der Katasteraufnahme, eines technischen und finanziellen Direktors, und eines landwirthschaftlichen Leiters anvertraut. Im Laufe der Zeit sollen in der ganzen Kolonie Katasteraufnahmen stattfinden, zur Festsetzung des für die italienischen Ansiedler frei bleibenden Areals. Man will kein den Eingeborenen rechtmässig zukommendes Land expropriiren. An verlassenem, herrenlosem, oder völlig unbebaut gebliebenem Ackerboden ist, wie bereits angedeutet wurde, Ueberfluss.

Im OSO. von Adi Ugri, etwa 10 km entfernt, nimmt ein

Seitenthal des Mareb, Mai Kummel, seinen Ursprung. Dort ist ein ergiebiges Kalkvorkommen, und die „statione agricola" hat an jener Stelle für ihre Bauten einen Kalkofen errichtet. Kalk als Sedimentgestein fehlt in der Kolonie mit Ausnahme der Küste vollkommen. Ebenso wie in einigen anderen Stellen der Erytraea, bei Ginda und Asmara, tritt der Kalk in gleicher Weise wie in den vulkanischen Distrikten Südarabiens nur lokal, in geringer Ausdehnung auf, als Erzeugniss der Quellenthätigkeit. Es hat sich genau am Ursprunge des Thaleinbruches, vermittels einer hervorrieselnden Quelle, der Kalk als Travestin gebildet. Das Wasser fliesst über moosbekleidete senkrechte Wände herab, und man sieht deutlich das Entstehen der verschiedenen Tropfsteingebilde (poröse Massen, Röhren, Stalactiten, Blattabdrücke etc.), je nach den Formungen, welche die Pflanzenwelt als Grundlage des Vorgangs, an den einzelnen Stellen aufzuweisen hat.

Bei Godofelassi ist der Graswuchs der Steppe vielfach mit *Aloe Camperii* durchsetzt, während die *Aloe Abyssinica* verschwindet. Die letztere liefert kein Aloe, hingegen kann aus der ersteren durch Abschneiden der Blätter der Saft mit Leichtigkeit ausfliessen gelassen und angesammelt werden. Der moosgrüne dicke, und sofort eine bräunliche Farbe annehmende Saft lässt sich an der Sonne bis zur harzartigen Konsistenz eintrocknen. Ein Kilogramm des auf diese Weise schnell dargestellten Aloe wurde präparirt, behufs Einsendung an die Ausstellung in Mailand. Mit der Zeit kann Aloe ein mehr oder weniger wichtiges Ausfuhrprodukt für das Mutterland werden, ebenso wie das *Gummi arabicum*, ferner Ebenholz, und das aus dem in Dembelas und im Bogoslande in ungeheuren Mengen wild wachsenden Andropogon zu gewinnende Gras- oder Citronellaöl.

Vorher habe ich schon erwähnt, dass unsere Zelte einige Kilometer von Godofelassi entfernt, am Fusse des Forts Adi Ugri aufgeschlagen worden. Das Fort ist besetzt durch eine Kompagnie von 190 regulären Indigeni, befehligt von 3 italienischen Offizieren. Die von einer Mauer umgebene Plattform auf der Spitze des Hügels ist geräumig angelegt, enthält das kleine Kasino, das auch zu

Gerichtssitzungen bestimmte Büreau, die Wohnungen der Offiziere, und die Pulverkammer. Zu letzterer dient die ehemalige Kirche von Adi Ugri. An Geschützen besitzt das Fort 3 Mitrailleusen, deren Bedienung, wie ich mich überzeugen konnte, die einheimischen Soldaten meisterhaft verstehen. Ebenso wie die italienischen Offiziere in allen Theilen der Kolonie, waren auch hier Kapitän Folchi und Tenente Anghera von gewinnender Liebenswürdigkeit, und von dem weitgehendsten Entgegenkommen. Ein vergnügter Abend in dem kleinen, mit Leopardenfellen ausgestatteten Kasino gehörte zu den angenehmsten Stunden, die ich in der Kolonie verlebt habe.

Alle die, die Kulturflächen von Godofelassi umgebenden Hügel und Anhöhen sind von vollkommen horizontal gelagerten Schichten gebildet, die mit hartem Basaltgestein oder mit basaltischen Tuffen abwechseln. Das Gebiet von Godofelassi besteht nach Baldacci's Bericht (S. 52. 53) gänzlich aus diesen Felsarten.

Jagdlich würde Godofelassi als das Eldorado des die Bequemlichkeit liebenden Schützen zu bezeichnen sein. Eine Pürsche bei Sonnenaufgang in dem dicht bei dem Fort sich erstreckenden niederen Gestrüpp war ebenso unterhaltend wie ergiebig. Wir übten sie fast jeden Morgen aus, und kamen nie nach Hause, ohne 2 bis 3 Telbedn- oder Madoquaantilopen, und einige Zwergtrappen erlegt zu haben. Einmal wurden bei solcher Gelegenheit vor dem Hunde des Hauptmanns zwei Serval, ein anderes Mal die vorher erwähnte, noch unbestimmte helle Wildkatze erlegt.

Nach einigen, in Godofelassi sehr angenehm verbrachten Tagen, war der Augenblick des Weitermarsches herangekommen. Durch die fortschreitende Bebauung des Bodens zeigten die Eingeborenen mehr und mehr Abneigung, ihre Heimstätten zu verlassen, und es wurde geradezu unmöglich, die erforderlichen 150 Trägerlasten zu gleicher Zeit zu befördern. Wenn auch die Vorräthe an Lebensmitteln allmählich beträchtlich sich vermindert hatten, so waren an ihre Stelle die Pflanzensammlungen von Professor Schweinfurth, sowie meine zoologische Ausbeute an Fellen, Gehörnen, Schädeln und Vögeln, schliesslich Waffen und ähnliche Gegenstände des einheimischen Kunstfleisses getreten. Es erschien daher zweckmässig, dass ich mit der einen Hälfte der Expedition voraus marschirte, und Professor Schweinfurth mit dem anderen Theile nachfolgte. Als wir am 19. April Godofelassi verlassen wollten, kann man sich unsere Ueberraschung denken, als die zuletzt mitgeführten 70—80 meist aus Asmara stammenden Träger, während der Nacht ohne Ausnahme spurlos verschwunden waren, wir somit ziemlich allein dastanden. Die Träger hatten sogar den für mehrere Tage rückständigen Lohn im Stiche gelassen, so gross war ihre Eile gewesen, von uns loszukommen. Es war wiederum der liebenswürdigen Hilfe des Kapitäns zu verdanken, dass Träger, Maulthiere und Esel vielleicht etwas zwangsweise und mit Hilfe von Soldaten rekrutirt wurden, wodurch wir dann in die Möglichkeit versetzt waren, den projektirten Aufbruch bewerkstelligen zu können. Anderenfalls würde es zur Beschaffung frischer Trägerkräfte von sehr entlegenen Plätzen her vieler Wartetage bedurft haben.

In Folge der Verzögerung mussten wir bis in die Nacht hinein in NO. marschiren. Einige Wegstunden von Adi Ugri in O. entfernt, hatten wir bei dem fast ausgestorbenen und verlassenen Dorfe von Amba Sareb, einen gegen 200 m tiefen Abstieg zu der Niederung des Mareb zu bewerkstelligen. Wir lagerten schon bald in der Nähe des Dorfes Schehä auf einem kleinen Felsplateau, einer Art Vorstufe, die den Uebergang zu der wenig ausgedehnten Ebene bildet, die sich längs dem Absturz des engeren Marebthales hinzieht, dessen Breite ungefähr 3 km beträgt. In derselben beschleunigten Weise zu marschiren wie bisher, war mir vorläufig in Folge einer schon seit einiger Zeit andauernden, an Dysenterie erinnernden Erscheinung unmöglich gemacht. Der Abstieg zum Mareb selbst am nächsten Tage bereitete den Maulthieren ziemliche Schwierigkeiten, da er steil über jähe Felsblöcke hinunter führt. Das Bett des Mareb ist kaum 15 m breit, und voller Blöcke und grobem Geröll. Es führt ein wenig stagnirendes, aber gutes Wasser, und dürfte für den Geologen von besonderem Interesse sein, da der Fluss aus seinem obersten Quellgebiete die verschiedensten und mannigfaltigsten Gesteinsarten herabschwemmt. Jenseits erhebt sich eine Hochfläche, mit dem den höchsten Punkt bezeichnenden Dorfe Mai

Hotha, von wo aus Gura sichtbar wird. Vor diesem grossen Dorfe liegt im Westen die schon erwähnte zweite italienische Versuchsstation, mit nach europäischem Muster angelegten Kulturen. Die Versuchspflanzen sind so ziemlich dieselben wie in Godofelassi. In vorzüglich organisirter Weise stiessen hier, an der Grenze von Okule Kusai, uns entgegen gesandte Soldaten der irregulären, aber in italienischem Solde stehenden Banda dieses Gebiets zu uns, zur Ablösung der regulären Indigeni von Godofelassi, die ich jedoch ebenfalls einstweilen bei mir behielt.

Das Dorf Gura liegt auf einer Anhöhe, und ist terrassenförmig gebaut, d. h. die flachdachigen Häuser sind mit der Rückwand an den aufsteigenden Berg angelehnt. Die Bauart ist die für diesen Landestheil besonders typische, aus Stein hergestellte Hütten mit erdbedeckten Dachflächen.

Wir befinden uns jetzt in Okule Kusai, das von einem rein abyssinischen Stamme bewohnt wird. In früheren Zeiten war Gura ein noch grösserer und sehr bevölkerter Platz. Die Choleraepidemien der letzten Jahre, Trockenheit und Hungersnoth haben die Bevölkerung dezimirt, und zur Auswanderung gezwungen. Gura, so wurde mir gesagt, soll heute nur noch 150 erwachsene männliche Bewohner aufzuweisen haben. Der erste Besuch galt, um den Ort in Augenschein zu nehmen, der Kirche. Sie bot nichts neues, war theilweise bemalt, und der immer noch den Drachen erspiessende Heilige Georg durfte nicht fehlen. Weithin schallender Gesang ertönte aus der Vorhalle, in der soeben die Taufe eines Kindes vollzogen wurde. Der kleine Guraner wurde thatsächlich getauft, d. h. von den beiden fungirenden, mit rothen Mänteln bekleideten Priestern gründlich gewaschen, und dann an den die fünf Sinne charakterisirenden Körpertheilen mit einem in heiliges Salböl getauchten Stabe berührt. Der Priester singt hierbei eine gewisse Litanei, in deren Refrain die anwesenden Eltern und übrigen Geistlichen einstimmen. Eingeleitet wird die Zeremonie durch Verlesen einiger Seiten aus der heiligen Schrift, den Schluss bildet das übliche Umhängen der blauen Halsschnur, als Zeichen der Angehörigkeit zum abyssinischen Christenthume.

Ein Besuch beim Dorfchef („Schum-Adi") enthüllte mir das Innere der geräumigen Hütten, die im Uebrigen denen von Mai Mafales gleichgestellt sind.

Annähernd vier Marschstunden von Gura entfernt liegt Saganaiti. Der Weg führt an dem ebenfalls terrassenförmig angelegten Maaraba vorbei, das in dem vegetationslosen sandigen Terrain ungefähr den Eindruck eines ägyptischen Dorfes gewährt. Dieser wird noch erhöht durch einen weissen runden, aber schlanken mehrstöckigen Bau, der die Wohnung des Ortsoberhauptes ist, aber in Aegypten unbedingt für eine Art Minaret angesehen werden würde.

Saganaiti ist die Residenz des bereits bei Keren erwähnten Dedschiatsch Bata-Hagos, des Herrschers von Okule Kusai*), ausserdem des italienischen Residenten, Tenente Sanguinetti.

Okule Kusai besass Ende des Jahres 1892 nach der Schätzung von Kap. Perini zwischen 50 und 60000 Einwohner, von denen gegen 7000 sich zur römisch-katholischen Kirche bekannten, und 500 Mohamedaner waren.

Die Provinz erstreckt sich in der Hauptrichtung ca. 120 km von NW. nach SW. hin, im Süden von der zum Königreich Tigre gehörigen Provinz Agame begrenzt, und umfasst 286 mehr oder weniger grosse Dörfer. Die an die italienische Kolonialregierung entrichteten Abgaben betragen gegenwärtig jährlich 42000 Frcs. Bata-Hagos bezieht ein mässiges Monatsgehalt, nebenbei natürlich Bezüge nicht offizieller Art, von zivilrechtlich streitenden Parteien, bei denen er Schiedsrichter ist etc., sowie für 345 Mann von ihm ständig unterhaltener irregulärer Banda Sold und Munition von der Regierung. Ausserdem kann Okule Kusai mit Leichtigkeit 1000 weitere Bewaffnete ins Feld stellen, da sich im Lande gegen 2000 Gewehre in Privatbesitz befinden sollen. In Keren nahmen Ende Februar des Jahres 500 Soldaten, unter Anführung des Dedschiatsch an den gemeinsamen Uebungen der Truppenkonzentration Theil. Sie wurden sehr gerühmt, und sollen in der Ausübung

---

*) Wir folgen der auf unseren Karten eingebürgerten Schreibweise. Kap. Perini schreibt „Acchelò-Guzäi" (deutsch: Akkelé-Guzai.)

ihres militärischen Berufes den Indigeni eifrig nachstreben. Die vor der Schlacht bei Agordat ausgeführten Tagesmärsche haben seiner Zeit allgemeine Bewunderung hervorgerufen.

Bei Gerichtsverhandlungen zivilrechtlicher Natur ist der Resident die höhere Instanz über der Entscheidung des Dedschiatsch, bei strafrechtlichen Sachen erkennen die Gerichtshöfe von Asmara und Keren in allen das Gebiet der Kolonien betreffenden Fällen, mit Ausnahme von Massaua, wo nur italienische Gerichtsbarkeit besteht.

Unter Negus Johannes war Bata-Hagos Anführer von 200 Räubern in den hiesigen Bergen, und erbitterter Feind von Ras Alula. Seinen Bruder liess er ermorden, weil er sich mit dem genannten berühmten abyssinischen Heerführer vereinigen wollte. Durch diese That gerieth er in Acht und Bann. Als die Italiener in das Land kamen, schloss er sich ihnen, als den natürlichen Feinden Ras Alula's an, und wurde zum Dedschiatsch von ganz Okule Kusai ernannt. Später trat er zur katholischen Kirche über, zu welcher sich ein grosser Theil der Bevölkerung des Landes bekennt. Er ist ein Mann in den fünfziger Jahren, mit ergrautem Haar und von ernstem Aeusseren. Er soll im Lande bedeutendes Grundeigenthum besitzen, und über einen grossen Viehstand verfügen. Man schien aber höheren Orts mit ihm nicht mehr zufrieden zu sein, auch hatte es den Anschein, als ob Bata-Hagos,*) der schnell gealtert war, sich mit jedem Jahre unfähiger zeigte.

*) Inzwischen hat ihn ein tragisches Geschick ereilt. Am 14. Dezember 1894 liess er plötzlich, man weiss noch nicht aus welchem Grunde, den Lieutenant Sanguinetti, mitsammt den zwei italienischen Telegraphisten, die in Saganaiti stationirt waren, gefangen nehmen, und die Kriegstrommel rühren. Vier Tage später, als er mit seinen zahlreichen Mannschaften das von einer Kompagnie vertheidigte Halai angriff, fand er nach mehrstündigem und heftigem Kampf gegen die zum Entsatze herbeieilenden Truppen seinen Tod. Das Land wurde mit Leichtigkeit entwaffnet, und der Friede bald wiederhergestellt. Die Zuverlässigkeit der eingeborenen Regulären, die bei dieser Gelegenheit gegen die eigenen Landsleute fechten mussten, bewährte sich aufs Glänzendste. Die gefangenen Italiener haben übrigens keine Unbill erfahren, sie sollten nur als Geiseln dienen.

Aus allem, was man in Saganaiti wahrnehmen konnte, schien sich zu ergeben, dass die Zivilisation bedeutende Fortschritte gemacht hat. Die stattliche, von Weitem fast europäisch aussehende Kirche der katholischen Mission, verschiedene neue und mit Sorgfalt aufgeführten Häuser, besonders aber die Telegraphenlinien, welche die Verbindung mit Halai, Asmara und Massana herstellten, sprechen für den Fortschritt. Heerstrassen, wie sie im Norden der Kolonie bis Keren hin gelegt werden, sind allerdings hier noch nicht vorhanden, es wird aber nur eine Frage der Zeit und der Finanzlage sein, wann die schwebenden Projekte realisirt werden können. Die Telegraphenverbindung, welche vollkommen militärisch gehandhabt wird, ermöglichte den direkten Geldbezug von Massana her über Asmara. Es war dies eine grosse Erleichterung, wenn man bedenkt, wie schwer die mitzuführenden Thalerkisten wogen, und wie ungern sie von den Trägern aufgenommen wurden, auf deren Schultern sie unverkennbare Merkmale zurückliessen.

Tenente Sanguinetti war von gleicher Freundlichkeit wie seine Kameraden an den übrigen Stationen, und ermöglichte durch sein Einschreiten, diejenige Zahl von Trägern und Eseln nach Adi Ugri zurück zu senden, die erforderlich war, um Professor Schweinfurth von dort abzuholen. Mehr und mehr verursachte diese Frage Schwierigkeiten, und wurde die Anwendung einer Art Zwangsrekrutirung und Bedeckung zur Nothwendigkeit. Nach einigen Tagen befand sich Professor Schweinfurth wieder bei uns. Die Zwischenzeit hatten wir zu einem Besuche der Mission und des Dorfes Akrur benutzt, das von erhöhtem Interesse war, da Professor Schweinfurth sich zwei Jahre vorher dort einige Monate zu botanischen Studien aufgehalten hatte. Die damals gewonnenen Eindrücke hat derselbe in einem 1892 in der „Zeitschrift für Erdkunde" im Druck erschienenen Vortrage niedergelegt. Der direkte Weg beansprucht 1½ Stunden, führt aber sehr steil zu dem ungefähr 400 m tiefer gelegenen Akrur hinab. Die Vegetation war noch ziemlich grün und ansprechend, es hat eben die hiesige Gegend eine kleine Frühjahrsregenperiode. Akrur ist eine verhältnissmässig kleine Ansiedlung, und eigenthümlich liegen die Häuser zwischen grossen Felsblöcken versteckt. Im Uebrigen macht es einen ansprechenden Eindruck, ist sauber und wohlhabend, der gute Einfluss der Lazzaristenmission ist deutlich ersichtlich. Nun ist durch ein Breve des Papstes, nach längeren Verhandlungen, die französische Mission in der Kolonie aufgelöst, und durch die Errichtung einer eigenen apostolischen Präfektur für die Erytraea, mit nur italienischen Priestern, ersetzt worden. Zur Zeit unseres Besuchs bestand sie noch aus Missionaren und Brüdern der französischen Lazzaristen. Es gab in der ganzen Erytraea bisher nur drei Priester italienischer Nationalität, von denen übrigens der eine, der der französischen Mission angehört hatte, kurz vor unserer Ankunft gestorben war. Aeusserlich nichts weniger als grossartig in die Augen tretend, oder gar anspruchsvoll angelegt, zeigt eine kleine aus Lehm und Steinen erbaute Kirche, und ein zusammenhängender Komplex quadratischer, niederer, mit Lehm gemauerter Steinhütten, dem Ankommenden den Sitz der Missionsthätigkeit. Um so angenehmer wird er aber berührt sein, im Innern einfache wohnliche, nach europäischer Art eingerichtete Zimmer zu finden, im Besitze von freundlichen und gastlichen Geistlichen, die alles aufbieten, dem Fremden den Aufenthalt angenehm zu gestalten. Ohne uns lange überreden zu lassen, folgten wir der Aufforderung, am Essen theilzunehmen, welches, leider sei es gesagt, viel, viel besser war, als das Resultat unserer eigenen Küche. Der als Koch fungirende Bruder Gerhard ist ein aus Bonn gebürtiger Deutscher, der aus Anlass des Kulturkampfes ausgewiesen, sich nach Paris wandte, und nun seit 17 Jahren in der Kolonie als Missionar thätig ist. Gern blieben wir auch die Nacht, und hörten von unseren Wirthen manches Interessante über Land und Leute. Einer derselben, der P. Picard blickte auf eine Thätigkeit von 28 Jahren zurück, und es war nur natürlich, wenn er vertraut mit allen Eigenthümlichkeiten des Volkes und seiner Sprache, grossen Einfluss auf dasselbe auszuüben vermochte.

Sämmtliche Einwohner von Akrur sind römisch-katholischer Konfession, ebenso fast alle umliegenden Ortschaften (im Ganzen

18 Dörfer), wozu namentlich auch Saganaiti, der Hauptort, zu rechnen ist. Die katholische Mission scheint von günstigstem Einflusse überall da zu sein, wo sie sich einbürgert, und hat jedenfalls grossen Antheil an den zivilisatorischen Errungenschaften des Landes. Eine friedliche, dauernde Einwirkung derselben Persönlichkeiten auf dieselbe Umgebung muss sich tiefer in das Naturell der zu veredelnden Menschen einprägen, als es bei häufig wechselnden Beamten der Fall sein kann, die mehr oder weniger die Pflicht haben oder zu haben glauben, ihren Wünschen diktatorischen Nachdruck zu verleihen. Die Missionare haben hierzu nicht die Macht, es entspricht auch nicht dem Charakter ihrer Thätigkeit, und sie wirken daher mehr als vermittelnde Elemente. Ich erwähne dies nicht im Hinblick auf die Erytraea, da hier von den Offizieren versöhnende Prinzipien verfolgt werden. Es herrscht dort allgemein das Bestreben, sich mit den Eigenthümlichkeiten der Eingeborenen so viel wie möglich vertraut zu machen, auf dieselben langsam und durch Güte, allerdings ohne Schwäche, einzuwirken. Die zu weit gehende Beeinflussung der Missionsthätigkeit durch Offiziere und Beamte ist ein Punkt, in dem in anderen Kolonien viel gesündigt wird. Ich kann mir nicht denken, dass sich Missionare irgendwo heute noch politischer Einmischung schuldig machen, es wäre ein zu unkluges Vorgehen, als dass es den Anschein der Wirklichkeit besässe. Ausnahmen (Uganda z. B.) mögen auch in diesem Falle zur Bestätigung der Regel dienen.

Eine Errungenschaft der neuen Präfektur in der Erytraea ist, dass die italienische Sprache mehr als es bisher während der französischen Mission der Fall sein konnte, zur Geltung kommen wird; die Sprache aber ist stets ein starkes Bindemittel von kultureller Bedeutung.

Ueber die protestantische schwedische Mission zu urtheilen, bin ich nicht in der Lage, da ich mit ihr niemals in Berührung gekommen bin, ihre Thätigkeit scheint ungeachtet der vortrefflichen und in hervorragender Weise befähigten Männer, die in ihr thätig sind, hinter derjenigen der Lazzaristen zurückzustehen. Aber auch die schwedischen Missionare, indem sie ihre Zöglinge zur Arbeit anhalten, haben die kolonisatorischen Bestrebungen der letzten Zeit in hohem Grade gefördert. Der Kapitän Manfredo Camperio, einer der tonangebenden Kolonialfreunde Italiens, geht in seiner Bewunderung dieser Schweden so weit, dass er das Verlangen stellt, man sollte die staatlich unterstützten landwirthschaftlichen Versuchsstationen ihrer Leitung anvertrauen. Es ist vielleicht interessant, hier einige Worte Professor Schweinfurth's über die Missionen, anlässlich seines 1892 der Colonia Eritrea abgestatteten Besuches, aus einem in demselben Jahre in der Gesellschaft für Erdkunde zu Berlin gehaltenen Vortrage anzuführen. Er sagte damals:

Die französische Lazzaristenmission in der Erytraea ist gegenwärtig bestrebt, durch Aufnahme von Priestern italienischer Nationalität sich mehr den politischen Bedürfnissen der Gegenwart anzupassen. In Italien thut man eben Unrecht, wenn man sie, aus Unkenntniss der Verhältnisse, politischer Umtriebe zum Nachtheile Italiens bezichtigt. Nichts liegt ihnen ferner als das. Im Gegentheil behaupten die Patres in Akrur, dass ohne ihre Mitwirkung die Provinz Okule Kusai niemals italienisch geworden wäre. Freilich sind die italienischen Offiziere umgekehrt wieder der Meinung, die Mission wäre längst durch die Assaorta vernichtet worden, wenn Italien nicht daselbst für geordnete Verhältnisse gesorgt haben würde. Dem sei nun, wie ihm wolle, die katholische Mission hat entschieden grosses Ansehen in diesem Landestheile. Bata-Hagos selbst ist katholisch geworden, und in Saganaiti wird eine solide neue Kirche gebaut. Achtzehn Dörfer bilden zur Zeit in Okule Kusai ebenso viele katholische Gemeinden, denen eingeborene Pfarrer vorstehen, meist Zöglinge der Mission, oder doch unter Assistenz von Hilfsgeistlichen dieser Kategorie fungirend. In den Schulen wird keine fremde Sprache gelehrt, und eingeborene Lehrer unterrichten neben den Patres, alle in Tigrinja. Nach Allem, was ich wahrgenommen, gehen diese Missionare mit grosser Mässigung und Besonnenheit vor. Sie lassen den Eingeborenen ihren alten Ritus, ändern nichts an den stundenlangen Hymnen, an den wochenlangen Fasten, sie respektiren die alte Kirchensprache des Landes, und nehmen kein Dorf in ihren Gemeindeverband auf, wo sich nicht die Gesammtheit der Bewohner für den Austritt aus der abyssinischen Landeskirche erklärt. Was sie an Neuem hinzufügen ist dasjenige, worauf es gerade ankommt, wenn die Missionen einen Fortschritt der allgemeinen Gesittung bewirken sollen: Ordnung und Disziplin, Schule und Arbeit. An Gläubigkeit lassen die Abyssinier nichts zu wünschen, nur am Halten der Gebote sehr vieles. Der apostolische Vikar, Monsignor Crouzet in Massaua, schätzte, eine offenbar viel zu hoch gegriffene Ziffer, die Seelenzahl seiner Diözese auf 30 000, welche sich auf Keren (Bogos), auf das fast durchweg katholische Az Teclesan (Dembesan) und auf Okule Kusai vertheilen.

Jagdlich ist die Gegend von Akrur bekannt durch die sehr zahlreichen Leoparden, die in den felsigen Gebirgsklüften zwischen hier und Saganaiti hausen. Nirgends sieht man Klippschliefer in grösseren Mengen, als in dieser pittoresken Granitregion. Den grössten und am prächtigsten gezeichneten Leoparden, den wir auf der ganzen Expedition erbeuteten, fingen wir hier, und zwar gerieth er um die Mittagszeit in die Falle. In Folge des kühleren Klimas, und des Aufenthaltes im Gebirge, war er besonders dunkel und langhaarig, auch von einer exceptionellen Grösse. Bei unserer Annäherung richtete er sich mit wüthendem Gebrülle senkrecht in die Höhe, und er hätte sich ungefähr aus der Falle befreit und auf uns gestürzt, wenn ich nicht noch gerade rechtzeitig ihn durch einen Schuss in die Brust niedergestreckt hätte. Noch vor wenigen Jahren waren die Berge um Akrur herum von Kuduantilopen bevölkert, erstaunlicherweise haben die Viehseuchen, die das Land so oft betroffen, auch den Kudu hinweggerafft.*) Gänzlich ausgestorben ist er jedoch noch nicht, so dass hin und wieder einzelne gesehen werden, namentlich in den nordwärts zum Aligede abgehenden grossen Gebirgsthälern. In dem Monate vor unserem Besuche in der Mission hatte einer der Brüder, als er sich nach

---

*) Es ist dieselbe Erscheinung wie in Ostafrika, wo Büffel und Elenantilopen ebenfalls den Viehseuchen theilweise erlegen sind.

Saganaiti begeben wollte, am Fusse des Bergabfalles, welcher zwischen beiden Orten zu erklimmen ist, sich unerwartet einem mächtigen Löwen gegenüber gesehen, der ihn glücklicherweise jedoch in Gnaden seines Weges ziehen liess.

Erwähnen möchte ich noch, dass uns auf dem Rückmarsche von Saganaiti ein Hagelschauer überraschte, der zu den intensivsten gehört, die ich je erlebt habe.

P. Picard sammelt alle Insekten, deren er seit langen Jahren habhaft werden konnte. Er sendet dieselben an Sammler nach Paris. Nach dem was ich sah, wird die Wissenschaft durch manche noch unbekannte Art bereichert werden.

P. Picard erzählte auch, dass ganz nahe bei Akrur, auf dem im Süden des Dorfes gelegenen Berge Berille jene Klingsteine gefunden werden, die in der abyssinischen Kirche als Glocken Verwendung finden. Die Oertlichkeit soll sich auf dem Kamme des Berges befinden, über der Wasserstelle von Mai Schegla, und daselbst sollen die tönenden Schiefer als Felsen anstehen. Diese Angabe widerspricht anderen Erkundigungen, denen zufolge die tönenden Steine ganz willkürlich unter den Geröllmassen der Bergschluchten aufzufinden wären, und ihr Klang nur abhängig sei von der Zufälligkeit ihrer äusseren Gestaltung, welch letzterer Umstand allerdings dadurch bewiesen zu sein scheint, dass die Steinblöcke sehr oft jeden Klang einbüssen, nachdem ein Stück von ihnen abgeschlagen wurde.

Auf einem Höhenzuge hinter Akrur soll (?) ein reiches Vorkommen von Kupfererzen sein, ausserdem ist dicht an der Strasse nach Saganaiti schon vor mehreren Jahren metallisches Silber, mit wenig Gold gemischt, im Granite aufgefunden worden. Der Entdecker der Metalle soll bald darauf gestorben sein, in jüngster Zeit hat man die Angelegenheit wieder aufgenommen, und es werden Versuche angestellt, um den Prozentsatz der vorhandenen Edelmetalle im Gestein festzustellen. Eine rationelle Ausbeutung muss jedoch fast als ausgeschlossen betrachtet werden, wenn man die in allen Jahreszeiten unzulänglichen Wassermengen berücksichtigt, die für einen solchen Minenbetrieb unbedingt erforderlich sein würden.

Nach der Rückkehr von Akrur verliessen wir bald Saganaiti, um nach dem 3 Stunden entfernten Halai überzusiedeln. Professor Schweinfurth blieb zunächst zurück, da die Trägerfrage wiederum Schwierigkeiten verursachte, und am Tage des Aufbruchs nur annähernd die Hälfte der Leute zur Stelle waren. Auf dem Marsche wurden die Dörfer Adi Gofom und Deggera passirt. Die bei Saganaiti auffallenden Granitblöcke mit sehr vielen Feldspatkrystallen von seltener Grösse weichen der Schieferformation, und botanisch interessant sind Oelbäume, und prachtvolle wilde Rosensträucher, die von weissen, angenehm duftenden Blüthen bedeckt sind. Stellenweise war der Pfad so tief in das harte Erdreich eingeschnitten, dass Jahrhunderte, wenn nicht Jahrtausende, hierzu erforderlich gewesen sein müssen, selbst dann, wenn in der Regenzeit der Weg sich in einen reissenden Bach verwandeln sollte. Es mag sein, dass hier eine Verkehrsstrasse aus der alten Zeit von Adulis vorliegt. Der Kapitän Ritucci, Kommandant des Presidio von Halai war uns eine Stunde weit entgegengeritten, und bewirthete uns bei der Ankunft liebenswürdig mit einem bereitstehenden Frühstücke. Halai erstreckt sich über 2 Kuppen eines langen Hügelrückens, auf der einen nach Westen gelegenen, ist das Eingeborenendorf, mit der neu erbauten katholischen Kirche, auf der östlichen Kuppe das Militärlager mit den Wohnungen der Offiziere, der Telegraphenstation, einer Kantine etc., daneben das Dorf einer Indigenikompagnie. Eine Verschanzung oder ein Verhau war nicht vorhanden, wohl aber erschien der Garnisonsort durch die nach allen Seiten abschüssigen Gesenke in hinreichend geschützter Lage. Die Zelte schlugen wir in SW. am Fusse des zweiten Hügels auf, fast über dem Ursprung einer tiefen Felsschlucht, mit einer Quelle von tadelloser Reinheit.

Die Umgegend von Halai ist in ihren Gebirgsformationen wunderbar pittoresk und wild gestaltet. Im S. oder SW. werden die Berge so schroff und steil, wie wir sie nie bisher gesehen, die Abhänge bedeckt mit verkrüppelten Olivenbäumen, und zwischen niederem Buschwerk wachsendem Wachholder. Alles wie in tiefer Trauer mit einem Schleier von Flechtenmoos bedeckt. Man könnte sich versetzt denken in ein europäisches Hochgebirge, europäische Unkräuter wuchern an den Feldrainen, und man schreitet über Wegerich und Hirtentasche. Der anheimelnde Eindruck wird noch verstärkt durch das Blöken der Kühe und das Meckern der Ziegen, das, vermischt mit dem Gesang der Hirten, aus der Thalsohle heraufdringt, die wie ein grüner Faden sich durch die Landschaft hindurchwindet. Gen S. und SW. die prachtvollste Fernsicht, bis zu den Bergen von Adua hin, eine wildromantische Gegend mit einzelnen schroff hervortretenden ganz kahlen Kuppen. Die frische Luft der Höhe von 2600 m wirkt bei leicht bedecktem Himmel wunderbar erfrischend, und jeden Augenblick glaubt man, dem Auerhahn, dem Hirsche oder Gemsbock zu begegnen. Dann bricht plötzlich die Sonne zwischen den Wolken hervor, und ihre stechenden, wenn auch nicht mehr so glühenden Strahlen führen rasch zurück in die Wirklichkeit, in die Tropen.

Nahe beim Presidio, unter dem Westende desselben, ist eine Grube, die schneeweisses Kaolin enthält, mit welcher Masse die Häuser der Offiziere und das Magazin getüncht wurden.

Wild giebt es nur in geringer Menge, und nur vereinzelte Antilopenarten pflegen bis zu dieser Höhe von über 2500 m emporzusteigen. Für die Sassa ist die Gegend ein Eldorado, auch der Kudu besucht gern diese Lagen. Den niedlichen grünen Sittig hatten wir im Thale zurückgelassen; es vertritt ihn der kleine rothköpfige grüne Papagei, der uns von Sella Ambellaco her bekannt ist. Perlhühner und Frankoline werden seltener, aber zahllose Raben umschwärmen die Berghänge, und ein vereinzelter Lämmergeier zieht seine Kreise hoch in den Lüften. Selbst der Leopard steigt nicht gerne so hoch empor, nur die unvermeidliche Hyäne und der Schakal verkünden ihre Anwesenheit durch nächtliches Geheul. Die Nächte sind ziemlich kalt, und während der hier verlebten Tage, Ende April, regnete es häufig, zeitweise sogar mit Hagel vermischt. Im O. und NO. von Halai begegnet man derselben Vegetation wie an der anderen Seite, verkrüppelten abgelebten Oelbäumen und grösserem Wachholder, alle an den Spitzen abgestorben, und mit herabwallendem Flechtenmoose dicht behangen. Nicht der geringste Nachwuchs scheint vorhanden, die Wälder müssen unwiderruflich dem Aussterben anheimfallen.

Von einem erhöhten Punkte geniesst man auch hier eine wundervolle Aussicht nach O. und SO. Mehr wie 1000 m tief sieht man senkrecht hinab in das Haddasthal Mahio, und dahinter erhebt sich ebenso senkrecht der Bergabfall oder die Kette von Giraat Girgaro. Nach NO. und SO. zieht dieselbe sich halbkreisförmig herum, ganz kahl, kaum ein Baum oder Strauch ist zu entdecken. Jenseits geht es scheinbar wieder ebenso schroff bergab, und geschlossen wird der Horizont durch ein noch höheres Gebirge, Farum genannt. Die ganze Gegend, speziell die diesseitigen Berge, müssten das Ideal nicht nur der Sassa, sondern auch des Kudu sein, aber trotzdem erscheint alles wie ausgestorben. Dem sichersten Vernehmen nach, war früher das Gegentheil der Fall, aber einheimische Jäger haben alles vernichtet oder vertrieben. Gerade diesen Punkt hatte ich im Auge, als ich dem Gouvernement in Anbetracht der Schwierigkeit, manchmal das weibliche Wild von den Böcken zu unterscheiden, und speziell im Hinblick auf die Eingeborenen, das Jagdschutzgesetz Norwegens, wie dieses für die Elche besteht, anempfahl.

In Halai war mittlerweile der Vorabend des Ostersonntages herangekommen, und den ganzen Nachmittag verkündeten von der Kirche herab die anstatt Glocken geschlagenen Steine, Pauken und lange Hörner das bevorstehende Fest. Abends begeben sich alle Gläubigen in die Kirche, und bringen dort die Nacht zu, so gebietet es der Gebrauch, die Katholiken in die ihrige, die Kopten in die abyssinische Kirche. Jeder ist froh, dass das 55tägige Fasten zu Ende, während dessen Fleisch, Milch und Butter verboten sind, und befindet sich in der vergnügtesten Stimmung. Die Festgewänder werden gewaschen, und bei jedem Schritte in der Nähe des Dorfes tritt man auf ausgebreitete Wäschestücke höchst einfacher Natur. An den Festtagen erscheinen die Gläubigen festlich geschmückt, so am Palmsonntage mit einem Fingerring, der eine schön geflochtene pyramidenförmige Verzierung trägt, am Ostermittage mit einem grünen Binsenstreifen um das Haar. Sonst bemerkt man wenig von einer Feier, nur ertönen den ganzen Tag die Pauken, und gegen Abend macht sich die Wirkung des reichlich genossenen Tetsch fühlbar. Man vernimmt vom Dorfe her den betäubenden Lärm der Fantasia.

Die Einwohnerzahl des Eingeborenendorfes mag gegen 300 Seelen betragen. Nur wenige derselben sind Mohamedaner. Die Häuser haben die eigenthümliche Form von Okule Kusai. Die Hinterwand und die Seiten sind aus Lehmgemäuer, der vordere Wohnraum läuft in eine Art ganz offener Veranda aus, indem das flache Terrassendach weit vorspringt, und von einer Reihe von Pfählen und Holzsäulen getragen wird. Es fiel uns ganz besonders die Abneigung der Einwohner gegen den Verkauf ihrer Produkte auf. Es ist in der ganzen Kolonie, ebenso wie es im übrigen Afrika der Fall sein soll, trotz der grossen Menge Kühe und Ziegen, eine absolute Unmöglichkeit, durch friedlichen Ankauf auch nur die geringste Quantität Milch zu erhalten. In Dörfern mit Hühnern in Menge waren Eier nicht zu haben, und selbst die Verproviantirung mit Durra und Gerste machte Schwierigkeiten dort, wo bedeutend mehr vorhanden war, als der persönliche Gebrauch erforderte. In vielen Fällen bedurfte es der zwangsweisen Vermittlung der Dorfchefs oder gar der italienischen Offiziere, um Einkäufe zu Stande zu bringen. Ausser in Keren und zu Godofelassi, haben wir nirgends in den zum Gebiet der Kolonie gehörigen Dörfern einen Tages- oder Wochenmarkt abhalten sehen.

Die Frauen tragen in Halai zuweilen loses, gewelltes, auch manchmal gescheiteltes Haar, das nie weiter als höchstens zur Schulter herabreicht, eine Haartracht, die ich nur in Saganaiti und hier beobachtet habe. Die Männer stecken durch das ziemlich kurz gelockte Haar als Haarnadel zuweilen einen braunen, flachen, 2 cm breiten Pfeil, der eingeschnitzte Verzierungen trägt.

Es war unsere Absicht, von Halai aus das durch seine Alterthümer unsere Neugierde aufs Höchste spannende Hochplateau von Kohaito zu besuchen. Wir wählten hierzu den Weg südwärts über Takonda bezw. Adi Qaieh. Da nur ein Theil des Gepäckes erforderlich war, so übergaben wir den Rest dem Kommandanten, der mit gewohnter Liebenswürdigkeit diese Gepäckstücke nach Mahio befördern zu lassen versprach. Mahio ist der der Küste nächstgelegene Punkt an der zweiten grossen Handelsstrasse nach Abyssinien, wo ein Wochenmarkt abgehalten wird, und die aus dem Innern kommenden Karawanen häufig ihre Waaren umladen. Von Massaua sollten Kameele beordert werden, um nach der Rückkehr von Kohaito das ganze Gepäck nach der Küste zu befördern. Der Weg von Halai nach Mahio beansprucht bei ganz geringem Abstande in der Luftlinie, einen Abstieg von $3^1/_2$ Stunden, und ist so steil, dass Maulthiere ihn nur mit der grössten Schwierigkeit an einigen Stellen beschreiten können. In der genannten kurzen Zeit muss man 1500 m herabsteigen. Bis vor kurzer Zeit war Mahio Sitz einer italienischen Telegraphenstation, sowie der jetzigen Kompagnie von Halai, und es sollte von den durchziehenden Karawanen Zoll erhoben werden. Dieselben nahmen jedoch sofort sämmtlich den anderen Weg über Godofelassi, und so wurde die Station wieder aufgehoben, mit dem Telegraphen nach Halai verlegt, und auf jede Zollerhebung Verzicht geleistet. Um den Aufbruch zu ermöglichen, wurden mit vieler Mühe noch Esel und Maulthiere aufgetrieben, und dem Kapitain sei an dieser Stelle nochmals Dank für seine Bemühungen ausgesprochen. Auf dem Marsche nach Kohaito passirten wir zunächst das Dorf Dera. $1^1/_2$ Stunden von Halai entfernt, und stiegen von da aus gegen Süden in ein stark zerklüftetes, etwa 300 m tiefes Thal hinab, welches, „Berhénnet" mit Namen, sich später allmälich erbreitert. Das Haddasthal blieb zu unserer Linken. Die Gegend scheint ihre bizarre Konfiguration alten tektonischen Störungen zu verdanken, und ist bemerkenswerth durch einen weissen oder rothen Sandstein, der allen durch gerade Thäler von einander isolirten Bergpartien aufgesetzt ist. Es ist der sogenannte Adigeratsandstein, der immer dem Thonschiefer aufliegt. Beim Abstiege war die Vegetation arm und nur durch Akazien vertreten, weiter thalab wird sie reich an wilden Rosen, Königskerzen, Wachholderbäumen, und einer eigenen Kalenchoe (*K. Schimperii*). Der Weg führt dann durch die Grasniederung Selaläbba, wo wir an einem schönen Wiesenwasser rasteten, steigt zu einem früher grösseren.

jetzt fast ganz verlassenen Dorfe empor, namens Hauwässo, und weiter südöstlich durch die Gebirge hindurch gelangt man zum Dorfe Hanatu, das an einem zum Haddas abgehenden Querthale gelegen ist. Nach fünfstündigem Marsche von Halai aus kamen wir nach Adi Qaieh, und stiegen, von dem Grasmatsch Barambarass Takie, dem Herrn des Orts, geleitet, zu dem nahen Wiesenthale des oberen Haddas hinab, um daselbst zu lagern. Das von einem Bache durchflossene, mit schönem Rasenwuchs bedeckte Thal, war der Sammelplatz von Hasen, Schakalen, Pavianen, und den verschiedensten Wasservögeln. Eigentlich sind es zwei Thäler, die durch eine kleine Anhöhe von einander getrennt sind, und für eine Strecke parallel nebeneinander fliessen. Dort erlegten wir Nilgänse, die erstaunlicherweise bis zu dieser Höhe emporsteigen, ferner eine weiss und schwarz gefärbte Ente, mit grünem, weiss eingefasstem Spiegel, und den *Ibis carunculata (Rüpp.)*, ein höchst eigenthümliches Geschöpf. Zuerst sahen wir den Ibis vereinzelt bei Halai, und im hiesigen Thale strich er kettenweise mit gänseartiger Flugrichtung dem Wasserlaufe entlang. Trotzdem der Vogel augenscheinlich auf Sumpfnahrung angewiesen ist, trifft man ihn doch da, wo er einmal auftritt, überall, sogar auf Feldern und auf Berggehängen, er scheint aber Höhenvogel zu sein, da ich ihn, wie gesagt, nur in Halai und Kohaito vorfand. Von Natur sehr scheu, drückt er sich fest an den Boden, ist daher schwer zu sehen und zu erlegen. Die Stimme des Ibis während des Fluges ist krächzend, sehr heiser, dem Rabenschrei nicht unähnlich. Unter den Vierfüsslern variirt bei dieser Höhe der Schakal etwas von den vorher angetroffenen Exemplaren, er ist grösser und fahler gefärbt. Auch Paviane gab es in unzähligen Schaaren.

Jenseits des Thales, wo wir die Nacht zubrachten, erhebt sich, wie senkrecht auf dem Untergrunde aufgemauert, das Hochplateau von Kohaito, abschüssig nach allen Seiten, eine wahre Felsenburg der Giganten. Die Häuptlinge der beiden benachbarten Dörfer Takonda und Adi Qaieh waren über die Gegend ungefähr derselben Ansicht, wie der Gngasmatsch Kaffai in Arresa über den Mareb, als er bedauerte, über den Fluss leider nicht orientirt sein zu können, da dorthin keine anständigen Leute gingen, sondern nur Diebe und Räuber. Trotzdem brachten wir allmälich in Erfahrung, dass bis zu den Ruinen, die sich auf dem Hochplateau befinden sollten, zwei Wege führen. Ein sehr steiler Aufstieg in östlicher Richtung beanspruchte 2 Stunden, der andere bequemere, auch für Lastthiere gangbare, mit einem Umwege nach NO. 3½ Stunden. Die Träger und Esel liessen wir den letzteren Weg einschlagen, und stiegen selbst den steileren direkten Pfad zu dem Plateau des hohen Tafelgebirges empor. Augenscheinlich datirt er aus alter Zeit, ist früher auch wohl breiter und zugänglicher gewesen; jetzt, von Felsblöcken theilweise verschüttet, dokumentirt er nur noch stellenweise seinen Ursprung von Menschenhand, durch einige offenbar künstlich hergestellte Schuttböschungen, die man vor Jahrhunderten in den Felsen hineingehauen. Oben angelangt, wählten wir als Lagerplatz eine kleine Grasfläche zwischen Felsen, dicht bei den Ueberresten dreier Tempel, die von der Stelle des beendigten Aufstieges ungefähr eine Stunde in nordöstlicher Richtung entfernt sind. Der Boden des Plateaus ist bedeckt mit zersetzten Steinscherben des Adigeratsandsteins, auf dem Wachholderbäume von theilweise gewaltiger Grösse, und gewiss sehr hohem Alter mühsam ihre Nahrung suchen, über und über behangen mit ellenlangem grauem Bartmoose.

Kohaito.

Von Alters her war es bekannt, dass die Bewohner von Adulis (jetzt Zula) einen Sommeraufenthaltsort auf dem benachbarten Hochlande hatten, der, schon von Ptolomens erwähnt, Koloë genannt wurde. Drei Tagemärsche von Adulis liege er entfernt, auf dem Wege vom Rothen Meere nach dem Innern von Abyssinien. Späterhin scheint dann Koloë in Vergessenheit gerathen zu sein, bis 1860 der Graf Stanislaus Russell, französischer Fregattenkapitän, fast zufällig auf dem Hochlande von Kohaito verschiedene Ueberreste von alten Bauwerken entdeckte, die er keinen Anstand nahm, mit der ehemaligen Sommerfrische der Aduliter zu identifiziren. Viele Jahre wurde auch hiervon nichts bekannt, da Comte Russell bald darauf, gelegentlich eines Besuchs von Vera Cruz, dem Fieber erlag, und erst 1884 sein Reisewerk durch G. Charmes der Oeffentlichkeit*) übergeben wurde. Nur sehr kurze Zeit hatte Russell, der den Aufstieg vom Meere her genommen, sich auf Kohaito aufhalten können, und das Wasserbecken, das Grab, verschiedene Tempel etc., von denen später noch die Rede sein wird, auch Inschriften auf Felsen vorgefunden. Er ist überzeugt, in den Ruinen von Kohaito das alte Koloë vor sich zu haben, und findet eine überraschende Aehnlichkeit zwischen den hier vorhandenen Ueberbleibseln, und den an der Stelle des alten Adulis erhaltenen Trümmern. Ich muss gestehen, ich finde diese Aehnlichkeit nicht

*) Une mission en Abyssinie. Paris. Plon. 1884. p. 54. 68. 71—80.

so gross, ich glaube eher, man muss zuvor von der Zusammengehörigkeit der beiden Orte gehört haben, um sie als unzertrennlich betrachten zu können. Russell war übrigens nicht mehr als zwei halbe Tage an Ort und Stelle.

1893 kehrte Theodor Bent von Aksum über Takonda und Halai von seinen, archäologischen Forschungen gewidmeten Streifzügen durch Nordabyssinien zur Küste zurück, hörte unterwegs von auf Kohaito befindlichen Ruinen, und besuchte sie. Er wusste nichts von der Reise Russell's, und glaubte der Erste am Platze zu sein. Seinen Aufstieg nahm der englische Forschungsreisende von Takonda aus, wie wir; er fand das Wasserbecken, auch einige der Tempelkapellen, und reiste sehr bald nach Halai zurück, auf demselben Wege hinabsteigend, den auch wir später nach Majo einschlugen. Die Maasse, die Bent seinen Beobachtungen zu Grunde legt, und die Beschreibung z. B. des Sammelbeckens sind mir nicht ganz verständlich.

Wir haben uns Kohaito etwas genauer angesehen als die beiden genannten Reisenden, und möglichst genau alle Reste von Gebäuden, Inschriften u. s. w. ausgemessen, gezeichnet, photographirt und beschrieben, die wir im Verlaufe eines Aufenthalts von zehn Tagen daselbst ausfindig zu machen vermochten. So sind auch wir wohl zu der Ueberzeugung gekommen, dass man es hier mit nichts anderem, als dem Koloë der Aduliter zu thun habe, aber erst nach genauer Erwägung aller Verhältnisse. Es entspricht die Lage ziemlich genau den alten Angaben, und die Lage der Ruinen und Tempel lässt darauf schliessen, dass jene eher einer Villenstadt, einem Komplexe nebeneinander liegender getrennter, als Sommerfrische dienender Besitzungen angehörten, als einem stadtartig gebauten Orte. Das Klima Kohaitos würde ausserdem sehr zu Gunsten der Wahl eines derartigen Sommeraufenthaltes sprechen, da die 2600 m hohe Lage eine jederzeit gemässigte Temperatur verbürgt. Kohaito war nicht nur das nächstgelegene, sondern zugleich auch das durch die grösste Meereshöhe ausgezeichnete Hochland, das von Adulis aus in einem Tagesmarsche erreicht werden konnte.

Wir haben nun hinsichtlich der auf Kohaito befindlichen

Ueberreste alter Baulichkeiten zunächst drei verschiedene Zeitperioden zu unterscheiden:

I. Die des alten Wasserbeckens Ssafira aus sabäischer Zeit, bis 600 vor Chr. hinaufreichend.
II. Die der kleinen Tempelbauten, einiger Häuser etc., 1. bis 4. Jahrhundert nach Chr., Zeit von Adulis.
III. Die der Felsinschriften, des Grabes, und wohl einiger der vorhandenen Hausbauten, 4. bis 6. Jahrhundert nach Chr.

Zur Orientirung verweise ich auf den hier beigefügten, von Professsor Schweinfurth entworfenen Situationsplan, der von uns auf Kohaito ausfindig gemachten Alterthümer.

(Karte siehe am Schluss.)

Unser Lager ist auf demselben ziemlich im Mittelpunkte der Tempelkapellen gelegen, etwa 7 km in NO. vom Dorfe Adi Qaieh entfernt, den Abstand in der Luftlinie gerechnet. In NW. von diesem Punkte ist zunächst die grossartigste der alten Anlagen zu erwähnen, das Wasserbecken mit einem gemauerten Damme aus grossen Quadern. Es ist eine monumentale Anlage allerersten Ranges, und von ausserordentlichen Dimensionen; ein Bassin, das durch eine natürliche kleine Terrainsenkung, eine Mulde, gebildet wird, und bei dem das Erdreich der Vorderwand und der gefährdeten Theile der südöstlichen Ecke, durch massive Mauern aus behauenen Blöcken gestützt wird. Wozu die Anlage gedient hat, bleibt immerhin unaufgeklärt, da die nahe Felsschlucht zu jeder Jahreszeit genügendes Trinkwasser für die Menschen enthält. Als Viehweide ist die Gegend nur zur Regenzeit geeignet, und dann ist überall Feuchtigkeit in Ueberfluss vorhanden, also auch zum Tränken des Viehes mochte dieselbe nur in nebensächlicher Weise Verwendung gefunden haben. Bewässerungszwecke konnten — und hierin muss den Bent'schen Angaben aufs Entschiedenste widersprochen werden — nicht verfolgt werden, da hierzu keinerlei anbaufähiges Land vorhanden ist, und die einzigen grünen Wiesenstreifen höher gelegen sind, wie das wenig umfangreiche, und nur aus der nächsten Umgebung

Wasserzufluss erhaltende Reservoir. Es kann demnach nur eine Badeanlage gewesen sein, zu welcher zwei Zugänge hineinführten. Dem Ursprunge nach, werden wir das Bauwerk als altarabisch zu betrachten haben, da ähnliche Anlagen im südlichen Arabien in grossem Maassstabe erhalten geblieben sind, die Idee derselben also schon als arabisch hingestellt werden kann, während sich bei den Griechen, oder den ihrem Kulturkreise angehörigen Völkern, solche nirgendwo finden. Die Anlage erweist sich zudem als ein Luxusbau, wie ihn nur die Laune eines über billige Arbeitskräfte verfügenden Despoten zu ersinnen vermocht hat. Ein gewöhnlicher Badeteich wäre mit geringerem Aufwande herzustellen gewesen. Die vorspringenden, als Stufen dienenden eingemauerten Blöcke an der Dammmauer erinnern genau an ähnliche Einrichtungen, die an allen alten Terrassen des südlichen Arabiens behufs leichteren Auf- und Absteigens angebracht sind. Es ist daher anzunehmen, dass die Tempel und Wohnhäuser erst später hinzugetreten sind, durch ein neues Volk, wahrscheinlich durch die als Kauflente in Adulis angesiedelten Fremden, die die Reste alter Zeiten schon vorfanden, und, daran anlehnend, ihre Villen für den Sommeraufenthalt daselbst erbauten. Die kleinen Tempel verdanken ihre Bauart jedenfalls der vom griechischen Geiste beeinflussten Geschmacksrichtung jener Zeit. Gegen Nationalgriechen spricht der unreine architektonische Styl, und auch die auf dem Plateau überall fehlenden Thonscherben, die sich doch sonst überall in grosser Menge dort vorfinden, wo jenes Volk Wohnsitze gehabt hat. Oel und Wein, sowie eine Menge zum verfeinerten Lebensunterhalte dienende Vorräthe wurden in Thongefässen, Krügen, Amphoren und dergl. aufbewahrt, während die afrikanisch-arabische Welt sich, wie das bis auf den heutigen Tag der Fall ist, mit Schläuchen aus Thierhaut behalf, sodass wenig Thonscherben als Zeugen ihres dauernden Aufenthalts übrig blieben. Allerdings war der Boden einer kleinen Trümmerstätte im Thale, am Fusse des Abstieges mit solchen Scherben bedeckt. Ich werde später hierauf zurückzukommen haben.

Die hier gegebene Situationsskizze des von den Abyssiniern

„Ssafra", von den Assaorta „Ssáfira" genannten alten Sammelbeckens, gibt die wichtigsten Längenmaasse zu erkennen.

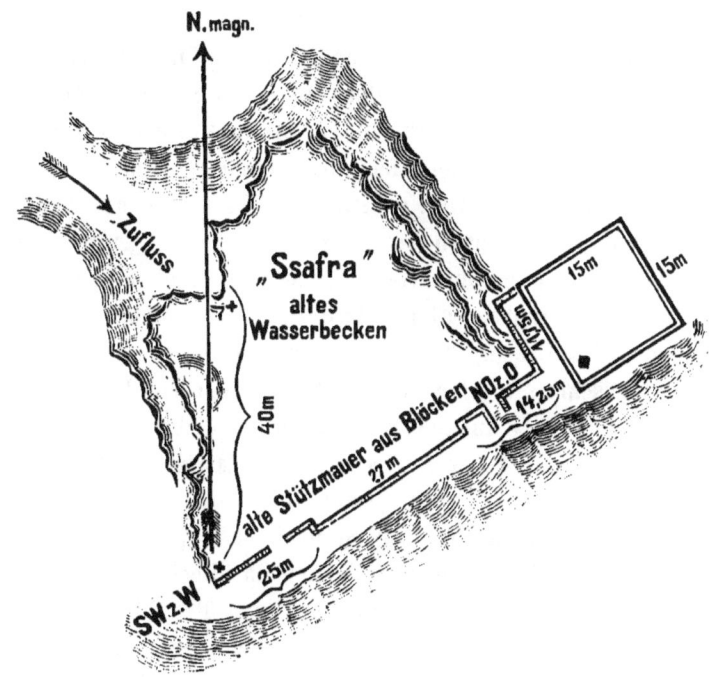

Unmittelbar neben dem Bassin, an dessen östlicher Ecke, stand ein Gebäude, dessen Grundmauern theilweise erhalten geblieben sind, und ein Geviert von 15 m darstellen. Letztere sind nicht aus den grossen Quadern aufgeführt, sondern aus kleinen, durch eine Bindemasse (Thon) verbundenen Steinen. Die zugehauenen Sandsteinquadern des Mauerdammes dagegen sind durchschnittlich 40 cm hoch, 40 cm breit, und bis 85 cm lang, also von ziemlich grossen Dimensionen. Die grössten erreichen sogar 1,5 m Länge. Jede Steinlage stellt hier eine nur wenig zurücktretende Stufe dar, die mit zwischen die Quadern eingeschobenen Schieferstücken nach oben abschliesst. Wahrscheinlich diente diese Einschaltung zum Ausgleichen der etwas ungleich zugehauenen Steine in der Horizontallinie. Ausserdem waren an dem 27 m

langen mittleren, zwischen den beiden Zugängen gelegenen Theil
des Mauerdammes, eine Anzahl hervorstehender Quadern ein-
gelassen, die als Stufen zum Hinabsteigen dienen mussten. Diese
Stufensteine bilden vier Reihen, den Quaderlagen entsprechend,
und im Winkel von 60° hinabführend; sie sind in der Weise angeordnet, dass ihre Flucht an der Mauer zwei neben einander
gelegene Dreiecke bezeichnet, die unten mit ihren Basen zusammen-
stossen. Zwei in der Mauer sichtbare Oeffnungen zu Seiten der
Stufenreihen, und 4,75 m breit, scheinen von Zugängen herzurühren,
die als abschüssige Rampen, etwa zum bequemen Tränken der
Thiere, zum Wasser hinabführten. Eine noch stehen gebliebene
Seitenmauer im östlichen Flügel bestätigt eine solche Annahme.
Obgleich nun das Bassin, das an den übrigen Seiten durch natürliche Felsen geschlossen, offenbar zum Aufsammeln von Regenwasser
diente, so sind diese Oeffnungen doch jedenfalls nicht, wie Th. Bent
meint, als Schleusenthore aufzufassen. Das Wasser kann selbst im
tiefsten Theil der Mulde kaum jemals höher als 4 m gestanden
haben — für gewöhnlich wird sein Stand 2 bis $1^1/_2$ m gewesen sein.
Nach Angabe der Eingeborenen füllt sich das Becken gegenwärtig
nur in sehr regenreichen Jahren, und nur zum Theil, hält aber alsdann das Wasser auch das ganze Jahr. Wenn man das Volumen
des Beckens nach verschiedenen Methoden annähernd berechnet hat,
so gelangt man zu dem Ergebniss, dass dasselbe im Maximum nie
mehr als 6000 cbm Wasser enthalten haben kann, eine für Be-
wässerungs- und Anbauzwecke jeder Art unzureichende Menge.

In Folgendem gebe ich eine Skizze des Mauerdammes, so wie
er von der Innenseite des Bassins gesehen, erscheint.

(Siehe Abbildung Seite 173.)

Ein Blick auf den Situationsplan zeigt, dass ausser dieser
Anlage, noch vier von einander getrennte Gruppen von Ruinenstätten vorliegen. Den Mittelpunkt bilden die Ueberreste zahlreicher
zusammenhängender Tempelchen oder Kapellen, und anderer nicht
mehr auf ihre einstige Bestimmung zurückzuführender Gebäude.
Dort wird voraussichtlich das alte Koloë gewesen sein. Eben der
Umstand, dass sehr viele Tempel vorhanden, und wenn auch zerstreut,

sie doch verhältnissmässig nahe zusammenliegen, lässt es vermuthen, da keine Stadt im Sinne dieses Wortes dort gestanden haben kann. Eher mag es sich hier um eine Vereinigung von Villen reicher Aduliter Kaufleute handeln, deren jeder seine eigene Tempelkapelle besass. Mitten durchschnitten wird die Stätte durch eine 100 m tiefe Felsschlucht, die sich nach SO. hin erweitert und vertieft, nach NW. hingegen in ihrem oberen Theile sich bis zu dem Niveau der Plateauhöhe erhebt, und auf eine Entfernung von mehreren Kilometern als flacher Wiesenstreifen angedeutet ist. Am

Ostrande jener Einsenkung zeigten uns die Führer ein Grab, das wegen seiner Kreuze nicht der Zeit von Adulis angehören kann, sondern als ein altchristliches Denkmal erscheint.

Die Tempelbauten stammen nun zweifellos von der adulitischen Zeit her, denn sie erscheinen vollkommen vom griechischen Geiste inspirirt, wenn sie auch durchaus keine rein griechischen Formen aufweisen. Die Kolonie von Adulis mag zunächst von den Aegyptern der Ptolemäerzeit gegründet worden sein, sein Handel zog aber sehr bald griechische Kaufleute dorthin, die wie überall grossen Einfluss auf die bildenden Künste ausübten. Ich werde die bemerkenswertheren Tempel einzeln, und nach ihren Raumverhältnissen beschreiben. Unter den übrigen, auf der Terrainskizze verzeichneten Punkten von archäologischer Bedeutung, sind die Stadtruinen von Imba, am Nordende des Eschkakessels, ferner einzelne grössere Wohngebäude nördlich von Koloë, und schliesslich die altchristlich äthiopischen Felsinschriften im Kessel von Adda-Alauti hervorzuheben.

Der besterhaltene Tempel liegt annähernd 200 Schritte in NO. vom Grabe, auf dem Plane ist er mit II bezeichnet. Die vier noch vorhandenen Säulen, die auch die einzigen sind, die er besessen hat, stehen auf einer erhöhten rechteckigen Plattform, auf die man anscheinend nur von den schmalen Ost-West gekehrten Seiten aus gelangen konnte. Der innere Tempelraum war auf einer weiteren, ebenfalls rechteckigen Terrasse aufgebaut, zu der sechs Zugänge, je zwei an den langen, je einer an den kurzen Seiten hinaufführten. Ob die ersteren vier mit Treppen versehen waren, mag dahingestellt bleiben, zu bemerken war von solchen nichts mehr; hingegen sind Stufen der Aufgänge an den beiden kurzen Seiten theilweise erhalten, namentlich auf der Ostseite. Die in der Grundrissskizze ausgeführten Linien zeigen das thatsächlich noch Sichtbare, während die punktirten Striche zur Ergänzung hinzugefügt wurden. Rings umgeben war der Tempel von einer Umfassungsmauer. Sie ist aus kleinen, durch eine Bindemasse gehaltenen Steinstücken nach Art der Häuserreste hergestellt, während die Tempel aus grossen Sandsteinquadern massiv erbaut sind.

Die überall umherliegenden, wie künstlich zugehauen aussehenden grossen vierkantigen Felsstücke, die dem Boden das Aussehen eines Trümmerfeldes verleihen, mögen seinerzeit bei ihrem unbegrenzten Vorhandensein die Baulust angeregt, jedenfalls in hohem Grade gefördert haben. Jener widerstandsfähige Sandstein, der dementsprechend auch zu den Bauwerken verwandt worden, hat lange der Verwitterung getrotzt, schliesslich haben ihn üppige Flechtenwucherung, und atmosphärische Zersetzung dennoch theilweise vernichtet. Ein Beweis für das hohe Alter der Ruinen.

Die Tempelsäulen sind im Querschnitt quadratisch, messen

42 cm im Durchmesser; die Höhe ist nicht mehr bestimmbar. Die Säulenkanten sind abgestutzt, und zwar sind die schmalen Abstumpfungsflächen des Tempels II konkav ausgerundet; dasselbe ist bei den Säulen des Tempels III der Fall, während sie bei den übrigen eben sind. Sämmtliche Kapitäle des Tempels II sind leider abgebrochen.

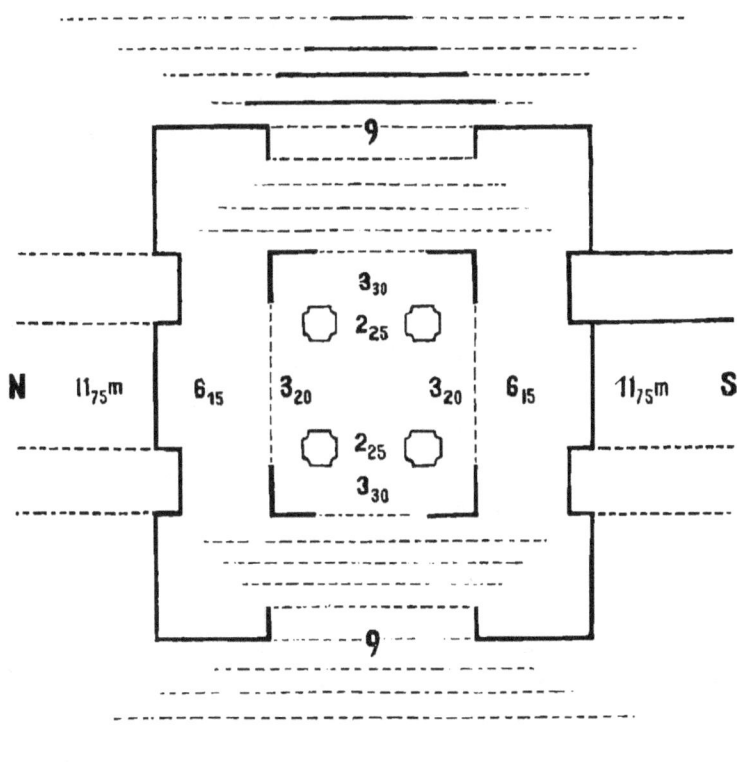

Die Länge der unteren, bez. äusseren Plattform beträgt 11.75 m. die Breite 9,00 m. die Verhältnisse der inneren Plattform sind 6,15 × 3,30 m, der Raum zwischen den 4 Säulen ist 3,20 zu 2,25 m.

Dicht hinter dem beschriebenen Tempel ist in NO. ein anscheinend ähnlicher, fast gänzlich zerfallener Bau, der eine einzige, im unteren Theile noch stehende Säule aufweist. Wie der vorige, scheint derselbe auf einer kleinen Anhöhe erbaut. Ferner sind in der Nähe zahlreiche, gänzlich zerfallene Wohnhäuser, auf der Karte mit XVII verzeichnet, die einen beträchtlichen Raum bedecken, und in den Mauerbasen noch deutlich wahrnehmbar sind. Die Gebäude sind sämmtlich mit ihren Längsaxen von O—W orientirt. Dieser Ruinenkomplex bildet in Folge der Schuttanhäufung einen 150 m langen, von N nach S gestreckten flachen Hügel, zu dem von der Südseite her Stufen hinaufzuführen scheinen. Die Eingeborenen (Assaorta) nennen den Platz Dabbédi-Maddäh, und hier mag das Verkehrszentrum, etwa der Markt der ausgedehnten „Villenstadt" Koloë, wenn dieser moderne Ausdruck gestattet ist, gewesen sein. Auf der Westseite des Ruinenkomplexes XVII ist ein ehemaliges Wasserbecken XVI, das bescheidene Verhältnisse zu erkennen giebt, über dessen Verwendung aber zu öffentlichen Zwecken die Lagen von zugehauenen grossen Steinen, die die Einfassung darstellten, keinen Zweifel obwalten lassen.

250 Schritte westlich vom Lager, auf derselben Seite der Wasserschlucht, sind die Ueberreste von 3 nahe beieinander gelegenen Tempelkapellen bemerkbar. Von diesen gewährt die mit V bezeichnete, auf einer kleinen Erhöhung gelegene, einen malerischen Anblick. 4 Säulen sind noch vollkommen erhalten, aufrecht stehend, und zum Theil mit Kapitäl, eine ist abgebrochen, und 3 sind umgestürzt, sodass der Tempel 8 Säulen, 4 an jeder langen Seite, erkennen lässt. Noch theilweise gut erhaltene Plattformmauern zeigen dieselbe rechteckige Form, und dieselbe Gruppirung der Zugänge wie beim Tempel II, jedoch ist nur eine Terrasse vorhanden, die auf der Südseite und nach Osten dem Verfalle getrotzt hat. Man sieht dort 6 Lagen von regelmässig zugehauenen Steinen übereinander, von denen je 2 mit schmalem Treppenabsatze über dem unteren Paare nach innen zurückspringen.

Ein 60 Schritte daneben stehender Tempel VI mit nur 2 Säulen ist quadratisch, und scheint mehrere Umfassungsmauern gehabt zu haben. Das vorzüglich erhaltene Kapitäl, welches wir in demselben vorfanden, wird durch die folgende Skizze wiedergegeben.

Es ist von quadratischer Gestalt, ohne Abstumpfung der Kanten, und dreifach gegliedert.

Alle übrigen Tempelreste auf dem Situationsplane sind zu wenig erhalten, als dass ich auf sie näher eingehen könnte, sie lassen auch nichts von dem vorher Gesagten abweichendes erkennen. Das Vorhandensein von steinernen Deckbalken ist an keinem der Gebäude zu vermuthen, da sich nirgends Ueberreste derselben ausfindig machen lassen. Die von den Steinpilastern getragenen Decken mögen mit Schieferplatten gedeckt gewesen sein, was wenigstens für eine später zu erwähnende Stelle am nordwestlichen Fusse des Hochplateaus anzunehmen ist, oder mit Holz und Stroh. Die Decken ruhten jedenfalls auf Holzbalken, da heute noch das ganze Plateau mit einem lichten Wachholderhaine uralter Stämme bewachsen ist, und es in dieser Gegend wohl nie an langem, geradem, und starkem Bauholze gefehlt haben wird.

Wendet man sich nach Norden, und folgt man dem den Oberlauf der Schlucht darstellenden Wiesenthale, so findet man in einem Abstande von kaum 1 km nördlich vom Damme Ssafra die Mauern eines grösseren Wohnhauses VIII, die in gutem Zustande der Erhaltung sind. Das Haus war auf einer kleinen Felsanhöhe nahe dem Westrande des Wiesenthales erbaut, und ich glaube, dass es seine Entstehung aus der altchristlichen Zeit herleitet. Die Konstruktion ist sehr einfach, ein rechteckiger Bau von 9,80 m $\times$ 6,70 m, der im Innern durch eine Querwand in 2 verschieden grosse Räume getheilt ist. Die Mauern bestehen aus zum Theil zugehauenen kleinen Steinen, die vermittelst Thonerde zusammengefügt sind.

1½ km nördlich dieser Hausruine sind Trümmer des grossen, leider nur schlecht erhalten gebliebenen Tempels III. Von 8 Säulen, die zu 4 und 4 auf jeder Seite gestanden haben, sind nur noch theils abgebrochene aufrechtstehende Fussstücke, theils umgeworfene Schäfte, oder allein daliegende Kapitäle vorhanden. Die genaue Form der gegenwärtig einen Flügel darstellenden Terrassen ist nicht mehr zu erkennen, jedoch zeigen die Ecksteine das Vorhandensein derselben an. Andere Steine verrathen Stufenlagen. Jedenfalls war die Rampe, die auf der äusseren Terrasse um die innere herumführte, erstaunlich schmal. Eine Umfassungsmauer von 66 cm Dicke, ist noch auf 3 Seiten theilweise sichtbar, 3 kleine viereckige, sich dem Tempelbau unmittelbar anschliessende Gebäude, sind jedenfalls Wohnhäuser gewesen, 2 ebensolche kreisrunde Steinlagen bedeuten vielleicht die Reste ehemaliger Kegelhütten für das Vieh, vielleicht auch Brunnenanlagen.

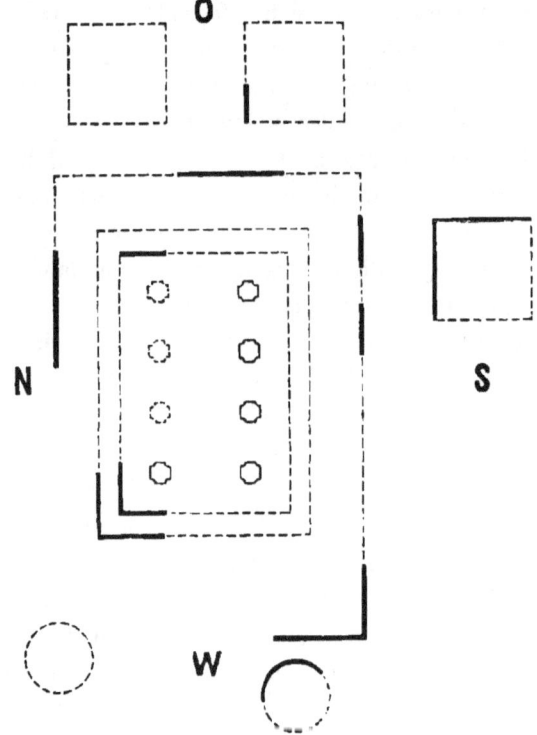

Ganz in der Nähe finden sich Trümmer eines 17 m langen, und 12 m breiten Wohnhauses IX, mit 75 cm dicken Mauern. Alle diese Mauerreste der alten Wohnhäuser zeigen im untersten Theile, nahe über dem Boden, eine Verdickung, der Basalttheil springt mit einer schmalen Kante vor, wodurch eine grössere Haltbarkeit erzeugt wurde.

Das letzte Gebäude X in nördlicher Richtung, ½ km vom Tempel III entfernt, muss von besonderer Ausdehnung gewesen

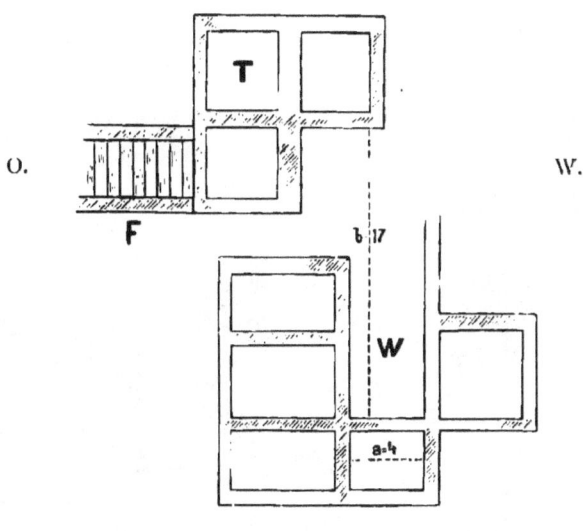

sein. Aus den vorhandenen Resten lässt sich noch heute der Grundriss mit einiger Sicherheit konstruiren. W war anscheinend das Wohnhaus, während T eine Terrasse darstellte, mit dem auf der Ostseite gelegenen Treppenaufgange F. Die Terrasse war vollkommen ausgemauert und nicht überdeckt, zeigt wenigstens keine Ansätze von über die Fläche herausragenden Seitenwänden. Aus diesem Grunde glaube ich eben auf eine Terrasse schliessen zu dürfen. Wie das Wohnhaus hiermit verbunden, ist leider nicht erkennbar, doch wird jedenfalls eine Verbindung bestanden haben.

Der Abstand a ist 4 m. b 17 m. das Uebrige steht hierzu im Verhältnisse. Die im Grundrisse ausgefüllten Flächen zeigen die noch aufrecht stehenden Mauern, das Uebrige ist zur Vervollständigung hinzugefügt.

Wahrscheinlich wird auch dieses Gebäude auf die altchristliche Zeit zurückzuführen sein.

Als eines der interessantesten Denkmäler von Kohaito muss schliesslich noch das vorher erwähnte Grab hervorgehoben werden. Es ist dicht an dem Ostrande der Schlucht gelegen, in den Felsen hineingehauen, und mit einem Aussenbau von grossen Quadern. Der zu den Grabnischen herabführende Schacht ist durch Aufmauerung vermittelst grosser starker Blöcke nach oben zu verlängert.

Das Grab war O—W orientirt.

a springt gegen b beträchtlich vor, von b aus steigt man hinab, und c ist ein aufgelagerter grosser Stein, offenbar der letzte übrig gebliebene von einer grösseren Zahl, die die Decke darstellten. Die Assaorta haben behufs Errichtung von Leopardenfallen mehrere der grossen Steine verschleppt, sodass zu hoffen steht, dass man gelegentlich der Ausfindigmachung dieser Theile, noch auf Inschriften stossen wird, die zu dem Grabe gehören. Den Längsschnitt des Grabes zeigt die nachfolgende Skizze, und die hauptsächlichsten Maasse sind daselbst verzeichnet. Die Gesammttiefe beträgt 3,80 m, die Dimensionen des Schachtes sind 0,85 × 1,40 m. In den Seitenwänden befinden sich kleine Einschnitte zum Einsetzen des Fusses beim Hinabsteigen, und 24 cm über der unteren Schachtmündung dient eine aus dem Felsen vorspringende Leiste zum Auflegen eines Decksteines, den wir nicht mehr vorfanden; das Grab war eben nach oben, abgesehen von dem einen quer übergelegten Steinblock, offen. In der Tiefe ist ein grosser freier Raum, mit 67 und 70 cm breiten Grabnischen an jeder Seite, die zum Aufnehmen der Särge bezw. Körper bestimmt waren.

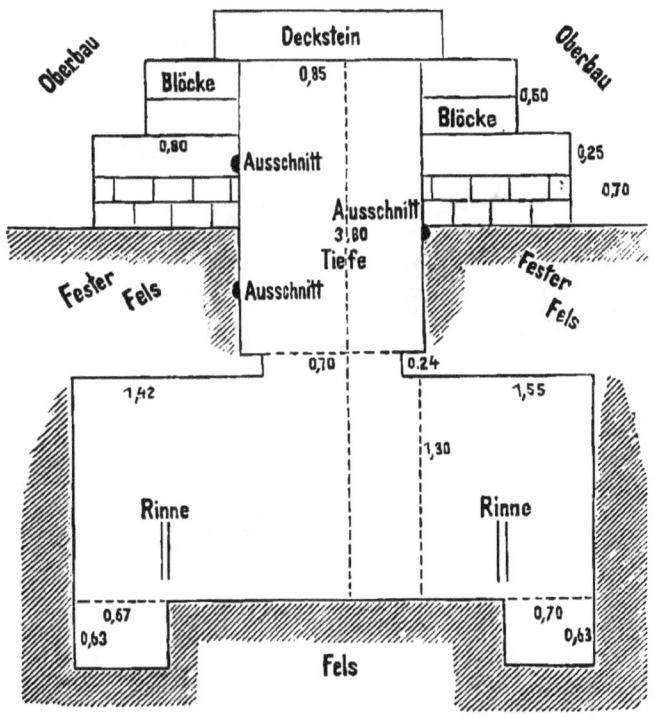

Längsschnitt durch die Grabanlage.

Die Tiefe der zwei Nischen oder Grabfächer beträgt 0,63 m. die Länge 1,82 m. Auf dem Grunde des Grabes fanden sich, nach geschehener Freilegung und Ausräumung desselben, Ueberreste von langen Holzbohlen, die entweder den Särgen, oder einem Bretterverschlage angehört haben mögen, der in einer Breite von 48 cm zu Seiten der beiden Grabfächer angebracht war, gleich den Seitenwänden eines Bettes. Aus dem Fels ausgehauene vertikale Rinnen, die 5 cm tief, 7 cm breit und 48 cm lang sind, werden an den betreffenden Stellen sichtbar, und lassen keine andere Deutung zu. Schliesslich befindet sich noch zu Seiten der Senkung je ein eingemeisseltes Loch, ähnlich den zum Absteigen bestimmten, und zwar auf gleicher Höhe mit der Oberfläche des Mittelstückes.

An der Vorder- und der Rückwand des Schachtes sieht man, in Mannshöhe vom Grunde, je ein in den Felsen gearbeitetes Ornament. Es sind Kreuze, wie sie bei christlichen Stelen der ersten Jahrhunderte n. Chr. häufig vorkommen, und die wir Hakenkreuze nennen.

Kreuz der Westseite.

Kreuz der Ostseite.

Sie haben uns dazu bewogen, anzunehmen, dass das Grab seinen Ursprung erst dem 4. bis 6. Jahrhundert n. Chr. verdanken kann, während die starke Verwitterung, und die Bauart in Quadern, für die ältere vorchristliche Zeit sprechen würden. Es ist immerhin nicht ausgeschlossen, dass die Kreuze später hinzugefügt worden, da, wie in Aegypten so auch hier, alte Tempel in christliche

Kirchen umgewandelt wurden, und alte Grabanlagen wiederholt ihre Insassen gewechselt haben können.

Auf einem der Quadern des Grabes befand sich ein dem griechischen ω ähnliches Zeichen links von einem Hakenkreuze.

Wäre es auf der gegenüberstehenden rechten Seite angebracht gewesen, so hätte es, in Verbindung mit dem Kreuze, unfehlbar als ein griechisches ω, als Gegenstück zu dem α auf der anderen Seite angesehen werden müssen, weil dies bei allen Grabstelen der altchristlichen Zeit üblich ist. Um diesem Räthsel ein Ende zu machen, wurde ein Abklatsch genommen, und an Professor D. H. Müller in Wien gesandt, welcher erklärte, dass das fragliche Zeichen nur als der Schlussbuchstabe (σα) eines altgriechischen Wortes betrachtet werden könne. Der auf der rechten Seite des Buchstabens befindliche Punkt würde dem vorhanden gewesenen Trennungszeichen angehört haben. Ein weiterer, gleichfalls zum Oberbau des Felsengrabes gehöriger Stein trug das folgende Ornament am Kopfende.

welches in seinem Charakter unverkennbare Anklänge an die Inschriften von Adda Alanti verräth.

Bei Ausräumung des Grabes stiessen wir auf ein Gemisch von Schutt, Steingeröll, und Ueberresten menschlicher Skelette. Alles wurde herausgeholt und draussen sorgfältig sortirt, worauf im Grabe selbst nichts mehr zurückblieb, es waren also keine Steinsärge vorhanden. Diejenigen, die zuletzt ihre Todten dort bestattet, hatten somit den ursprünglichen Inhalt ausgeraubt, und an Stelle der Särge 70 Leichen der Ihrigen gesetzt. Von 70 Schädeln waren 31 wohlerhalten, zum Theil noch mit Unterkiefer. Sie wurden sorgfältig verpackt, und Professor Virchow für das Königl. Pathologische Institut nach Berlin gesandt. Verschiedene Arten von Schmucksachen lagen zwischen dem Schutte verstreut, geflochtene Schnüre aus kleinen bunten Glasperlen, wie sie heute noch an einigen Orten zum Verzieren der Gefässe verwandt werden. Die kunstvollen Perlenschnüre sind um einen geflochtenen Lederstreifen gewickelt, und werden auf diese Weise ziemlich umfangreich. Ferner fanden wir lederne Armringe, halbmondförmige Ohrringe von Messing in jeder Grösse und Dicke, schliesslich längliche, cylindrische und prismatische, ziemlich regelmässig zugeschliffene Achat- und Quarzperlen der mannigfaltigsten Form, sowie einzelne farbige Glasperlen. Muschelschnitte u. dergl. Kleine Fetzen eines groben Baumwoll- und eines blauen leinenartigen Stoffes sind in etwa analog jenen, die heute noch von den Frauen der nordabyssinischen Stämme getragen werden. Theilweise waren die bunt durcheinander gewürfelten Skelette knäuelförmig in durch Riemen zusammengeschnürte Häute verpackt, nach Art einiger heidnischer Negervölker, mit geknickten Extremitäten. Der Zustand der Erhaltung einiger, noch mit Haaren versehener Körperreste lässt auf kein sehr hohes Alter schliessen; doch ist die Zahl der Jahrhunderte schwer anzugeben, in Anbetracht der absolut trockenen, und regensicheren Unterbringung der Leichen in dem alten, vielleicht schon wiederholt ausgeplünderten und benutzten Felsengrabe. Ferner sprechen die Skelette für Gleichaltrigkeit der Bestattung. Schwierig ist es, das Volk zu nennen, dem die Todten angehört haben, denn nur schwer sind die Schädel zu definiren. Zunächst übertrifft die Zahl der männlichen diejenige der weiblichen, während Kinder nur vereinzelt vorkommen. Unter den männlichen Schädeln waren verschiedene mit verwachsenen Lücken der zwei mittleren oberen Schneidezähne, was für die Sitte des Ausbrechens dieser nach dem ersten Zahnwechsel spricht, ein Brauch, der von vielen echten Negervölkern am oberen Nil und Bahr-el-Ghasal geübt wird. Andererseits fanden sich an einem Schädel Haare vor, die den Beweis lieferten, dass jene nicht der Negerrasse angehört haben konnten. Die Haare waren gleichmässig lockig, schlicht angeordnet, und denen der abyssinischen Rassen entsprechend, durchaus nicht wollig, oder in büschelweiser Gruppirung angebracht. Demnach waren die Schädel also nicht Abyssinier oder Assaorta wegen der ausgebrochenen Zähne, nicht Dinka, Schilluk etc. wegen der Haare, weder Mohamedaner, noch Christen in Folge der Bestattungsweise.

Leider war nicht nachzuweisen, ob ausser einem noch vollkommen erhaltenen Packete, in dem die Leiche in zusammengeschnürter und zusammengeknickter Gestalt begraben worden, also mit gebrochenen Gliedmaassen, noch andere ähnliche vorhanden gewesen sind. Ein weiteres Lederpacket zeigte nämlich ausgestreckte Glieder, sodass immerhin die Möglichkeit vorhanden ist, dass bei dem ersteren die Gebeine bereits im Skelettzustande, gebrochen, hineingeschnürt wurden, in welchem Falle die Körper nachträglich hierher übergeführt sein müssten. Augenblicklich beanspruchen die Assaorta (Saho) das Grenzland von Kohaito, wenngleich sie es nur während der Regenzeit zu besuchen pflegen. Sie sind jedoch Mohamedaner, und somit kann die Begräbnissstätte nicht von ihnen herrühren. Nach den Aussagen der Assaorta wurden die vor ihnen in hiesiger Gegend angesessenen Bewohner Ssalana genannt; jene seien durch ihre Einwanderung nach dem Innern verdrängt worden, wären aber Christen gewesen. Wahrscheinlich war es ein hamitischer Stamm, der hier seine Todten zurückliess, vielleicht ein Gallavolk. Die Ssalana mögen ihre Todten zu einer Zeit in dem Grabe untergebracht haben, wo sie noch nicht Christen gewesen.

Um einige Bemerkungen über die Assaorta beizufügen, so sei bemerkt, dass dieselben ein kleines, theilweise nomadisirendes hamitisches Volk mohamedanischer Religion sind, welches an der nordöstlichen Ecke des abyssinischen Hochlandes, und im Tieflande, das dieser Ecke bis an die Meeresküste vorgelagert ist, seine Wohnsitze hat. In ihren unzugänglichen Bergen haben sie lange Zeit jeder Verfolgung getrotzt, und ihre Raubzüge zum Schaden der durchziehenden Karawanen bis fast nach Arkiko hin ausgedehnt. Erst in allerletzter Zeit sind sie durch die Italiener thatsächlich unterworfen, und auf ihre Wohnsitze beschränkt worden.

Professor Schweinfurth, der noch einige Tage nach unserer Abreise auf dem Plateau von Kohaito verweilte, wo eine, namentlich hinsichtlich der Verbreitungsgrenzen, sehr interessante Flora seine Aufmerksamkeit vollauf in Anspruch nahm, hat an einer, den tiefen Gebirgskessel von Adda Alauti im obersten Theil einschliessenden Felswand, eine Anzahl sehr merkwürdiger Inschriften aufgefunden, die hier in Facsimiles wiedergegeben sind.

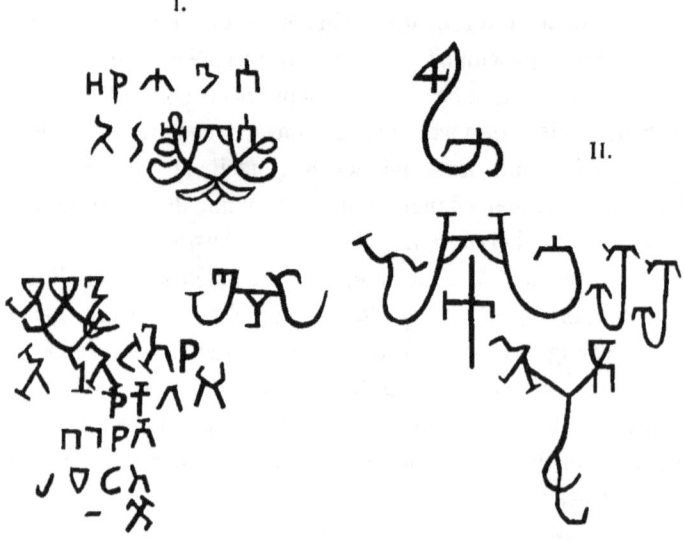

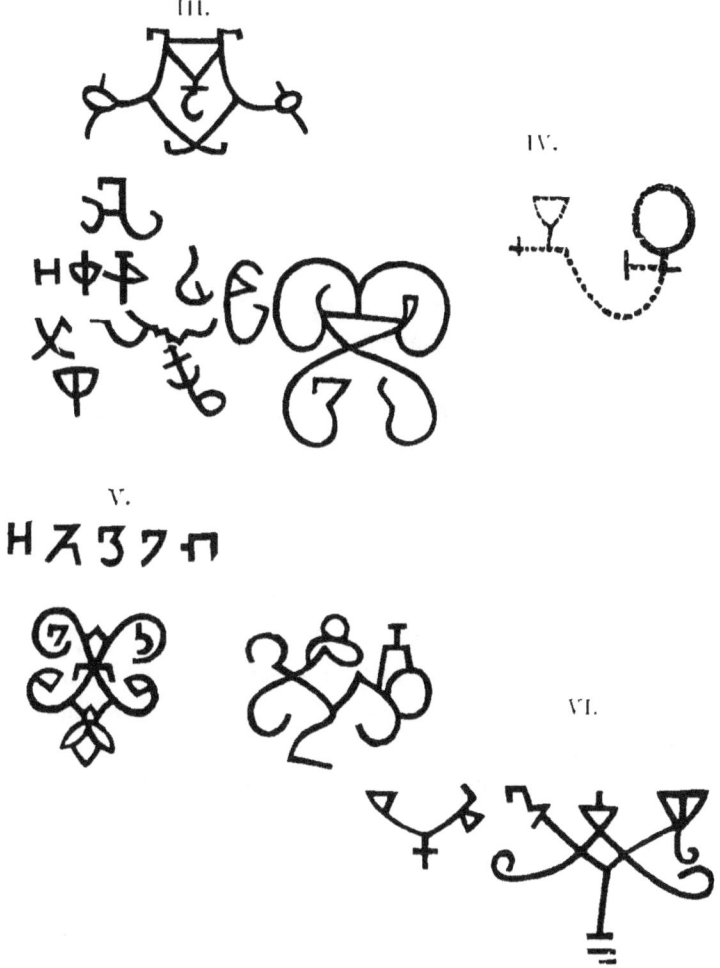

Das nach allen Seiten mit jähen Steilwänden zur Tiefe abstürzende Kohaitoplateau wies in der Nähe unseres Lagers zwei solcher Kessel auf, deren malerische Grossartigkeit sich mit unauslöschlichen Zügen unserem Gedächtnisse eingeprägt hat, und die in Europa vielleicht nirgends ihresgleichen finden.

In NO. von unserem Lager, und kaum ½ km von der Wasserschlucht entfernt, öffnete sich der Kessel von Andall unseren staunenden Blicken. Die denselben nach allen Seiten umschliessenden

Steilwände sind nahezu 1000 m hoch, während die gesammte Tiefe des Kessels 1500 m beträgt. Dieser Andallkessel ist an seinem Ursprunge fast kreisförmig gestaltet, hat nahezu 1½ km im Durchmesser, und öffnet sich nach O., um alsdann in NO. zum Thal von Komailo hinabzuführen.

Weit kleinere Verhältnisse zeigt der Kessel Adda Alauti, der nach Professor Schweinfurth in SSO. von unserem Lager, und in einem Abstande von 1½ km gelegen ist. Seine Tiefe beträgt immerhin gegen 500 m. Die oberen Steilwände des Kessels sind aus festen Schiefern von grauer und gelber Färbung gebildet, die hier wie anderwärts die Unterlage des Sandsteines darstellen. Die Lokalität der Inschriften befindet sich auf der nordwestlichen Seite des oberen Kesselrandes. Grosse Höhlen sind auf der gegenüberliegenden Steilwand der Ostseite; das wird die Stelle sein, wo der Comte St. Russell die alten Inschriften entdeckte, deren er Erwähnung thut. Wir sind leider nicht dahin gekommen.

Professor Schweinfurth zählte an der von ihm besuchten Lokalität 15 beschriebene Stellen. Die in Mannshöhe angebrachten Inschriften sind in den Thonschiefer roh gemeisselt, und von riesigen Dimensionen. Sie stellen allerhand barocke Verschnörkelungen in Verbindung mit äthiopischen Schriftzügen dar. Das dem alten Symbol des sogen. Nilschlüssel entstammende altkoptische Kreuz mit dem Ringe ist an zwei Stellen deutlich ausgeprägt. Die Inschrift No. 5 wird seaschgebi gelesen, wobei hervorzuheben ist, dass das wie eine 3 aussehende Schriftzeichen für sich dem sabäischen Alphabet angehört, und dass dasselbe bei der Bildung des Aethiopischen sich später anders gestaltet hat, ein Beweis von dem hohen Alter der Schrift, die sehr wohl aus dem 5. oder 6. Jahrhundert herstammen dürfte. Bekanntlich wird allgemein angenommen, dass die Einführung des Christenthums in Abyssinien bereits im 4. Jahrhundert erfolgte. Auf einer anderen dieser Schnörkelschriften hat sich ein gewisser Johannes genannt, und auf No. 2 einer, der sich Arkeia nannte, ein „Begeios", als ein dem Begastamme angehöriger Mann, ein Völkername, der auch in den Axumitischen Inschriften vorkommt.

Am 4. Mai trennte ich mich in Kohaito von Prof. Schweinfurth, der noch bis zum 10. des Monats verweilen wollte, um alsdann über Massaua sofort nach Aegypten zurückzukehren. Ich beabsichtigte hingegen von Massaua aus einen Besuch von Zula, dem alten Adulis, und zuletzt als Abschluss meiner diesjährigen Reise eine Besichtigung von Assab. Daher schlugen wir, d. h. ausser mir Andersson, Kaiser und Reich, mit dem grösseren Theile des Gepäcks, die direkte Strasse nach Mai Hio ein, und stiegen in nordwestlicher Richtung zu der Thalebene hinunter. Der Abstieg war von wesentlich geringerer Steilheit als der Aufstieg, derselbe geschah auf einem Wege, der die deutlichsten Spuren seines Ursprunges aufweist. Menschenhände haben ihn vor langer Zeit kunstvoll angelegt, heute ist er von Steingeröll überschüttet, und mit Gesträuch überwuchert. Auf dem Hochplateau entspringt der kleine Dindabach, gerade an der Stelle den Berg verlassend, wo unser Pfad beim Abstiege mündete, und strebt alsdann dem grünen Wiesenthale zu. Die Uferböschungen sind dort durch Mauern an den Stellen lockeren Erdreichs gestützt, und hierdurch sollten wohl die etwas höher liegenden Aecker der ersten Ansiedler vor der Unterminirung geschützt werden. Abermals befindet man sich auf einer alten Kulturstätte. Auf einem Hügel zur Linken des Dinda werden Ueberreste eines Tempels sichtbar, bestehend aus zwei Säulenstücken mit konkav abgestumpften Kanten, und mit denselben Kapitälen, wie wir sie oben auf dem Plateau kennen gelernt. Ehemals waren vier Säulen vorhanden, und dieselbe, schon beschriebene Terrassenformation zeigte sich auch hier. Rings um das, durch den Tempel gebildete erhöhte Mittelstück, liegen zahlreiche Steinhaufen im Gebüsche versteckt umher, mit Mühe kann man einen zweiten Tempel, und die Reste ganz kleiner Wohnhäuser erkennen, oder vielmehr errathen. Es sind dieselben Ruinen, die Th. Bent bei seinem, auf dem gleichen Wege vollzogenen Abstiege gefunden; ich möchte hier aber nicht wie dieser Forscher von einer Stadt reden, höchstens von einem sehr kleinen Dorfe, oder von einer Haltestelle vor dem Aufstiege.

Mehr wie ihre Zugehörigkeit zu der Epoche der Tempel, Kapellen und Häuserreste auf dem Plateau vermögen diese formlosen Steinhaufen nicht zu verrathen; sie bieten uns aber eine Gewähr dafür, dass wir in der That auf der ehemals viel besuchten alten Karawanenstrasse Adulis-Koloë hinabgestiegen sind. Zahllose Scherben von Thongefässen der mannigfaltigsten Form, und ebenso verschieden hinsichtlich ihrer Dicke und Färbung, bedeckten den Boden, fanden sich zwischen dem Steingeröll verstreut. Bei den meisten überwog als Grundfarbe das matte Roth des gebrannten Ziegelthones, jedoch kamen alle möglichen Nüancirungen vor, und fast alle zeigten Verzierungen primitiver Natur. Auf einer Scherbe fanden sich 2 Buchstaben einer Inschrift, die vielleicht auch nur als Ornament gedacht waren. Viele Gefässe hatten Henkel, oder wenigstens solche vertretende Ansätze, ferner kurze Fusskränze. Sie waren wohl zum Theil ohne Anwendung der Drehscheibe hergestellt worden, und es scheint vielleicht die Annahme berechtigt, dass sie ein Erzeugniss des Kunstfleisses der damaligen Landesbewohner ausmachen.

Eine verhältnissmässig bedeutende Menge glatt gespaltenen schwarzen Schiefers schaute aus den Trümmern hervor, und da solcher an dieser Stelle anstehend nicht angetroffen wird, so kann er nur zur Bedeckung der Häuser gedient haben, also von weither dorthin gebracht worden sein.

Auf Seite 191 gebe ich einige Zeichnungen von Bruchstücken der Scherben.

Ich denke mir nun, dass dies der Ort war, wo die Anwohner der Küste, angelockt durch die grünen Wiesen des Dindathales, ihre ersten Hütten in dortiger Gegend erbauten. Später werden dann, angezogen durch die auf dem Plateau schon vorhandenen Monumente altarabischer Zeit, wahrscheinlich auch durch die Traditionen eines daselbst befindlichen Heiligthums, einige reiche Familien auf den stets kühlen Höhen ihre Tempel und Sommervillen errichtet haben, die nun ihrerseits eine grössere Besiedelung nach sich zogen.

Nicht ausgeschlossen ist auch eine zweite Deutung, nämlich die, dass die wohlhabenden Bewohner von Koloë, ihre Heerden nebst Hütern am Fusse des Berges bei den Tränk- und Weideplätzen zurückzulassen pflegten, wodurch die kleine Niederlassung motivirt erscheint. Für einen solchen Ursprung würde die Kleinheit der Häuser sprechen, wie die grosse Zahl der Scherben, die oben fehlen. Die begüterten Familien mögen sich mehr der Metallgefässe bedient haben, wogegen die Hirten, zur Aufbewahrung und weiteren Verarbeitung der Milch, Schläuche und zahlreiche Thongefässe im Gebrauch hatten.

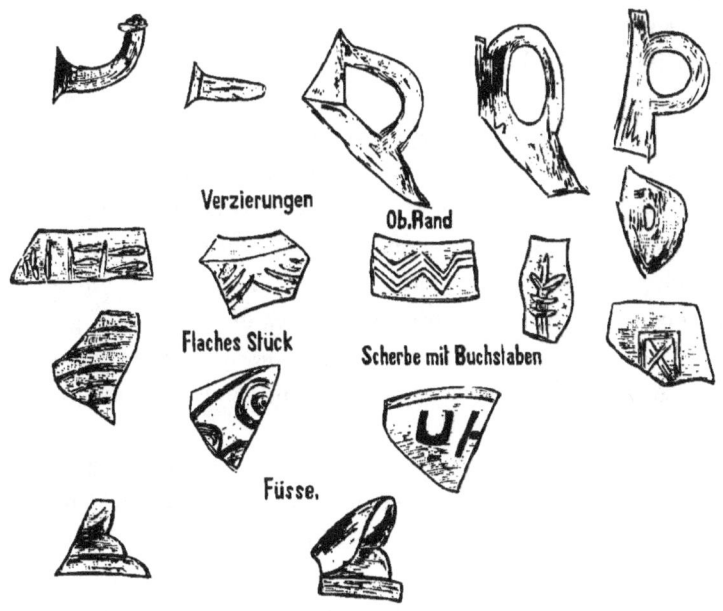

Unterhalb des ehemaligen Dorfes, und jenseits des Dindabaches, sind grosse Terrassenanlagen, die theilweise durch Mauern gestützt werden. Vielleicht waren dort die Gärten der oben wohnhaften Familien angelegt, die durch die Bewohner des unteren Dorfes gepflegt wurden.

Von dieser letzten der Ruinenstätten führt der Weg bis Mai Hio ununterbrochen im Thale bergab, und zwischen hohen Gebirgsabfällen dahin, bis er schliesslich auf die grosse Karawanenstrasse einmündet, welche das Haddasthal durchzieht. Für Maulthiere ist der Pfad gangbar, wenn auch an einzelnen Stellen nicht eben bequem. In Mai Hio sind zwei feste Steinbauten übrig geblieben aus der Zeit der Besetzung durch die Kompagnie von Halai, ferner beherbergen einzelne elende Hütten etliche Assaortafamilien. Der Marsch von Kohaito herunter hatte 5 Stunden beansprucht. Die bestellten Kameele fanden wir vor, und konnten sie sofort mit dem gesammten Gepäcke beladen, um so schnell wie möglich Massaua zu erreichen.

Der nächste Tag führte in 6 stündigem Ritte durch das tief eingeschnittene Haddasthal, bezw. durch den Schumfaito genannten Theil desselben, bis zu der Dabarai genannten Stelle. Am Abende passirten dort bei unserem Lagerplatze endlose Reihen von Kameelen, Maulthieren und Eseln, die zum Theil unter militärischem Schutze nach Abyssinien hineinzogen, die Karawanenstrasse. Sie ist nicht gerade sehr zum Marsche einladend, geht durch ein Flussbett, voll hoch aufgeschütteten Steingerölls, durch das Jeder, so gut er kann, sich seinen Weg bahnen muss, um je nach der Menge des gefallenen Regens, mehr oder weniger oft durch das Wasser zu waten. Zur Zeit unseres Durchzuges war dies nur auf einer Strecke von 5 km erforderlich.

Zwei Marschstunden des folgenden Tages brachten uns bis Hamamo, zu einem Brunnen mit schlechtem Wasser, der den Viehheerden einiger Assaorta als Tränke diente. Ein Weitermarsch bei Tage war zunächst wegen der grossen Hitze unmöglich; gegen Abend brachen wir aber wieder auf, und langten, da unterwegs nirgends Wasser mehr zu finden war, nach einem standhaften Dauermarsche von 55 km, über Arkiko wieder in Massaua an. Es war der Morgen des 7. Mai.

Zula-Rückreise.

In Massaua hatten wir nun noch ungefähr zehn Tage bis zur Abfahrt des Dampfers vor uns, und konnten somit in aller Ruhe den projektirten Ausflug nach Zula unternehmen. Natürlicher Weise interessirte es uns, die Ruinen von Adulis mit denjenigen von Kohaito zu vergleichen, um vielleicht einen Schluss auf die Gleichaltrigkeit ziehen zu können. Gerne hätte ich die zoologisch so interessanten Dahalak- (oder Dahlak-) Inseln zu gleicher Zeit aufgesucht, unsere Hoffnung auf ein Dampfboot ging jedoch nicht in Erfüllung, und so mussten wir aus Mangel an Zeit verzichten. Das gemiethete Segelboot war selbst bei den günstigsten Windverhältnissen nicht in der Lage, uns weiter wie nach der Bucht von Zula zu bringen. Die Herren Buchs und Ferchel machten den Ausflug mit, und so segelten wir, reichlich verproviantirt, bei gutem Winde gen Süden. Bei Anbruch der Nacht wurde am Lande kampirt, ziemlich halbwegs, und wie alles Schöne, so waren auch die peinlichen Schwankungen des Bootes bald vergessen. Bei Sonnenaufgang pürschten wir am Strande, und eine Dorcasgazelle, verschiedene Flamingos, Purpurreiher, Seidenreiher etc. fielen uns zum Opfer. Die Bucht war dann bei günstigem Winde bald erreicht, und wir legten bei Malkattos an, dem Uferplatze für Zula. Bis vor nicht gar langer Zeit standen auch am Ufer Hütten eines Dorfes, sie sind vollkommen verschwunden, nur ein vereinzeltes Wächterhäuschen ist geblieben, dessen Bewohner bei Ankunft des Bootes sofort mit Stolz eine grosse italienische Flagge hissten. An derselben Stelle, wo wir das Boot verliessen, um mehr wie hundert

Meter durch das Meer watend, das Ufer zu erreichen, landeten seiner Zeit die englischen Truppen, um sich gegen Abyssinien in Bewegung zu setzen, und hatten bis nach Zula hin eine Schmalspurbahn angelegt. Die in das Meer hinausgebaute Verlängerung der Anlage ist heute noch sichtbar, und Trümmer eines umgestürzten Wagens ragen aus dem Wasser hervor.

An Land galt unser Besuch zunächst dem Schech des in einer Stunde zu erreichenden Zula, der uns, Dank einem Briefe des Gouverneurs, freundlich empfing. Er war ein schon recht bejahrter, liebenswürdiger Herr, den Europäern gewogen, und bezeugte sein Wohlwollen durch das Geschenk eines Schafes, das wir entsprechend erwiderten. Zula ist wie die ganze Küste mohamedanisch, macht einen wohlhabenden Eindruck, und scheint zahlreiche Einwohnerschaft zu besitzen. So bald wie möglich suchten wir die Ruinen von Adulis auf, die von Zula eine halbe Stunde entfernt sind, bei gleichem Abstande vom Meere. Leider findet sich nur noch ein grosser Trümmerhaufen vor, oder besser gesagt verschiedene solche, an deren denkbar gründlichster Vernichtung die Mohamedaner nach Möglichkeit mitgewirkt haben, da sie ihre Begräbnissstätte genau auf der althistorischen Stelle errichteten, um die irgendwie verwendbaren Steine benutzen zu können. Ohne irgendwie Tempel oder Häuserformen noch erkennen zu lassen, liegen oder stehen eine kleine Zahl von Säulenbruchstücken und einzelne Kapitäle umher. Die Gesteinsform ist nicht mehr der helle Sandstein von Kohaito, sondern ein schwarzes, poröses, und stark verwittertes Eruptivgestein. Die Form der Säulen ist dieselbe, und speziell finden sich die gleichen konkaven Schnittflächen wie auf Kohaito, dagegen sind die Kapitäle nur zweifach abgesetzt, nicht wie dort dreifach. Es ist dies Alles, was von dem alten Adulis heute noch zu erkennen und zu berichten ist. Dass eine Nachgrabung mehr zu Tage fördern würde, ist wohl möglich, aber immerhin sehr zweifelhaft. Wir kehrten ziemlich enttäuscht, und ohne unsere Kenntniss wesentlich bereichert zu haben, zur Küste zurück. Ueber die geheimnissvolle Inschrift hatten wir nichts zu erfahren vermocht.

Die noch verfügbare Zeit konnten wir in der Nähe der Landungsstelle zur Jagd verwenden, und spürten Dorcasgazellen, die prächtige Beisaantilope, ferner in dem einige Kilometer breiten Dünenstreifen zwischen Meer und Gebirge Hasen und Schakale. Ich glaube auch eine kleine Schaar gefleckter Hyänenhunde gesehen zu haben, da es mir aber nicht gelang, ein Exemplar zu erlegen, kann ich es nicht als Thatsache hinstellen. Der Vogelreichthum in dem seichten Uferwasser übertraf alles bisher Gesehene. Die Möven würden, wollte man sie zählen, nur mit dem Maassstabe von Tausenden zu messen gewesen sein, und selbst für den Seidenreiher z. B. hätte man mit der Zehnerskala beginnen müssen. Vermischt waren jene mit Schaaren des schwarz und weissen Reiherläufers (*Dromas ardeola*), des weisskehligen Meerreihers (*A. gularis*), des Purpur- und abyssinischen grauen Fischreihers, des schwarzen Storches, und des seltneren Löffelreihers. Pelikane lagen bewegungslos zwischen den Sandbänken, oder zogen schwerfälligen Fluges dahin, der ganze Strand war vollkommen mit Vögeln bedeckt, die sich nicht verscheuchen liessen, oder da, wo sie es thaten, durch ihre grosse Zahl sofort sich wieder ergänzten. Solch' ergiebiger Vogeljagd fröhnten wir bei fast unglaublicher Hitze einige Zeit, und suchten dann unser Boot wieder auf, um nach vielstündiger Fahrt bei vollkommener Windstille in Massana zu landen.

Am 14. Mai in der Frühe dampfte der Steamer von Massaua ab, und wir verliessen die Stadt mit den Gefühlen herzlichen Dankes gegen den liebenswürdigen Gouverneur Baratieri, den General Arimondi, der uns noch das Geleite an Bord gegeben, und gegen die Herren des Hauses Bienenfeld & Cie., von deren Gastfreundschaft wir wiederum den ausgiebigsten Gebrauch hatten machen dürfen. Auf dem Wege nach Aden landeten wir noch einmal zu kurzem Halt an der afrikanischen Küste, in Assab, der ältesten italienischen Besitzung. Assab ist stark befestigt, liegt im Gebiete der Danakil, und zeigt ein vollkommen verschiedenes Gepräge von Massaua. Die Gegend verräth eine spärliche Vegetation, schroff abfallende, mässig hohe, kahle Berge, der Küstenstrich ist etwas bewachsen. Palmen sind vorherrschend, die in Massana und Umgebung fast vollkommen vermisst wurden. Der hauptsächlichste Handel der Stadt liegt in den Händen von Indiern oder Juden, die einen vollkommenen Bazar eröffnet haben. Die Danakil selbst sind Mohamedaner, und ich sah verschiedentlich eine starke Tätowirung des Leibes unterhalb der Brust. Bei den Weibern sind die Haare kunstvoll geordnet, die dünnen Flechten tragen sie länger, wie die meisten vorher gesehenen Stämme. In den Waffen erinnern sie an die benachbarten Somalis, nur sind die Speere massiver, und reichlicher mit Messingdraht umwickelt, die Messer sind kurz, am Ende der Scheide mit einem Messingknopfe versehen. Die Schilde ähneln denjenigen der Assaorta, haben wie dort nach auswärts umgebogene Ränder. Aeusserst merkwürdig ist der Frauenschmuck, an jedem Ohre hängen zwei 10 bis 15 cm lange Messingglocken, auf der Stirne liegt eine verzierte Messingplatte, und die Arm- und Fussgelenke tragen dicke hohle schlangenförmige Messingreifen. Halsverzierungen sind wie bei den Araberinnen Perlenschnüre. Die Wohnungen der Danakil werden aus trockenem Schilfe oder aus Gras erbaut, sind mit einer aus demselben Material verfertigten Umfassung umgeben, und zuweilen in einer Weise verziert, die fast an indische oder chinesische Formen erinnern könnte.

Zu meinem grössten Bedauern war es mir nicht vergönnt, weitere Beobachtungen, als die angegebenen ganz flüchtigen, über das interessante Volk der Danakil anzustellen, ich hoffe aber bei meiner nächsten Reise dieselben zu vervollständigen, und weitere über die reinen Abyssinier und die Galla hinzuzufügen.

Die Rückreise erfolgte über Aden und Suez.

www.ingramcontent.com/pod-product-compliance
Lightning Source LLC
Chambersburg PA
CBHW020840160426
43192CB00007B/723